Michael Brinkschröder | Jens Ehebrecht-Zumsande
Veronika Gräwe | Bernd Mönkebüscher | Gunda Werner

Out in Church

Michael Brinkschröder | Jens Ehebrecht-Zumsande
Veronika Gräwe | Bernd Mönkebüscher | Gunda Werner

Out in Church

Für eine Kirche ohne Angst

HERDER

FREIBURG · BASEL · WIEN

MIX
Papier aus verantwor-
tungsvollen Quellen
FSC® C014496

© Verlag Herder GmbH, Freiburg im Breisgau 2022
Alle Rechte vorbehalten
www.herder.de

Satz: Daniel Förster, Belgern
Herstellung: GGP Media GmbH, Pößneck

Printed in Germany

ISBN Print: 978-3-451-03367-4
ISBN E-Book (EPUB): 978-3-451-82752-5
ISBN E-Book (PDF): 978-3-451-82753-2

Inhalt

Vorwort

»Es ist die Freude, in das Land der Freiheit gekommen zu sein.«
Mit diesem Wort des Jesuiten Ralf Klein endet die ARD-Dokumentation »Wie Gott uns schuf«, erstmalig ausgestrahlt am 24. Januar 2022. Darin erzählen 100 Menschen, die sich als LGBTIQ+
identifizieren, vom Kampf um ihre Kirche und in der Kirche. Für
viele ist ihre Beteiligung an der Dokumentation mit dem Risiko
verbunden, dadurch ihre Arbeit zu verlieren.

»Wie Gott uns schuf« wäre in dieser Form ohne die zeitgleich
gestartete Kampagne *#OutInChurch* nicht denkbar. Beides hat
viele Menschen berührt, und zwar unabhängig von der eigenen
sexuellen Orientierung oder geschlechtlichen Identität. Queere
Mitarbeitende in der Kirche zeigen sich, erzählen aus ihrem Leben, von ihren Verwundungen, von dem, wie sehr die kirchliche
Lehre sie krank gemacht hat, und entwachsen zugleich einer pas-
siven Rolle, indem sie sichtbar werden und Forderungen an die
Kirche stellen.

Wunden sind immer sprechend und bedeutungsvoll. Das wissen wir spätestens seit Ostern, wo ausgerechnet die Wunden
Christi von Auferstehung künden.

»Es ist die Freude, in das Land der Freiheit gekommen zu sein.«
Dieses Wort erinnert an die Exodus-Erfahrung des Volkes Israel: Menschen lassen die »Fleischtöpfe Ägyptens« hinter sich und
gehen einen beschwerlichen Weg. Es ist aber ein Weg, der in die
Freiheit führt, weil sie zurücklassen, was sie versklavt, erdrückt
und nicht sie selbst sein lässt.

»Nun sprechen wir selbst« ist ein zentraler Satz in dem zur
Kampagne gehörenden Manifest. Wir wollen nicht, dass man über
uns spricht. Selbst zu Wort kommen, selbst reden dürfen – eigentlich eine Selbstverständlichkeit, sogar Kern unseres Glaubens,

wenn wir sagen: In Jesus kommt Gott selbst zu Wort und spricht sich aus. In der Kirche ist das leider immer noch schwierig bis unmöglich, weil so manches gar nicht ins Wort kommen darf, ohne dass Sanktionen zu befürchten wären.

Viele Menschen, Verbände und Institutionen solidarisieren sich, indem sie das Manifest und die Forderungen unterschreiben. Gleichzeitig wächst die Zahl kirchlicher Mitarbeitender, die sich ebenfalls outen. Möglicherweise gibt diese Kampagne sogar auch einen Anstoß, der ein Coming-out etwa im Profifußball konkreter werden lässt.

War also alle Angst umsonst?

Mitnichten. Selbst wenn die Anfang Februar 2022 stattgefundene Dritte Synodalversammlung des Synodalen Weges in erster Lesung wichtige Texte des Forum VI, »Leben in gelingenden Beziehungen – Liebe leben in Sexualität und Partnerschaft« verabschiedet hat, so gibt es weiterhin die Stimmen, die sich gegen eine »lehramtliche Präzisierung und Neubewertung der Homosexualität«, wie sie einer der beiden sogenannten Handlungstexte dem Papst empfiehlt, sperren. Der entsprechende Handlungstext stellt fest, dass ausgelebte gleichgeschlechtliche Sexualität keine Sünde und »nicht als in sich schlecht zu beurteilen« sei. »Da die homosexuelle Orientierung zur Identität des Menschen gehört, wie er von Gott geschaffen wurde, ist sie ethisch grundsätzlich nicht anders zu beurteilen als jede andere sexuelle Orientierung.«[1] Im Zuge dessen seien Segensfeiern für homosexuelle Menschen (ebenso wie für geschieden wiederverheiratete Menschen) nicht nur zu ermöglichen, sondern voll zu bejahen.

Abzuwarten bleibt, ob derartige Texte – auch die, die sich mit der Transidentität und Intergeschlechtlichkeit von Menschen auseinandersetzen – bei der nächsten Vollversammlung die nötige

---

1   Vorlage des Synodalforums IV, »Leben in gelingenden Beziehungen – Liebe leben in Sexualität und Partnerschaft« zur Ersten Lesung auf der Dritten Synodalversammlung (03.–05.02.2022), für den Handlungstext »Lehramtliche Neubewertung von Homosexualität« https://www.synodalerweg.de/fileadmin/Synodalerweg/Dokumente_Reden_Beitraege/SV-III-Synodalforum-IV-Handlungstext.LehramtlicheNeubewertungVonHomosexualitaet-Lesung1.pdf.

Zweidrittelmehrheit seitens der Bischöfe bekommen. Abzuwarten bleibt weiter, wie und wann der Papst auf derartige Empfehlungen reagiert und wie wiederum die Bischöfe reagieren, sollten die Empfehlungen keine Umsetzung erfahren. Abzuwarten bleibt aber auch, wie die Menschen reagieren, wenn die Handlungstexte nicht umgesetzt, Arbeitsrecht nicht verändert, das »Land der Freiheit« also kein – auch rechtlich abgesichertes – reales Land wird.

Der vorliegende Band[2] möchte einerseits einen Beitrag zu den gegenwärtigen Diskussionen leisten, indem er »Exodus-Geschichten« festhält und beschreibt, wie entscheidend diese Geschichten für die Erzählenden selbst, aber auch für die Erzählgemeinschaft Kirche sind; andererseits beleuchtet er aus verschiedensten Perspektiven der Theologie, der Psychologie und der Perspektive engagierter Verbände und Einzelpersonen diesen Weg in das »Land der Freiheit«, der nicht zu stoppen ist, es sei denn, wir würden die Osterbotschaft selbst beschneiden und aus dem gelebten Alltag verbannen.

Wir Herausgeber*innen bedanken uns bei allen Autor*innen für ihr Engagement und ihre Beiträge, bei Brigitte Domanski und Andrea Granitz für die Erstellung und Korrektur des Manuskripts. Wir freuen uns über das ständig wachsende Netzwerk von Menschen, die »die Freude, in das Land der Freiheit gekommen zu sein«, erleben und bezeugen. Heute, am 10.02.2022, können wir noch gar nicht alle Wirkungen von *#OutInChurch* voll erfassen, aber wir freuen uns auf die weiteren Wege.

Berlin, Bochum, Hamburg, Hamm, München

Michael Brinkschröder, Jens Ehebrecht-Zumsande,
Veronika Gräwe, Bernd Mönkebüscher, Gunda Werner

---

2   Die im Buch verwendeten Internetlinks sind am 25.03.2022 kontrolliert worden.

Teil 1

Von #ActOut
zu #OutInChurch

Von *#ActOut* zu *#OutInChurch*

Alison Schumacher

Am 5. Februar 2021 veröffentlichte das Magazin der Süddeutschen Zeitung das Manifest der Initiative *#ActOut*. In diesem outeten sich mehr als 185 Schauspieler*innen als lesbisch, schwul, bi, trans*, queer, inter und nichtbinär. Mit den Worten »Wir sind hier und wir sind viele!« startet das Manifest, das nun auf einer eigenen Website in 16 Sprachen abrufbar ist. Die Mitglieder von *#ActOut* setzen sich für mehr Sichtbarkeit und Anerkennung von queeren Identitäten in der deutschen Film-, Fernseh- und Theaterbranche ein.

Auf *#ActOut* folgten weitere Initiativen wie *#KickOut*, *#PilotsOut*, *#TeachOut* und nun auch *#OutInChurch*. Hinter all diesen Hashtags verbirgt sich ein gemeinsames Ziel: der Wunsch nach Akzeptanz.

Als ich von *#ActOut* erfahren habe, war ich sofort Feuer und Flamme. Bevor ich mich im Zuge der Initiative als nichtbinäre Person geoutet habe, habe ich viel mit meiner Geschlechtsidentität gehadert. Ich kannte niemanden, von dem ich wusste, dass er genauso fühlt wie ich. Auch in Film und Fernsehen habe ich keine Repräsentation gefunden. Ich habe Geschichten gehört von Schauspieler*innen, denen gesagt wurde, sie wären »zu schwul« für eine Rolle oder »nicht weiblich genug«. *#ActOut* hat mir gezeigt, dass ich nicht allein bin. Dass ich mich und meine Identität nicht für meinen Beruf verstecken muss. Dass es mir nicht zum Nachteil werden sollte, wer ich bin und wen ich liebe.

Repräsentation ist wichtig. Findet mensch keine, kann mensch sich schnell einsam und alleingelassen fühlen. Gerade Religion und Spiritualität sind oft sehr persönliche Angelegenheiten. In einer Religion, die Nächstenliebe predigt, fragt mensch sich jedoch, warum diese Liebe an Bedingungen geknüpft sein soll.

Mit *#OutInChurch* treten Menschen an die Öffentlichkeit. Mitarbeiter*innen der römisch-katholischen Kirche und Christ*innen outen sich als lesbisch, schwul, bi, trans*, queer, inter und nichtbinär. Damit sorgt *#OutInChurch* für die notwendige Repräsentation, um eine Veränderung zu schaffen. Eine Kirche ohne Angst. Eine Kirche, in der mensch sich gut aufgehoben fühlen kann, egal mit welcher Sexualität oder Geschlechtsidentität mensch sich identifiziert. Dies ist der erste wichtige Schritt hin zu mehr Akzeptanz und Anerkennung, weg von Diskriminierung und diffamierenden Aussagen in der kirchlichen Lehre, was Geschlecht und Sexualität betrifft.

Wenn sich die Kirche als Institution für LGBTIQ+-Personen ausspricht und ihre Lehren zeitgemäß anpasst, so verändert das die Auffassung eines Großteils unserer Gesellschaft zu derartigen Themen. Es verspricht denen Schutz und Sicherheit, die Teile von sich (wie Sexualität oder Geschlecht) bisher verstecken mussten. Es bietet queeren Personen ihren wohlverdienten Platz in einer Kirche, die akzeptiert und willkommen heißt.

Durch Initiativen wie *#ActOut*, *#OutInChurch* und den übrigen oben genannten verändert sich unsere Gesellschaft Schritt für Schritt. Wir finden mehr *safe spaces* für LGBTIQ+-Personen, schütteln Vorurteile ab und klären über Missstände auf, damit mensch authentisch leben kann.

Die Kampagne *#ActOut* im Magazin der Süddeutschen Zeitung veröffentlichte gemeinsam mit dem Manifest auch Interviews mit einigen der Gründer*innen und Unterzeichner*innen. Diese persönlichen Berichte schaffen eine Nähe zu den Schauspieler*innen und ihren Erfahrungen. Sie zeigen auf, was jede*n von ihnen dazu bewogen hat, sich *#ActOut* anzuschließen.

Den biografischen Erzählungen der Kirchenmitarbeiter*innen kann man entnehmen, warum derartige Initiativen so wichtig sind und dass es jeden von uns betrifft, wie mit Themen wie Sexualität und queeren Identitäten umgegangen wird.

Als Teil von *#ActOut* ist es mir und vielen anderen Mitgliedern eine Freude, als Inspiration der Bewegung *#OutInChurch* genannt zu werden. Dass wir inspirieren und Veränderung vorantreiben, ist eines der Ziele unserer Initiative. Was unser Manifest umfasst, lässt sich auch in den Kernaussagen von *#OutInChurch* wiederfinden.

»Bisher konnten wir in unserem Beruf mit unserem Privatleben nicht offen umgehen, ohne dabei berufliche Konsequenzen zu fürchten. Noch zu oft haben viele von uns die Erfahrung gemacht, dass ihnen geraten wurde, [...] die eigene sexuelle Orientierung, Identität sowie Gender geheim zu halten, um unsere Karrieren nicht zu gefährden. Das ist jetzt vorbei« (*#ActOut* Manifest, 2021).

Wie alles begann und worum es geht

Jens Ehebrecht-Zumsande, Diana S. Freyer
und Bernd Mönkebüscher

Jens

Es war am 5. Februar 2021 früh morgens: Mit dem ersten Kaffee in der Hand schlage ich die Süddeutsche Zeitung auf und blicke auf das Magazin. Schlagartig bin ich hellwach. Ich schaue auf eine Bildergalerie vieler bekannter Schauspieler*innen und die Zeile »Wir sind schon da«. 185 Schauspieler*innen outen sich als lesbisch, schwul, bisexuell, queer, nichtbinär und trans*. Im Heft selbst lese ich berührende Interviews und ein Manifest unter *#ActOut*, was mich sofort anspricht.

Vor Aufregung kann ich gar nicht richtig frühstücken. Ich fotografiere das Cover, poste es in meinen Social-Media-Kanälen und schreibe dazu: »*#ActOut*. So genial! Vielleicht sollten wir auch ein #rkchurchout starten.« Schon wenige Augenblicke später kommen die ersten Reaktionen: Likes und Herzen, aber auch Kommentare, die Zustimmung oder Bedenken ausdrücken. Andere fragen danach, wann und wo es losgeht oder wie sie mich unterstützen können. So geht es in den folgenden Stunden munter weiter. Am Ende des Tages sind es mehrere hundert Reaktionen auf verschiedenen Kanälen.

Ein Kommentar war jedoch entscheidend! Bernd Mönkebüscher schrieb schon frühmorgens: »Bin dabei! Wer nimmt es in die Hand?« Aus meiner Antwort »Bernd. Sollen wir?« wurde schließlich ein: »Das machen wir!«

Bernd

Tags darauf gingen die ersten Mails hin und her. Jens begann Skizzen für ein Manifest zu schreiben. Super!, dachte ich. Es formt sich etwas. Es nimmt Gestalt an, worauf ich lange gewartet habe. Wir krempeln die Ärmel hoch, bündeln alle Hoffnungen und glauben, dass das möglich ist: sich in der Kirche nicht mehr verstecken zu müssen aufgrund der geschlechtlichen Identität oder sexuellen Orientierung.

Wir überlegten, wen wir mit ins Boot nehmen könnten, wohl wissend, dass das Wichtigste, was die ganze Aktion begleiten muss, Vertrauen und Vertraulichkeit sind. Wir nahmen unsere Kontakte in den Blick und luden kurzerhand zu einer ersten Zoomkonferenz am 19. Februar ein. Und wie schön: Wir konnten mit über 90 Teilnehmenden starten.

Natürlich standen am Anfang viele Fragen und wir hatten nicht im Blick, was alles zu bedenken wäre. Aber uns war klar: Uns liegt trotz vieler Enttäuschung und Verletzung an der Kirche, und wir wollen sie verändern, minderheitenfreundlich ausrichten, denn sonst kann sie nicht menschenfreundlich sein.

Jens

Im schon erwähnten SZ-Magazin schreiben Carolin Emcke und Lara Fritzsche, die die Interviews mit den Schauspieler*innen der #ActOut-Kampagne geführt haben: »›Würden Sie alle sagen, dass dieses Interview für Sie eine Lebensentscheidung ist?‹ Es wird die siebte Frage sein, und die sechs Schauspieler*innen, die hier zusammengekommen sind, werden unisono das Gleiche antworten: ›Ja!‹«

Ein solches »Ja!« gilt sicher auch für viele, vermutlich sogar für alle Mitwirkenden unserer #OutInChurch-Kampagne. Sich zu zeigen als lesbische, schwule, bisexuelle, nichtbinäre, trans* oder queere Person in der römisch-katholischen Kirche erfordert immer noch Mut, besonders für Mitarbeitende der Kirche, deren berufliche Existenz bei einem Coming-out gefährdet ist. Viele unserer Mitwirkenden haben in den langen Monaten, in denen wir unsere Kampagne entwickelt haben, vor allem immer wieder Angst gespürt. Diese Angst wahrzunehmen und ernst zu nehmen, ohne ihr zu viel Macht zu geben, ist oft eine Gratwanderung. Gut, wenn es dabei Verbündete gibt.

Was uns bei allen Ängsten und Bedenken und auch trotz aller Unterschiedlichkeit verbindet, ist ein Hoffnungstrotz und der Wunsch nach Veränderung, der groß und stark ist. Eine Sehnsucht nach einer Kirche, die ein sicherer Ort für queere Menschen ist. Der Realismus und die Erfahrung, dass solche Orte immer von denen erkämpft und geschaffen werden müssen, die sie ersehnen. So wie es der Schriftsteller James Baldwin einmal ausgedrückt hat: »Der Ort, an den ich passen werde, wird nicht existieren, bis ich ihn geschaffen habe.«

Bernd

Orte schaffen. Vielfältig, farbenfroh. Sich den Glauben nicht nehmen lassen, dass das geht, Gegenwind in Kauf nehmen, einander ermutigen, sich verbinden und gegenseitig stärken, zusammen weinen und stolz sein auf jeden Schritt, der zu mehr Echtheit und Ehrlichkeit führt.

Ich glaube, dass es diese für jeden Menschen passenden Orte längst schon gibt, von Beginn des Lebens an, nämlich in Gott. Darum wurden die Zoomkonferenzen zu Glaubenszeugnissen, darum werden die Coming-outs zu Glaubenszeugnissen: Menschen öffnen sich, kommen aus sich heraus, überwinden die Angst, nehmen sich so an, wie sie sich von Gott geschaffen glauben, nehmen das mit in die Wiege Gelegte als geschenkte Talente, die eingebracht werden wollen, vertrauen, dass Gott den Rücken stärkt, besonders da, wo menschliche Mächte einschüchtern und kleinhalten wollen. Gott bekommt dort Raum im Leben, wo Menschen sich zeigen (können), wie sie sind.

Diana

Für jede und jeden, die durch #*OutInChurch* die Lebensentscheidung treffen konnten, aus der Angst herauszutreten, hat es sich schon gelohnt. Denn von der ersten Zoomkonferenz an war unsere Aktion beides: stärkende Seelsorge und kirchenpolitische Kampagne. Sich überhaupt einzuwählen, war für manche eine Hürde, sich mit Bild zu zeigen zunächst undenkbar. Die eigenen Geschichten wurden erzählt, von den einen flüssig und ohne Scheu, von anderen zaghaft, tastend, vielleicht zum ersten Mal. Erfahrene Verletzungen wurden geteilt in diesem Raum, der sich da digital eröffnete. Mut konnte wachsen, genauso wie die Begeisterung darüber, nun endlich vernetzt, gemeinsam öffentlich zu sagen: Wir sind hier, wir sind schon seit Langem da, und wir sind selbstverständlicher Teil der katholischen Kirche. Um die Art und Weise genauso wie um den Zeitpunkt dieses öffentlichen Zeugnisses haben wir sehr basisdemokratisch gerungen. Soll es möglichst schnell losgehen oder gibt es einen strategisch richtigen Moment – beispielsweise mit Blick auf den Fortgang des Synodalen Wegs? Soll die Kampagne starten mit denen, die gerade da sind, oder versuchen wir, als Gruppe noch zu wachsen? Kann es gelingen, durch die vielen, die dabei sind, so wirkmächtig zu sein, dass Einzelne geschützt werden können vor negativen Folgen ihres mutigen Schritts?

Nun, ein gutes Jahr nach dem ersten Impuls im Februar 2021, sind die Ideen immer größer, die Beteiligten immer entschlossener und die Unterstützer*innen immer zahlreicher geworden. Am 24. Januar 2022 ist unsere Kampagne #*OutInChurch – Für eine Kirche ohne Angst* gestartet. Hinter jedem einzelnen Foto auf der Homepage (www.outinchurch.de) steht eine persönliche Geschichte, und es kommen immer weitere hinzu.

Das Manifest macht unmissverständlich klar, wofür wir stehen und welche Veränderungen wir in unserer römisch-katholischen Kirche für unabdingbar halten. Quer durch die kirchliche

Landschaft zeigen sich Verbände, Gruppen und Einzelpersonen solidarisch mit unserem Anliegen. Innerhalb von zwei Wochen haben bereits 100.000 Menschen die Petition mit den Forderungen von *#OutInChurch* unterzeichnet. Verstärkt durch die ARD-Dokumentation »Wie Gott uns schuf« und Medienberichterstattung machen wir die Gesellschaft auf Diskriminierungserfahrungen aufmerksam, die sich in ihrer Mitte ereignen.

Auch das vorliegende Buch ist ein weiterer Schritt auf dem Weg, den wir als Bewegung verstehen und hinter die wir nicht zurückgehen werden.

Manifest

#OutInChurch – Für eine Kirche ohne Angst

Wir sind's! Es wurde viel über uns gesprochen. Nun sprechen wir selbst.

Wir, das sind hauptamtliche, ehrenamtliche, potenzielle und ehemalige Mitarbeiter*innen der römisch-katholischen Kirche. Wir arbeiten und engagieren uns unter anderem in der schulischen und universitären Bildung, in der Katechese und Erziehung, in der Pflege und Behandlung, in der Verwaltung und Organisation, in der sozialen und caritativen Arbeit, als Kirchenmusiker*innen, in der Kirchenleitung und in der Seelsorge.

Wir identifizieren uns unter anderem als lesbisch, schwul, bi, trans*, inter, queer und nichtbinär.

Unsere Gruppe ist vielfältig. Zu ihr gehören Menschen, die schon in der Vergangenheit mutig und oft im Alleingang ihr Coming-out im kirchlichen Kontext gewagt haben. Zu ihr gehören aber auch Menschen, die sich erst jetzt entschieden haben, diesen Schritt zu gehen, und solche, die diesen Schritt aus unterschiedlichen Gründen noch nicht gehen können oder wollen. Was uns eint: Wir alle waren schon immer Teil der Kirche und gestalten und prägen sie heute mit.

Die meisten von uns haben mannigfach Erfahrungen mit Diskriminierung und Ausgrenzung gemacht – auch in der Kirche. Vonseiten des kirchlichen Lehramtes wird u. a. behauptet, dass wir »keine korrekten Beziehungen«[1] zu anderen Menschen aufbauen

---

1   U. a.: Kongregation für den Klerus: Das Geschenk der Berufung zum Priestertum. Ratio Fundamentalis Institutionis Sacerdotalis (2016), Nr. 199.

können, aufgrund unserer »objektiv ungeordneten Neigungen«[2] unser Menschsein verfehlen und dass gleichgeschlechtliche Beziehungen nicht »auf die geoffenbarten Pläne Gottes hingeordnet anerkannt werden können«[3].

Derartige Aussagen sind im Licht theologisch-wissenschaftlicher und humanwissenschaftlicher Erkenntnisse weder länger hinnehmbar noch diskutabel. Dadurch werden queere Liebe, Orientierung, Geschlecht und Sexualität diffamiert und unsere Persönlichkeit entwertet.

Eine solche Diskriminierung ist ein Verrat am Evangelium und konterkariert den evangeliumsgemäßen Auftrag der Kirche, der darin besteht, »Zeichen und Werkzeug für die innigste Vereinigung mit Gott wie für die Einheit der ganzen Menschheit«[4] zu sein.

Angesichts dieser Zustände wollen wir nicht länger schweigen. Wir fordern eine Korrektur menschenfeindlicher lehramtlicher Aussagen – auch in Anbetracht weltweiter kirchlicher Verantwortung für die Menschenrechte von LGBTIQ+-Personen. Und wir fordern eine Änderung des diskriminierenden kirchlichen Arbeitsrechts einschließlich aller herabwürdigenden und ausgrenzenden Formulierungen in der Grundordnung des kirchlichen Dienstes.

Denn: Bisher können viele von uns in ihrem kirchlichen Beruf oder Umfeld mit ihrer geschlechtlichen Identität und/oder mit ihrer sexuellen Orientierung nicht offen umgehen. Es drohen arbeitsrechtliche Konsequenzen bis hin zur Zerstörung der beruflichen Existenz. Manche von uns kennen Situationen, in denen Bischöfe, Generalvikare oder andere Leitungspersonen sie genötigt haben, ihre sexuelle Orientierung und/oder ihre geschlechtliche

---

2 U. a.: Kongregation für die Glaubenslehre: Erwägungen zu den Entwürfen einer rechtlichen Anerkennung der Lebensgemeinschaften zwischen homosexuellen Personen (2003), und: Katechismus der Katholischen Kirche (1997), Nr. 2357.

3 Kongregation für die Glaubenslehre: Responsum ad dubium – Über die Segnung von Verbindungen von Personen gleichen Geschlechts (2021).

4 II. Vatikanisches Konzil, Lumen Gentium 1.

Identität geheim zu halten. Nur unter dieser Bedingung wurde ihnen ein Verbleib im kirchlichen Dienst gestattet. Damit ist ein System des Verschweigens, der Doppelmoral und der Unaufrichtigkeit etabliert worden. Es produziert zahlreiche toxische Wirkungen, beschämt und macht krank; es kann einen negativen Einfluss auf die persönliche Gottesbeziehung und auf die persönliche Spiritualität haben.

Alle in der Kirche, insbesondere die Bischöfe in ihrer Leitungsfunktion, sind dafür verantwortlich, eine Kultur der Diversität zu schaffen, sodass LGBTIQ+-Personen ihren Beruf und ihre Berufung in der Kirche offen und angstfrei leben können und dabei Wertschätzung erfahren.

Die sexuelle Orientierung oder geschlechtliche Identität sowie das Bekenntnis hierzu wie auch das Eingehen einer nicht heterosexuellen Beziehung oder Ehe dürfen *niemals* als Loyalitätsverstoß gelten und folglich Einstellungshindernis oder Kündigungsgrund sein. LGBTIQ+-Personen müssen freien Zugang zu allen pastoralen Berufen erhalten.

Weiter muss die Kirche in ihren Riten und Feiern zum Ausdruck bringen, dass LGBTIQ+-Personen, ob allein oder in Beziehung lebend, von Gott gesegnet sind und dass ihre Liebe vielfältige Früchte trägt. Hierzu zählt *mindestens* auch die Segnung gleichgeschlechtlicher Paare, die um einen solchen Segen bitten.

Mit all diesen Forderungen gehen wir gemeinsam den Schritt an die Öffentlichkeit. Wir tun dies für uns und wir tun dies in Solidarität mit anderen LGBTIQ+-Personen in der römisch-katholischen Kirche, die dafür (noch) nicht oder nicht mehr die Kraft haben. Wir tun dies in Solidarität mit allen Menschen, die der Stereotypisierung und Marginalisierung durch Sexismus, Ableismus, Antisemitismus, Rassismus und jegliche andere Formen von Diskriminierung ausgesetzt sind.

Wir tun dies aber auch für die Kirche. Denn wir sind davon überzeugt, dass nur ein Handeln in Wahrhaftigkeit und Ehrlichkeit dem gerecht wird, wofür die Kirche da sein soll: die Verkündigung der frohen und befreienden Botschaft Jesu. Eine Kirche, die in ihrem Kern die Diskriminierung und die Exklusion von sexuellen und geschlechtlichen Minderheiten trägt, muss sich fragen lassen, ob sie sich damit auf Jesus Christus berufen kann.

Lebensentwürfe und Lebenserfahrungen queerer Menschen sind vielfältige Erkenntnisorte des Glaubens und Fundstellen göttlichen Wirkens. Wir sind überzeugt und wir erleben, dass unsere Vielfalt die Kirche reicher, schöpferischer, menschenfreundlicher und lebendiger macht. Als kirchlich Engagierte wollen wir unsere Lebenserfahrungen und unsere Charismen deshalb in die Kirche auf Augenhöhe einbringen und sie mit allen Christ*innen und Nicht-Christ*innen teilen.

Für einen Neuanfang ist es unumgänglich, dass Kirchenleitende für die unzähligen Leiderfahrungen, die LGBTIQ+-Personen in der Kirche gemacht haben, die Verantwortung übernehmen, die Schuldgeschichte der Kirche aufarbeiten und unseren Forderungen folgen.

Der Kampf für Gleichberechtigung und gegen Diskriminierung darf nicht allein den marginalisierten Minderheiten überlassen werden. Er geht alle an.

Mit diesem Manifest treten wir für freies und von Anerkennung der Würde aller getragenes Zusammenleben und Zusammenarbeiten in unserer Kirche ein. Wir laden darum alle, insbesondere die Verantwortlichen und Kirchenleitungen, dazu ein, dieses Manifest zu unterstützen.

#OutInChurch – Für eine Kirche ohne Angst

Unsere Forderungen an die römisch-katholische Kirche

1. Wir wollen als LGBTIQ+-Personen in der Kirche ohne Angst offen leben und arbeiten können.

2. LGBTIQ+-Personen müssen einen diskriminierungsfreien Zugang zu allen Handlungs- und Berufsfeldern in der Kirche erhalten.

3. Das kirchliche Arbeitsrecht muss geändert werden. Ein offenes Leben entsprechend der eigenen sexuellen Orientierung und der geschlechtlichen Identität, auch in einer Partnerschaft beziehungsweise Zivilehe, darf niemals als Loyalitätsverstoß oder Kündigungsgrund gewertet werden.

4. Diffamierende und nicht zeitgemäße Aussagen der kirchlichen Lehre zu Geschlechtlichkeit und Sexualität müssen auf Grundlage theologischer und humanwissenschaftlicher Erkenntnisse revidiert werden. Dies ist besonders in Anbetracht weltweiter kirchlicher Verantwortung für die Menschenrechte von LGBTIQ+-Personen von höchster Relevanz.

5. Die Kirche darf LGBTIQ+-Personen bzw. -Paaren den Segen Gottes sowie den Zugang zu den Sakramenten nicht vorenthalten.

6. Eine Kirche, die sich auf Jesus und seine Botschaft beruft, muss jeder Form von Diskriminierung entschieden entgegentreten und eine Kultur der Diversität fördern.

7. Im Umgang mit LGBTIQ+-Personen hat die Kirche im Lauf ihrer Geschichte viel Leid verursacht. Wir erwarten, dass die Bischöfe dafür im Namen der Kirche Verantwortung übernehmen, die institutionelle Schuldgeschichte aufarbeiten und sich für die von uns geforderten Veränderungen einsetzen.

Teil 2

Den ganzen Menschen sehen

1. Zeugnisse lesbischer und schwuler Ordensleute und Priester

»Hier spricht Papst Franziskus …«[1]

James Alison

Ich denke, die Geschichte beginnt 1994, als ich nach ganzen sechs Jahren als Priester erkannte, dass ich nicht länger so tun konnte, als ob gleichgeschlechtliche Liebe falsch sei. Der verängstigte Junge, der die offizielle Linie akzeptiert hatte, nach der er objektiv ungeordnete Neigungen habe und der Zölibat deswegen eine Verpflichtung sei, war endlich erwachsen geworden. Verbunden mit dieser Erkenntnis stellte sich eine ganze Reihe weiterer Erkenntnisse ein, die alle miteinander verbunden waren. Erstens, dass jegliche Gelübde oder Versprechen nichtig sind, wenn eine der Parteien die andere beim Ablegen derselben angelogen hat. Und in diesem Fall hat die kirchliche Autorität mich und so viele andere angelogen in Bezug darauf, wer wir sind.

Während Menschen wie ich bereuen können, dass wir zuließen, dass diese Lüge Einfluss auf die Formung unserer Seelen nahm, sind die römischen Kongregationen leider nicht in der Lage, ihre Unwahrheit, die so viele von uns übernommen haben, zu diskutieren oder zu berichtigen. Gleichzeitig wusste ich: Sollte ich als Theologe arbeiten wollen (mein Traumberuf: Professor am Priesterseminar wie mein geliebter Lehrer in Brasilien,

---

1 Gekürzte Fassung des englischen Originalbeitrags »This is Pope Francis …«, erschienen in: »The Tablet«, 28.09.2019, S. 14–16. Abdruck mit freundlicher Genehmigung des »Tablet«.

der verstorbene Ulpiano Vázquez Moro SJ), müsste ich bei dieser Lüge mitspielen. Und welchen Wert sollte es haben, als Theologe zukünftige Priester zu unterrichten, wenn ich sowohl in meiner Lehre als auch in meiner Vorbildfunktion darüber lügen und schweigen müsste, wer die meisten von uns sind? Doch andererseits: Welchen Wert würde ein loyaler und bekennender Theologe, der jedoch versucht, innerhalb seines Einflussgebiets die Wahrheit zu sagen, außerhalb der kirchlichen Strukturen haben? In beiden Fällen: gar keinen.

Da beides für mich keine Lösung war, verließ ich die kirchliche Welt, die ich so liebte und in der ich gehofft hatte, mein Leben zu verbringen, und sprang sozusagen ins kalte Wasser des »echten Lebens«. Von dort aus »watete« ich langsam durch einen Nervenzusammenbruch, durch Arbeitslosigkeit und endlich hinaus aus dem finanziellen Infantilismus, in den wir Kleriker so leicht hineingeführt werden. Als mir klar wurde, dass ich nur ein Gast, aber kein Mitglied der Dominikaner gewesen war (für deren Lehren, Gastfreundschaft und manche lebenslange Freundschaft ich nichts als Dankbarkeit empfinde), schrieb ich 1996 einen Brief an die *Kongregation für den Gottesdienst und die Sakramentenordnung*, in dem ich meine Geschichte erzählte, die Ungültigkeit meiner Gelöbnisse und Versprechen erklärte und anbot, meine Ordination aufzuheben. Daraufhin erreichte mich ein Dreizeiler, in dem die Gültigkeit meiner Ordination bestätigt, ich jedoch aufgefordert wurde, die Laisierung zu beantragen. Um das zu tun, hätte ich wieder Lügen erzählen müssen. Also folgte ich dem Rat eines Kirchenrechtsanwaltes und tat nichts – und hörte nichts.

Währenddessen erwachte ich langsam aus der zähneklappernden, depressiven Lähmung, in die ich gefallen war. Dank der Ermutigung einiger weltlicher Freunde begann ich, wieder theologisch produktiv zu werden. Und endlich traute ich mich, die Gottesdienstleitung zu übernehmen und zu predigen, wenn ich von unterschiedlichen Gastgeber*innen darum gebeten wurde, die aber alle genug wussten, um darüber nicht empört zu sein.

Und so stellte ich fest, dass ich im Zweifelsfall als Priester handeln konnte, solange das keinen Skandal verursachte. Das war einfacher, als es mir zunächst erschienen war, denn diejenigen, die mich als schwulen Priester skandalös fanden, würden mich wohl kaum einladen, einen Gottesdienst zu leiten. Meine Versuche, Bischöfe oder Kardinäle zu sprechen, die meinen kirchenrechtlichen Status hätten »lösen« können, wurden regelmäßig zurückgewiesen – und mehr als einer von ihnen behauptete, es sei unklug für ihn, sich mit mir zu treffen. Viele Briefe blieben unbeantwortet. Ein paar freundliche, Mitra tragende Schwule waren zwar erfreut, sich mit mir zu unterhalten, machten aber gleichzeitig deutlich, nichts für mich tun zu können.

Über zehn Jahre vergingen. Schließlich fragte mich ein ordnungsliebender Dominikaneroberer, ob ich damit einverstanden sei, dass er sich um den Papierkram kümmere, um meine Mitgliedschaft im Orden aufzuheben. Ich hatte keine Einwände gegen das Vorgehen, da ich meine Mitgliedschaft schon vor Langem für nichtig erklärt hatte. Allerdings konnte ich an dem Prozess nicht mitwirken. Ich hätte vorgeben müssen, dass es etwas gibt, für das ich eine Dispens benötigte. Zum Glück war das aus seiner Sicht kein Problem. Ihm reichte es, dass ich die Benachrichtigung über den Vorgang erhalten hatte, dem aber nicht zustimmen musste. Er war so freundlich, den zuständigen Stellen zu erklären, dass ich Gewissensgründe geltend gemacht habe. Schließlich erhielt ich ein Dokument, das bestätigte, dass weder die Dominikaner noch ich Verpflichtungen dem jeweils anderen gegenüber hätten. Es bestätigte aber auch, dass ich ein unbescholtener Priester ohne Inkardination sei, jedoch inkardiniert werden könne, sollte ein Bischof kühn genug sein, mich zu nehmen.

Ein paar Jahre später fand ich mich in Brasilien als Begleitung eines angehenden LGBT-Apostolats wieder. Auf ein frühes Schreiben an den örtlichen Kardinal erfolgte keine Antwort. Als er mich später zu sich rief, zeigte er sich verärgert darüber, dass ein Zeitungsinterview, das ich gegeben hatte, unglücklicherweise gleich neben einer Kolumne erschienen war, die er anlässlich des CSD verfasst hatte. Er akzeptierte meine Erklärung, dass es nicht meine Absicht gewesen war, ihm die Schau zu stehlen – schließlich war ich lange nicht vor Ort gewesen und wusste nichts von den Plänen dieser Zeitung. Jedoch sagte er mir sehr deutlich, dass er mich laisieren wolle. Dazu brauchte er mein Einverständnis. Das ich ihm nicht gab. Bei einem späteren Treffen mit der gleichen Forderung konfrontiert, bot ich ihm an, dass er mich in seiner Erzdiözese inkardinieren könne, wenn er wolle (wodurch ich ihm Kontrolle über mich gegeben hätte). Er lehnte sofort ab. Kurz danach – inzwischen war Franziskus Papst geworden – erwirkte er eine Veränderung im kanonischen Recht und initiierte das Verfahren einer erzwungenen Laisierung. Diese Art von Verfahren war eigentlich darauf ausgerichtet, Bischöfen die Berechtigung zu geben, Priester von ihrer Liste zu streichen, die, ohne die notwendigen Formalitäten erledigt zu haben, vor vielen Jahren die Kirche verlassen hatten, um zu heiraten und nun nicht auf Briefe antworteten. Ein völlig anderer Fall als meiner.

Etwa ein Jahr später bekam ich einen Brief von der *Kongregation für den Klerus* – auf Latein verfasst –, der mir mitteilte, dass ich zwangsweise aus dem klerikalen Stand entfernt worden sei und dass es mir verboten sei, zu lehren, zu predigen oder einen Gottesdienst zu leiten. Es sei nicht möglich, in Berufung zu gehen. Sogar für jemanden wie mich, der sich die kafkaeske Natur der vatikanischen Bürokratie nur zu gut vorstellen kann, war es schockierend, Gegenstand eines Prozesses zu sein, in dem es nicht notwendig ist, den Angeklagten über die ihm vorgeworfenen Vergehen zu informieren, in dem eine Rechtsvertretung verboten ist und in dem für die Rechtskräftigkeit des Urteils die Unterschrift des Verurteilten nicht erforderlich ist. Ein Freund wies mich darauf hin, dass ein Urteil, in dem die Strafe ohne Information über die Anklagepunkte und ohne Rechtsbeistand auferlegt wird, in jedem Rechtssystem eindeutig ungültig sei. Ich war geistig einigermaßen auf die juristischen Feinheiten vorbereitet und wusste, dass ich mich von solch einer Gewalt nicht unterkriegen lassen sollte, trotzdem führte die unmissverständliche Botschaft an mich – »Dein Priestertum ist nichts wert« – zu einer tiefen Depression.

Immer noch labil, konnte ich ein paar Monate später mit meinem ehemaligen Novizenmeister sprechen, der nun Bischof war. Seine Reaktion kam prompt und war mehr, als ich zu hoffen gewagt hatte: »Das ist absurd. Sie brauchen Leute wie dich in diesen Zeiten an ihrer Seite. Schreib nicht dem Papst; dein Brief wird nie durchkommen. Ich werde eine Privataudienz beantragen und ihn bitten, das zu regeln.« 18 Monate später hatte der Bischof seine Privataudienz und überbrachte einen Brief von mir, in dem ich gegen das Berufung einlegte, von dem die Kongregation behauptete, dass eine Berufung nicht möglich sei. In meinem Brief hatte ich darauf hingewiesen, dass der gesamte Prozess den Beigeschmack des »selbstreferenziellen Kurialismus« hat, den Franziskus so oft kritisiert hat. Und dass ich genau das getan hätte, wozu er uns öffentlich ermutigt hatte: das Evangelium »an den Rändern« zu verkünden und »ein wenig Aufruhr zu erzeugen«. Ich legte ihm in dem Schreiben meine Gewissensüberzeugung dar, dass ich das, was er öffentlich gesagt hatte, nicht mit dem lateinischen Dokument, das mir in seinem Namen zugesandt worden war, in Einklang bringen könne, und schlug vor, dieses Dokument daher als nicht gültig zu betrachten und weiterzumachen wie bisher.

Ich bat ihn, sofern möglich, meine Situation als Normalfall anzuerkennen – nicht, um mir persönlich einen Gefallen zu tun, sondern als Teil der Öffnung der seelsorglichen Arbeit für LGBT-Menschen in der Kirche. Denn so könnten diese in Zukunft aus der Ich-Perspektive sprechen, predigen und verkünden, ohne daran gebunden zu sein, in klerikaler Unehrlichkeit über Menschen wie sie selbst als »jene dort« zu sprechen. So erreichte der Brief im Mai 2017 seine Hände. Mein Freund, der Bischof, erzählte mir später, dass das Gespräch sehr warmherzig gewesen sei, der Heilige Vater sich verständnisvoll gegenüber meinen

Lebensumständen gezeigt und er das Treffen verlassen habe mit der Versicherung, dass er etwas unternehmen werde.

Dann kam der Anruf am Sonntag, dem 2. Juli 2017, gegen 15 Uhr: »Hier spricht Papst Franziskus« – »Ist das Ihr Ernst?« – »Nein, ich mache nur Witze, mein Sohn.« Aber er war es wirklich! Natürlich war da der argentinische Akzent, aber vor allem die Tatsache, dass er den Inhalt meines Briefs kannte und sich im Gespräch deutlich darauf bezog, überzeugte mich davon, dass sich hier keiner meiner Freunde einen grausamen Scherz erlaubte. Und dann sagte er: »Ich möchte, dass du in tiefem innerem Frieden auf den Spuren des Geistes Jesu gehst. Und ich gebe dir die Schlüsselgewalt. Verstehst du? Ich gebe dir die Schlüsselgewalt.«[2]

Ich sagte Ja, obwohl es mir im Rückblick unglaublich erscheint, dass ich in meiner Benommenheit dieses Geschenk verstanden habe. Das Gespräch wendete sich dann mit Humor und sogar einer gewissen Lebhaftigkeit Freunden und gemeinsamen Bekannten zu. Im Hintergrund ein leiser Operngesang, den ich angestrengt versuchte zu erkennen. Nachdem er mich nachdrücklich um Diskretion gebeten hatte, um den Bischöfen keine Probleme zu verursachen, endete er mit: »Bete für mich. Ich werde mir deine Akten ansehen und mich bei dir melden.«

Was bedeutet diese außergewöhnliche Gnade für mich und was bedeutet sie für andere? Das Mindeste ist, dass der Urheber der kanonischen Ordnung das Urteil der eigenen Kongregation nicht als bindend betrachtete, da er mich wie einen Priester behandelte und mir die universale Vollmacht gab, die Beichte abzunehmen (etwas, von dem ich glaube, dass er es auch den Missionaren zusprach, die er in das Heilige Jahr der Barmherzigkeit entsandte). Dass er mir zutraute, die Freiheit zu haben, um verantwortlich der Priester zu sein, der ich über all die Jahre geworden war. Dass ich

---

2 Der Ausdruck »Schlüsselgewalt« bezieht sich auf Mt 16,19, wo Jesus Petrus die Schlüssel des Himmelreiches überträgt und ihm mitteilt, dass das, was von ihm auf Erden gebunden oder gelöst wird, auch im Himmel gebunden oder gelöst sein wird. An dieser Stelle bezieht Franziskus dies auf die Vollmacht des Priesters, das Bußsakrament zu spenden (vgl. Mt 18,18) (*Anm. d. Hrsg.*).

zum ersten Mal in meinem Leben in der Kirche von einem Erwachsenen wie ein Erwachsener behandelt wurde. Guter Gott – es braucht den Papst persönlich, damit das möglich wird!

Kürzlich hatte ich das Privileg, einen sehr angesehenen Kirchenrechtler zu fragen, was dieser unmittelbare Akt, mich als eine Art Priester von geheimer Gnade auszusenden, zu bedeuten habe. Er brach in schallendes Gelächter aus und sagte: »Aus kanonischer Sicht ergibt das überhaupt keinen Sinn, aber … er tut solche Dinge!« Es war eine Freude zu sehen, dass dieser erstklassige Kanonist nicht besorgt, sondern begeistert war von der Freiheit des Papstes. Und er deutete weiter an, dass ich keinesfalls der Einzige sei, der einen befreienden Anruf von einer unbekannten Nummer erhalten habe.

Dreißig Jahre als Priester und es fühlt sich an, als würde meine Ordination erst jetzt beginnen. Wie soll ich nun das Priesteramt ausüben, nachdem ich diese Freiheit dazugewonnen habe? Mit wem und für wen? Wie soll ich Rechenschaft ablegen und wem gegenüber? Papst Franziskus hat davon gesprochen, dass dies eine Veränderung des Zeitalters und kein Zeitalter der Veränderung sei. Welche Form wird das Amt in der Kirche haben, die gerade entsteht? Welche Gestalt die Lehre? Was wird das grundlegende Paradigma von Glauben und Leben sein? Dem Himmel sei Dank eröffnen sich nun auf eine Weise Aussichten, die ich mir nie hätte vorstellen können, als ich 1988 jung, verängstigt und von klassischen kirchlichen Ansichten geprägt vor einem Bischof auf einem kalten Boden lag – intellektuell meiner Sache völlig sicher und voller Hoffnung, dass meine emotionale Sicherheit bald ebenso groß sein würde. Stattdessen empfing ich vom Heiligen Geist einen dreißig Jahre währenden Stoß ins Erwachsensein.

Aus dem Englischen übersetzt von Rut Neuschäfer und Johanna Brägelmann

Geschenk und Berufung – Wie es ist, eine lesbische Ordensschwester zu sein

Mary Janet Rozzano, RSM

Der Prozess, mich selbst als lesbische Frau in einer Nonnengemeinschaft beziehungsweise unter Ordensschwestern zu verstehen und zu akzeptieren, erstreckt sich über mehr als 40 Jahre; tatsächlich erstreckt er sich über die mehr als 80 Jahre meines Lebens. Die Art und Weise dieser Entfaltung habe ich sowohl als Geschenk als auch als Berufung erfahren. Lassen Sie mich ein wenig davon erzählen, wie ich diese Gaben und Berufungen erkannte und versuchte, darauf zu reagieren.

Für mich war der schwierige Prozess der Selbstakzeptanz als lesbische Frau von Beginn an ein spirituelles Unterfangen sowie eine psychologische und auch physische Realität. Im Lukasevangelium erzählt Jesus das Gleichnis einer Frau, die eine Münze verlor und sich unglaublich darüber freute, als sie sie wiederfand (Lk 15,8–10). So wie diese Frau möchte auch ich feiern, nicht einmal, sondern viele Male. Ich möchte die (Wieder-)Entdeckung meiner einzigartigen Sexualität – der verlorenen Münze – feiern, das Geschenk von Gottes Wirken in mir. Mit diesem Geschenk im Herzen erlebe ich eine intensivere Wahrnehmung Gottes, der mich in seiner mystischen und zugleich barmherzigen Gegenwart so liebt, wie ich bin, und mich nicht als krank oder sündig betrachtet.

Bereits in den ersten Tagen, an denen ich mich als lesbisch akzeptierte, sah ich den Weg des Coming-out als eine Art Sakrament – ein äußeres Zeichen göttlichen Ursprungs, welches sich als Quelle der Gnade oder heilige Energie erwies. Das Teilen meiner Geschichte mit anderen schwulen oder lesbischen Ordensleuten, Priestern oder Laien war ein heiliger Moment, ein Moment tiefen Vertrauens in Gottes Gegenwart. Dieses Teilen inspirierte mich dazu, weiterhin Zeugnis zu geben, Präsenz zu zeigen und im Namen der marginalisierten LGBTIQ-Community zu handeln.

Diese sakramentale Einsicht war ein weiteres Geschenk auf meinem Weg. Aber es war nicht nur eines für mein privates oder persönliches Befinden. Vielmehr war es ein Geschenk, das mit einer Berufung einherging. Ich verstand diese Berufung so, dass ich andere mit meinen Erfahrungen erreichen sollte. So könnte ich diesen Menschen helfen, ihre eigenen Erfahrungen besser zu verstehen und zu akzeptieren, schwul oder lesbisch zu sein. Ich könnte andere über die Erfahrung von schwulen und lesbischen Menschen in unserer Kirche oder religiösen Gemeinschaften aufklären und so dazu beitragen, verbreitete Stereotypen und andere Missverständnisse zu zerstreuen.

Diese Berufung führte mich in viele Richtungen. Ich fing an, mich mit Priestern und Schwestern in meiner Gegend zu vernetzen. Wir bildeten Gruppen, kamen zusammen zum Gebet, zur gegenseitigen Unterstützung und zur Gewinnung von Erkenntnissen über den priesterlichen Dienst für die LGBT-Gemeinschaft.

Ich wurde eingeladen, bei Symposien von *New Ways Ministry* und in anderen religiösen Gemeinschaften von Frauen darüber zu sprechen, wie lesbische Mitglieder willkommen geheißen und unterstützt werden können. Ich habe an Konferenzen und Workshops für und über LGBT-Personen teilgenommen. Jedoch spürte ich auch schnell, dass ich in vielen meiner Erfahrungen und Beziehungen dazu aufgefordert bin, den verkündenden Aspekt meiner Berufung als Ordensfrau zu erschließen. Ich war aufgerufen, Ungerechtigkeiten zu erkennen, zu benennen und etwas gegen die Diskrepanz zwischen dem, was ist, und dem, wozu Gottes Wort uns aufruft, zu unternehmen. In ihrer wahrhaftigsten Form basiert die Berufung sowohl auf der Kontemplation, die uns in Kontakt mit Gottes Vorstellung von den Dingen bringt, als auch auf der Erfahrung von Grenzen.

Zwei Ereignisse stechen in Bezug auf diese Berufung und ihre Herausforderungen hervor. Die erste öffentliche schwul-lesbische Veranstaltung, an der ich teilnahm, war die *National Convention* von *Dignity USA* im Jahr 1983. *Dignity* wurde vor rund 50 Jahren gegründet und setzt sich für Respekt und Gerechtigkeit für Menschen aller sexuellen Orientierungen und Geschlechtsidentitäten innerhalb der katholischen Kirche und auf der gesamten Welt durch Bildung, Fürsprache und Unterstützung ein. Erzbischof Hunthausen von Seattle, Washington, hatte die Organisation dazu eingeladen, die Messe in der Kathedrale seiner Diözese zu feiern. Da er selbst nicht dabei sein konnte, hatte er eine Videobotschaft mit einem Grußwort aufgenommen. Später wurde er gerügt, weil er uns gestattet hatte, in der Kathedrale zu feiern.

1988 wurde der lokalen *Dignity*-Gruppe in San Francisco, Kalifornien, die Erlaubnis verwehrt, ihre wöchentliche Sonntagsmesse weiterhin in einer katholischen Kirche zu feiern. Da ich seit mehreren Jahren Teil dieser Sonntagsgemeinschaft war, entschied ich mich, gemeinsam mit weiteren *Dignity*-Mitgliedern von der Kirche, in der wir unsere Messen feierten, zur Kathedrale von San Francisco zu ziehen, wo wir draußen einen Gottesdienst abhielten. Ich erinnere mich noch gut an das Lied, das wir an diesem Abend gesungen haben, komponiert vom Folk- und Protestsänger Holly Near:

Wir sind ein sanftes, wütendes Volk und wir singen, singen für unser Leben.

Wir sind ein Gerechtigkeit suchendes Volk und wir singen …

Wir sind Jung und Alt und wir singen …

Wir sind ein Land der vielen Farben und wir singen …

Wir sind homo und hetero und wir singen …

Wir sind ein sanftes, liebevolles Volk und wir singen …

In den folgenden Jahren bin ich immer wieder auf unterschiedlichste Weise dieser Mission der »loyalen Opposition« gefolgt –

habe mich zu Wort gemeldet, Briefe geschrieben, andere aufgeklärt, den Protest fortgeführt.

Eine weitere Berufung wurde mir in den letzten Jahren bewusst, als andere lesbische Schwestern und ich eingeladen wurden, unsere Geschichten für das Buch »*Love Tenderly: Sacred Stories of Lesbian and Queer Religious*«, das 2020 veröffentlicht wurde, aufzuschreiben.

In den letzten 20 Jahren war ich nicht mehr so unmittelbar für die Belange der LGBTIQ-Community tätig. Als ich mich mit meiner Geschichte näher beschäftigte und auf Dinge zurückschaute, die ich Jahrzehnte zuvor geschrieben hatte, bemerkte ich, dass ein Teil meines Vokabulars veraltet klang. Heute werden ganz neue Begriffe verwendet, um Sexualität zu beschreiben. Ich glaube, wir sind dazu aufgerufen, uns mit diesem neuen Vokabular vertraut zu machen, das teilweise auf neueren wissenschaftlichen Erkenntnissen basiert und Ausdruck eines breiteren Verständnisses der menschlichen Sexualität in ihren verschiedenen Formen ist. Wir müssen zu jeder Diskussion über Sexualität als Lernende kommen, mit offenem Geist und geöffneten Herzen. Und wir müssen dazu bereit sein, den Geschichten von Menschen zuzuhören, deren Erfahrungen, Ansichten und Ausdrucksweisen in Bezug auf Sexualität von unseren eigenen abweichen.

Ich möchte noch ein weiteres Geschenk erwähnen, das meinen Weg, meine Reise als lesbische Ordensfrau von Anfang an erleuchtet hat. Bei jedem Schritt auf dem Weg wurde ich durch die Bestätigung meiner Gemeinschaftsvorsteherinnen und so viele meiner Schwestern bestärkt und ermutigt. Ihre Reaktion ist eine Quelle großen Stolzes und ein wirklich wertvolles Geschenk. Sie haben mich in Liebe unterstützend begleitet, auch wenn der Geist mich auf eine Weise geführt hat, die ich als ziemlich unorthodox empfand, oder wenn Risiko und Mut mich, die von Natur aus eher zurückhaltend ist, herausforderten.

Zusammenfassend habe ich das starke Gefühl, dass sowohl meine persönliche Geschichte als auch die verschiedenen LGBTIQ-Projekte, an denen ich beteiligt war, in bester Tradition der Schwestern der Barmherzigkeit stehen. Ich denke, unsere Gründerin Catherine McAuley würde das verstehen und meinen Lebensweg segnen. Sie forderte die Schwestern immer auf, die Hand auszustrecken und die Bedürftigsten mit Mitgefühl zu umarmen und praktische Hilfe zu leisten. Sie hat uns ermutigt, den Ausgegrenzten und Außenseitern die Türen zu öffnen und Jesu Beispiel der Barmherzigkeit und Liebe für alle Menschen zu folgen. Sie verband tiefes Gebet und Kontemplation mit einem sensiblen Gespür für die Zeichen der Zeit, das den Bedürfnissen ihrer Zeit entsprach. Ich denke, sie würde unsere Schwestern willkommen heißen, sie verstehen und sich für Gerechtigkeit in der LGBTIQ-Community einsetzen, ist dies doch ein sehr reales Bedürfnis unserer Zeit. Wenn sie eine Schriftstelle wählen sollte, um uns in unserer Arbeit in diesem Bereich zu ermutigen, kann ich mir vorstellen, dass sie die Worte des Propheten Micha vorschlagen würde: »Handle gerecht, liebe zärtlich und lebe demütig mit deinem Gott« (Mi 6,8).

Aus dem Englischen übersetzt von Rainer Teuber

Systeme, die Angst erzeugen, gehen auf Kosten der Liebe

Bernd Mönkebüscher

> »Die Systeme, die Angst erzeugen, gehen auf Kosten der Liebe.
> Und darum sind diese Systeme böse.
> Böse ist das, was die Liebe verhindert.«
> (Siegfried Zimmer)

Der Regens des Priesterseminars in Münster, Hartmut Niehues, bis 2020 Vorsitzender der Deutschen Regentenkonferenz, »sagte, er lehne es ab, dass Priester ihre sexuelle Orientierung öffentlich machten. Dies sei weder notwendig noch hilfreich. ›Als heterosexuell orientierter Mensch oder als homosexuell orientierter Mensch muss ich meine Orientierung nicht auf der Stirn tragen‹«, so berichtete das Internetportal »katholisch.de« am 31. Januar 2019.

Niemand muss seine Orientierung auf der Stirn tragen; niemand muss sich outen. Keine Frage. Aber jede*r muss es dürfen. Die Möglichkeit dazu muss bestehen. Und genau diese besteht nicht, solange die Angst vor negativen Konsequenzen (sogar arbeitsrechtlichen in dem Moment, wo ein nicht geweihter Mensch ihre Frau, seinen Mann heiratet) groß ist oder solange die gleichgeschlechtliche Variante menschlicher Sexualität als minderwertig angesehen wird.

Unsere Sexualität ist kein Kleidungsstück, das wir anziehen oder ablegen. Sie hängt uns nicht äußerlich an. Durch sie und in ihr sind wir Mensch. Die eigene Sexualität und sexuelle Orientierung entdecken wir, wir suchen sie uns nicht aus.

Natürlich spielt in vielen Begegnungen in der Pastoral die Sexualität keine Rolle. Dennoch erleben wir, dass spezifische Angebote von Frauen für Frauen, von Männern für Männer Sinn ergeben. Frauengottesdienste. Frauenverbände. Mancherorts gibt es Gottesdienste mit queeren Menschen. Und in unserer Zeit finden immer mehr Menschen, die sich als nichtbinär oder trans* erleben, endlich verstärkt ein Umfeld, das es ihnen ermöglicht, von sich zu erzählen und zu sich zu stehen.

Der Aussage des Regens, dass es »weder notwendig noch hilfreich« sei, die eigene sexuelle Orientierung öffentlich zu machen, widerspreche ich aus Erfahrungen, die ich selbst gemacht habe. Als Jugendlicher und junger Erwachsener hätte ich mir als schwuler Mann gewünscht, um einen Priester zu wissen, der ebenfalls schwul ist. Ich hätte mit ihm anders reden können als mit den Seelsorgern, die ich erlebt habe. Die Scham war für mich zu groß, über meine sexuelle Orientierung mit Menschen zu sprechen, die mir eher asexuell vorkamen oder vorgaben, »normal« (also heterosexuell) zu sein, was mich ebenfalls eher davon abhielt, eigene Gefühle ins Wort zu bringen. Der Eindruck wuchs: Das, was für mich ein großes und bedrängendes, ein leidvolles Thema war, schien es für andere gar nicht zu geben.

Seit Januar 2019, der Zeitpunkt, an dem ich mich geoutet habe, darf ich erneut und vertieft erleben, wie hilfreich und notwendig es sein kann, seine sexuelle Orientierung zumindest nicht zu verschweigen. Mein Coming-out hat sehr viele Kontakte ermöglicht, die sonst nicht zustande gekommen wären: Mails und Briefe von Menschen, in denen diese zum ersten Mal von sich selbst schreiben konnten, von ihrer sexuellen Orientierung, ihrer Not damit, zum Beispiel von den eigenen Eltern nicht akzeptiert zu werden – auch heute noch. Sie berichteten von Kontaktabbrüchen, von dem Schmerz auf dem Weg, sich selbst anzunehmen, vom nicht selten geäußerten Wunsch, lieber tot zu sein als schwul. In Seelsorgegesprächen fanden und finden Menschen den Mut, davon zu erzählen, wie sie als Mann eine Frau geheiratet haben, aber damals schon wussten, dass sie schwul sind – oder es in der Ehe herausfanden, oder dass sie heimlich Frauenkleider tragen; sie bringen gescheiterte Suizidversuche ins Wort, um hier nur spärlich aus Inhalten von möglich gewordenen Gesprächen zu berichten. Und allen war gemeinsam: Es sind glaubende Menschen. Sie möchten ihr Leben an Gott ausrichten und leiden an einer schweigenden oder sie verneinenden Kirche, die ihnen sagt: »Das darf nicht sein.« Sie lehnen sich selbst mitunter darum ab und ahnen doch oder sehnen sich danach, dass Gott sie unbedingt liebt und möchte, wie sie sind. Aber sie erleben eine Kirche, die es ihnen nicht erlaubt, ihre Sexualität zu leben. Sie erleben eine Kirche, die heterosexuellen Menschen im Katechismus empfiehlt, homosexuellen Menschen nicht nur mit Takt, sondern eben auch mit Mitleid zu begegnen, als sei es eine Krankheit, ein angeborener Schaden, ein Defizit.

Die vielen Menschen hätten nicht den Mut gehabt, sich mir anzuvertrauen, wäre da nicht mein Coming-out gewesen. Nähe erzeugt Nähe. Jede*r weiß es aus eigener Erfahrung, wie wir ermutigt werden, von uns selbst zu erzählen, wenn es andere auch tun. In der Bibel haben wir dafür sogar eine wunderbare Geschichte: die Speisung der 5 000. Weil ein kleiner Junge das gibt, was er hat, weil er sich selbst einbringt, werden viele satt.

Das Abraten, als Priester die eigene sexuelle Orientierung öffentlich zu machen, verrät in meinen Augen eine negative Sichtweise auf menschliche Sexualität: »Darüber spricht man nicht.« Das hat keine Rolle zu spielen – als würden uns im Alltag Menschen nur als körperlose Geistwesen begegnen.

Spätestens die MHG-Studie, die von den deutschen Bischöfen in Auftrag gegebene Studie zur Aufarbeitung der Missbrauchsverbrechen und ihrer möglichen systemischen Ursachen, hat offenbart, wie verheerend sich Verschweigen auswirken kann. In den Priesterseminaren, in den Theologenkonvikten wurde nicht nur geschwiegen, es wurde einander beäugt und denunziert. Und es wurden Fakten geschaffen: Bei der Hausleitung ins Gespräch gebrachten Männern (mitunter denunziert von ebenfalls homosexuellen Priesteramtskandidaten, um von sich abzulenken oder den

Selbsthass an anderen abzuarbeiten) wurde nahegelegt, aus der Theologenschaft auszutreten.

Wer sich mit seiner sexuellen Orientierung verstecken muss, versteckt ganz viel von sich selbst und lebt in der ständigen Angst, entdeckt zu werden. Ist es gut, der eigenen Gesundheit und der Botschaft des Evangeliums dienlich, sich so zu verbergen oder gar zu verbiegen, indem ich besonders loyal bin, anderen Menschen das Ausleben von Homosexualität untersage, weil es mir als Priester aus Zölibatsgründen untersagt ist? Mit dieser Haltung kann man in der Kirche sogar – und eigentlich nur so – Karriere machen. Jeder Fragebogen, der bei einem möglichen Kandidaten für das Priestertum dem jeweiligen Heimatpfarrer zugesandt wird, enthält interessanterweise die Frage nach dessen sexueller Orientierung. Man will es wissen. Gern auch von anderen. Von unten nach oben sollen die Informationen fließen, von oben nach unten niemals … Ebenso taucht die Frage bei der Suche nach Kandidaten für das Bischofsamt wieder auf. Je stärker ein Priester die kirchliche Sexualmoral vertritt, je mehr er sich von homosexuellen Menschen abgrenzt, umso steiler kann die Karriere nach oben gehen. Und so ergibt sich eine eigenartige Gemengelage für schwule Priester. Experten wie etwa Wunibald Müller[1] schätzen, dass 20–40 Prozent der Priester schwul sind. Dennoch »will« es niemand sein. Dadurch, dass (Homo-)Sexualität immer noch ein Tabuthema ist (wie übrigens das Zölibat auch), fehlt der hilfreiche und gesunde Austausch.

Zwar gibt es manche, die sich zumindest ihrem Bischof anvertraut haben und dankbar sind, wenn er ihnen gesagt hat: »Kein Problem, solange du im Zölibat lebst«, aber nicht selten entsteht gerade bei diesen das Gefühl, besonders »unter dem Radar« zu sein, und sie versuchen, bloß nicht kritisch aufzufallen. Es gibt die, die wirklich in Gewissensnot sind, weil der Vatikan bis heute die

---

1 Dr. Wunibald Müller ist der ehemalige Leiter des Recollectio-Hauses in Münsterschwarzach. Dies ist ein von deutschen Bistümern finanziertes Haus für Priester und Ordensmenschen, die eine Auszeit brauchen oder in einer Berufungskrise stecken.

Richtlinie vorgibt, dass Männer mit »tief sitzenden homosexuellen Tendenzen« nicht geweiht werden dürfen, da sie »keine korrekte Beziehung« zu Frauen und Männern aufbauen können. Es gibt die, die mal hier, mal da sexuell unterwegs sind, unter Umständen beichten oder ihr Unterwegssein mit sich ausmachen. Und es gibt Kollegen in festen Beziehungen. Allen gemein ist: Sie können nicht darüber reden. Wenn ja, dann nur hinter vorgehaltener Hand, nur mit den allerbesten Freundinnen oder Freunden. Damit gelangen dieses »Wissen«, dieser Schmerz, mitunter die Not, die Traurigkeit nicht bis in die bischöflichen Etagen. Und dort, im Kreis der Bischöfe, der Bistumsleitungen, kann man sich täuschend trösten: Worüber man nicht spricht, das gibt es offensichtlich nicht. Man will es gar nicht wissen. Sonst müsste eine ernsthafte Auseinandersetzung beginnen, offene Gespräche, die nicht gleich zu Sanktionen führen wie etwa bei Zölibatsverstößen. Selbst im Protokoll des Priesterrats eines Bistums aus dem Jahr 2018 steht zu lesen, »dass es im Kreis von Mitbrüdern im Grunde nicht möglich ist, über das Gelingen und Misslingen dieser Lebensform zu reden, da der Zölibatsbruch kirchenrechtliche Konsequenzen nach sich zieht. So wird der Zölibat zu einem Tabuthema und seine Thematisierung fast unmöglich«.

Es gab in den 1980er-Jahren schwule Priestergruppen, die sogar im Austausch mit manchen Bischöfen waren. Davon ist kaum etwas übrig. Nicht, weil es keine schwulen Priester mehr gäbe, eher, weil eben nicht alles auf den Tisch kommen kann, eher, weil sich viele zurückziehen, die Jahre bis zur Pensionierung zählen oder ihren Kämpfergeist verloren haben. Kirche ist ja erfahren darin, Themen so lange hin und her zu wenden, bis zumindest denjenigen, die auf Aufbrüche gehofft und auf wirkliches Zuhören gesetzt haben, die Energie zu weiteren (langwierigen und langweiligen) Gesprächen abhandenkommt und sie sich erschöpft eingestehen: Es ist vergeblich.

Wie viele Chancen sind vertan! Wie viel Energie geht dabei verloren, verborgen zu halten, was uns Menschen wesentlich ist! Die

Angst vor Einsamkeit und die erlebte Einsamkeit wachsen, auch die Einsamkeit, die entsteht, wenn Kollegen das, was sie doch beschäftigt und ausmacht, bei Tageslicht nicht ins Wort bringen können. Zwei voneinander völlig getrennte Welten. Nebeneinander und gegeneinander. Tag und Nacht. Wundert es da, wenn (Homo-)Sexualität tiefgründig als »schlecht« kodiert ist, als Makel? Bläht die Tabuisierung nicht das Thema geradezu auf?

»Weder notwendig noch hilfreich« – die Worte des Regens heilen nicht, sie schaden, unterdrücken, transportieren eine der katholischen Kirche nicht zu Unrecht unterstellte Sexualfeindlichkeit.

Was hätten wir zu verlieren, wenn Priester ihre sexuelle Orientierung nicht verheimlichen müssten? Den Bischöfen geriete ein »Machtinstrument« abhanden; genau deshalb und aus den weiteren angeführten Gründen würden *alle* gewinnen.

Inkarnation – ein lebenslanger Prozess

Monika Schmelter

Eigentlich wusste ich »es«, seitdem ich 12 war, als ich versuchte, eine Mitschülerin auf der Mädchentoilette zu küssen. Es hatte mich allen Mut gekostet, doch mein Versuch misslang. Vorbilder für das, was ich empfand, gab es in den späten 1960er- und 1970er-Jahren nicht. Dass meine Religionslehrerin lesbisch war, erfuhr ich erst Jahrzehnte später. Mein Bemühen, mich mehrere Jahre der heterosexuellen Norm zu beugen, endete ebenfalls auf einer Toilette – heute würde ich den damals jungen Mann anzeigen.

Mein Leben fühlte sich »falsch« an! Ich empfand mich als Außenseiterin und wusste nicht einmal wirklich warum. Eine diffuse Sinnsuche führte mich ins Kloster. Dass ich lesbisch sein könnte, durfte nicht einmal ich selbst denken, geschweige denn fühlen.

Natürlich verliebte ich mich in Mitschwestern. Gott hilf, das darf doch nicht wahr sein! Den ersehnten Sinn und Frieden fand ich hier nicht. Im dritten Jahr, kurz vor meiner ersten Profess, die Beinahekatastrophe – leidenschaftliche Küsse in der Waschküche … So heftig, dass ich mich am nächsten Morgen nach der Laudes für den Knutschfleck verantworten musste. Das Zimmer der jeweils anderen zu betreten, wurde uns verboten, und es wurden Abstandsgebote befohlen – genau weiß ich es nicht mehr. Eine harte Zeit begann. Die Geliebte zeigte sich beinhart und abgegrenzt. Sie wollte heilig werden und sah alles als Prüfung.

Dennoch legte ich, wenn auch zweifelnder denn je, eine zeitliche Profess ab und ging zum Theologiestudium in eine 100 Kilometer entfernte Stadt. Im Zimmer neben mir wohnte eine Theologiestudentin, sie war schon im fortgeschrittenen Semester. Wir teilten Küche und Bad und freundeten uns langsam an. Sie fand mich vertrauenswürdig, weil ich Nonne war. In der Woche war ich dort, an den Wochenenden und in den Semesterferien im Kloster. Schon recht bald schrieben wir uns täglich Briefe. Mir war klar, das würde meinen Mitschwestern auffallen. So oft es ging, fing ich den Briefträger ab. Es gelang bei Weitem nicht immer. Erste Kommentare folgten. Telefonieren war damals sehr teuer, Handys gab es nicht und im »Überwachungsstaat Kloster« musste jedes Gespräch mit Angabe des Ortes, der Zeit, der Gesprächspartner*in und der Telefoneinheiten sorgfältig notiert werden. Miteinander sprechen fiel also mehr oder weniger aus, manchmal rief sie mich an. Zu der vorher brieflich vereinbarten Zeit umkreiste ich dann unauffällig die klösterliche »Telefonzelle«.

Nach einem Dreivierteljahr, an einem Sonntagabend, geschah es: Aus einer freundschaftlich gemeinten, tröstenden Berührung wurde unsere erste Liebesnacht. Eigentlich hätte jetzt alles gut werden können. Doch diese Nacht, diese mich überwältigenden Gefühle stürzten mich in tiefste Verzweiflung. Immer wieder irrte ich im Morgengrauen dieser Frühsommertage durch die noch menschenleere Stadt und wusste nicht, wie mir geschehen war. Skrupel, Verwirrung, Scham, Schuldgefühle, Angst und Entsetzen – so schlecht wie in dieser Zeit war es mir nie zuvor gegangen! Fürs Studium stand eine Seminararbeit an, aber ich konnte keinen klaren Gedanken fassen.

Die Nächte gehörten unserer Liebe, die Tage und Wochenenden wurden mehr und mehr zur schier unerträglichen Qual. X-mal versuchte ich, »stark zu sein«, und beendete diese Beziehung, nicht nur, weil ich Ordensfrau war.

Nach einem Jahr – ich konnte die innere Spannung und Zerrissenheit nicht mehr aushalten – vertraute ich mich meiner Oberin an. Sie brachte mir Freundlichkeit, Verständnis und Toleranz entgegen. Mit allem hatte ich gerechnet, damit allerdings nicht! Ich solle mir Zeit lassen, genießen, was jetzt war. Natürlich müsse ich später entscheiden, ob ich Ordensleben oder Partnerschaft* leben wolle. Sie freute sich offensichtlich mit mir. Erst viel später erfuhr ich: Ihre Weisheit resultierte aus eigener Erfahrung.

Nach einigen Monaten riet sie mir zu einer Psychotherapie, denn ich solle die Entscheidung, welche Lebensform ich wählen wollte, nicht zu lange hinauszögern. Ich bekam eine Adresse an meinem Studienort. Meine Liebste und ich durchlebten schwere Zeiten der Trennung. Sie war mittlerweile an einem fernen Ort. Als ich aus therapeutischen Gründen einem zweifelnden Kaplan zur Klärung seiner Gefühle dienen sollte, riss mir die Hutschnur. Ich brach die Therapie ab und trat aus dem Orden aus. Heute weiß ich, es war eine Konversionstherapie, der man mich damals versuchte zu unterziehen. Ohne ein feministisch-theologisches Seminar, das zeitgleich neue Inhalte in mein Leben brachte, wäre mir diese Entscheidung nicht möglich gewesen.

Jahrelang war ich in einem Strudel von Des- und Neuorientierung: Abbruch des Studiums, zig Umzüge, One-Night-Stands – mein Leben drohte, im Chaos zu versinken. Spirituell gab mir dann irgendwann der Buddhismus neue Orientierung. Mein Leben schien sich langsam wieder zu ordnen. Zur Konversion konnte ich mich nicht entscheiden. Stattdessen machte ich 30-tägige ignatianische Exerzitien, wollte wissen, ob meine christlichen Wurzeln tragen würden. Sie brachten dann tatsächlich Klarheit in zwei Punkten: Es zog mich zu meiner ersten Liebe zurück, und mein Studium sollte zum Abschluss kommen. Beides wurde mir geschenkt! Meine Liebste und ich »heirateten« dann anderthalb Jahre später in einer niederländischen katholischen Basisgemeinschaft im Beisein unserer Familien und Freund*innen. Na ja, ganz so romantisch war es nicht: Etliche Familienangehörige und Freundinnen wollten aus Gewissensgründen unserer Feier nicht beiwohnen.

Frisch »vermählt«, zogen wir bald in eine neue Bleibe, in der wir heute noch leben. Meine »Frau« war mittlerweile (Religions-)Lehrerin an einem Ordensgymnasium und ich in den letzten Zügen meines Studiums. Unseren Wohnsitz hatten wir in gebührender Entfernung zu ihrem Dienstort gewählt, schließlich durfte unsere Liebe nicht bekannt werden. In meinem Studium beschäftigten mich am leidenschaftlichsten feministische Inhalte, und es gelang mir, eine Diplomarbeit zu diesem Thema zu schreiben. Dass mir allein der feministisch-tiefenpsychologische Titel meiner Diplomarbeit auf dem Zeugnis eine Anstellung im kirchlichen Dienst verwehrte, ist wohl die tiefste Kränkung meines Lebens. Heute sehe ich es als strukturelle und systemische Gewalt gegen Frauen, besonders natürlich gegen Lesben in der römisch-katholischen Kirche. In den 1980er-Jahren standen generell alle Feministinnen unter Lesbenverdacht.

Erneut war ich der Verzweiflung nah, diesmal gepaart mit Gefühlen von Ungerechtigkeit und Wut gegenüber meiner Kirche, die mir so viel bedeutete. Aus Überlebensgründen nahm ich einen Job in der Eingliederungshilfe an. Dass mein Arbeitgeber ein katholischer Träger war, spielte für mich keine große Rolle. Natürlich war mir klar, dass meine lesbische Beziehung dort kein Thema sein dürfte, aber daran hatten wir uns im Umfeld Kirche längst gewöhnt. Mit den Jahren spitzte sich ein latent schwelender Konflikt zu, und ich wechselte die Stelle.

Mittlerweile war ich Mitte 50. Der neue Arbeitgeber war ebenfalls ein kirchlicher Verband. In vielen Punkten bot mir die neue Leitungsrolle mehr Freiraum und Gestaltungsspielräume. Mit meinem Chef entwickelte sich eine vertrauensvolle und konstruktive Zusammenarbeit. Doch bald spürte ich auch die katholische Enge in moralischen Fragen. Anfangs bekam ich eher zufällig und am Rand mit, wie mit Mitarbeitenden umgegangen wurde, die ihr Privatleben nicht entsprechend den kirchlichen Moralvorstellungen lebten. Eine Kollegin begann mich offen und öffentlich zu mobben, bis mein Chef sie zurechtwies. Danach wurden ihre Methoden subtiler. Ich passte einfach nicht in ihr »gut katholisches Weltbild«, obwohl ich äußerste Vorsicht bezüglich meines Privatlebens walten ließ.

Mit den Jahren glich meine Arbeit in Bezug auf mein Privatleben einem Eiertanz: Notlügen reihten sich aneinander, wenn ich z. B. auf Urlaubspläne angesprochen wurde. Natürlich war ich auch im Internet ein komplett unbeschriebenes Blatt. Dabei hatte eine Mitarbeiterin längst meine Privatsphäre in meinem 66 Kilometer entfernten Wohnort ausspioniert und mein »Geheimnis« gelüftet. Als es ausgerechnet mit ihr einige Jahre später zu einer dienstlichen Auseinandersetzung kam, outete ich mich bei meinem Chef, weil ich erpressbar war.

Es waren furchtbare Tage der Angst und mir war klar, wie gefährdet meine Stelle war. Wir schrieben das Jahr 2014. Kurze Zeit später wurde ich von meinem Chef zu einem Gespräch geladen. Er müsse prüfen, ob meine lesbische Partnerschaft* »ein öffentliches Ärgernis darstelle«. Beim Betreten des Raumes bot sich mir folgendes Bild: Auf dem runden Tisch in seinem Büro, an dem wir schon so viele gute Dienstgespräche geführt hatten, lag die »Grundordnung für Mitarbeiter im kirchlichen Dienst«, herausgegeben von der Deutschen Bischofskonferenz. Außer ihm und mir war ein Rechtsanwalt des Verbandes anwesend, der das Gespräch eröffnete. Für mich selbst überraschend, fühlte ich mich in dieser Situation ruhig und gefasst, wohl wissend, wie entscheidend das alles für mich war. Meinen Chef erlebte ich unsicher, abgegrenzt und kalt. Er sagte nicht viel, überließ fast alles dem Anwalt. Die Herren waren sich gegen Ende einig, dass wegen der großen räumlichen Entfernung zwischen Wohn- und Arbeitsort kein öffentliches Ärgernis bestehe, wenn ich weiterhin dienstlich über mein Privatleben schweige. Außerdem sei man *bisher* mit meiner Arbeitsleistung sehr zufrieden. Abschließend ergriff mein Chef noch das Wort und warf mir mehrfach unmissverständlich »Illoyalität der Kirche gegenüber« vor. Jedes Mal widersprach ich ganz ruhig mit den Worten: »Nein, nicht ich bin illoyal, sondern die Kirche ist es mir gegenüber.« Er gab mir zum Schluss noch mit auf den Weg, mein Privatleben dürfe meine Einstellungspolitik nicht beeinflussen. Im Klartext war das die diskriminierende Ansage, keinen Lesben, Schwulen oder anderen Queers einen Job zu geben.

Natürlich hat sich mein Verhältnis zu meinem Chef durch diese »Prüfung« verändert. Mir war in diesem Gespräch bewusst geworden, ich würde mich nicht mehr in meinem Lesbischsein verraten. Diese unsäglich verletzende Diskriminierung trug auch mit dazu bei, frühestmöglich, wenn auch mit erheblichen finanziellen Abstrichen, in Rente zu gehen. Seit ich im Ruhestand bin, engagiere ich mich u. a. auch aus Solidarität mit queeren Mitarbeiter*innen im kirchlichen Dienst für radikale Reformen der kirchlichen Sexualmoral.

Abschließend kurz zurück zu meiner mittlerweile 40-jährigen Partnerschaft: Nachdem wir nun beide aus dem aktiven kirchlichen Dienst ausgeschieden sind (meine Frau jedoch wegen ihrer kirchlichen Verbeamtung über den aktiven Dienst hinaus zur Loyalität verpflichtet ist), haben wir nach jahrelangen kirchenrechtlichen Beratungen mit einem verbleibenden Restrisiko im vergangenen Jahr standesamtlich geheiratet.

Spät habe ich mir erlaubt, gay zu sein

Pierre Stutz

49 Jahre habe ich gebraucht, um zu mir selbst befreit zu werden. Als Jugendlicher spürte ich schon eine große Sehnsucht, einen Mann lieben zu dürfen und von einem Mann geliebt zu werden. Ich vergrub diese Sehnsucht ganz tief in meinem Inneren und flüchtete mich ins Zölibat und in meine Arbeit. Äußerlich war ich erfolgreich unterwegs, nach der Priesterweihe als Dekanats- und Bundesjugendseelsorger, als Dozent für Jugendpastoral an der Theologischen Fakultät in Luzern, als Mitbegründer des offenen Klosters »Abbaye de Fontaine-André« in Neuchâtel im Schweizer Jura, als spiritueller Autor vieler Bücher zu einer geerdeten Spiritualität, als gefragter Kursleiter. Innerlich war ich ein getriebener Steppenwolf, der immer depressiver wurde. Ein Coming-out kam für mich nicht infrage, weil ich meine spirituelle Begabung als Priester nicht aufgeben wollte und weil ich panische Angst vor Liebesentzug hatte. Ich führte Krieg gegen mich selbst und redete mir jeden Tag gut zu, dass ich doch unendlich dankbar sein könne für meinen gelungenen Lebensentwurf. Meine Seele ließ sich zum Glück nie von meinem Erfolg blenden, sie schrie immer lauter durch psychosomatische Beschwerden, ich ging immer gekrümmter durch meinen Alltag, obwohl ich alle anderen zum aufrechten Gang ermutigen konnte.

Stell dich in die Mitte!

Obwohl ich in diesen verzweifelten Monaten meines Lebens dank der Begleitung durch einen Psychotherapeuten, der zugleich Benediktinermönch war, eine kraftvolle Unterstützung erfuhr, blieb ich unfähig, meinen besten Freundinnen und Freunden von meiner homosexuellen Begabung zu erzählen. Solange etwas nicht ausgesprochen ist, ist es vielleicht doch nicht wahr. Auch nach 30-tägigen Exerzitien in einem Bildungshaus der Jesuiten, die mich erkennen ließen, dass ich es vor mir, den anderen und Gott als Quelle aller Liebe nicht mehr verantworten konnte, zölibatär zu leben, blieb ich nochmals über zwei Jahre gefangen in der Angst, nach meinem Coming-out im »Abfalleimer« zu landen. Albträume schreckten mich mitten in der Nacht auf, in denen ich schmerzvoll mit ansehen musste, wie all meine Bücher öffentlich verbrannt wurden. Obwohl mir klar war, dass diese Panik irreal war, hielt sie mich dennoch zu lange davon ab, geradezustehen für mein Leben. Kurz vor Ostern 2002 geschah dann das Wunderbare: Beim Beten des Psalms 139 erlebte ich ganzheitlich, dass *Du*, Schöpferin allen Lebens, mich so wunderbar geschaffen und gestaltet hast. Eine Befreiung, die sich schreibend, ohne zu denken, in ein paar Minuten verdichtete:

Viele Jahre brauchte ich
um meine Homosexualität anzunehmen
zu lange war ich außer mir
ließ mich beeindrucken
von lebensverneinenden Glaubensaussagen

Viele Jahre war meine Seele tief zerstört
weil ich nicht auf meine Herzensstimme horchte
zu lange war ich auf der Flucht vor mir selbst
ließ mich beirren von der Zusage
eine Fehlform der Schöpfung zu sein

Seit vielen Jahren bete ich täglich
mit den Psalmen –
wie konnte ich deine Lebensworte überhören
die mich zum aufrechten Gang ermutigen:
ich danke DIR, dass Du mich so wunderbar
gestaltet hast – ich weiß:
staunenswert sind Deine Werke

Du hast alle schwulen und lesbischen*
Menschen so wunderbar gestaltet und geschaffen
Du bestärkst sie zur Selbstannahme
Du bewegst sie zu zärtlicher Freundschaft
Du segnest sie kraftvoll jeden Tag neu

*LGBTIQ+

Als ich dann in der Teamsitzung den anderen mitteilen wollte, dass ich schwul bin und dass ich die offene Klostergemeinschaft verlassen werde, um mich für eine Partnerschaft öffnen zu können, umzingelte mich nochmals eine gewaltige Angst. Ich fiel zu Boden, schrie laut und hoffte leise, durch einen Herzschlag von diesem hoffnungsvollen Zu-Grunde-Gehen verschont zu werden. Unglaubliche Geburtswehen! Schmerzvoll-befreiendes Weinen! Die Teammitglieder bildeten einen Vertrauenskreis um mich, was mich zu meiner Mitte führte. Eine heilende Kraft, wie sie in den Heilungsgeschichten meines Lebensfreundes aus Nazaret beschrieben wird, richtete mich auf zu meiner neuen Lebensaufgabe: von Gottes farbenfroher Liebe zu erzählen, die sich auch in der Liebe zwischen zwei Frauen, zwei Männern als Sakrament ereignet. Dank dieser Geborgenheitserfahrung wuchs in mir ein Vertrauen in mein öffentliches Coming-out, das dann auch in der Schweizer Tagesschau zu sehen war.

Chapeau – Hut ab!

Über 800 Briefe habe ich danach erhalten, kaum eine Spur von Ablehnung, sondern ein vielfältiges Ausdrücken eines großen Respektes vor meinem Befreiungsweg: Unsere Kirche braucht dringend authentische Menschen, die das Angstsystem aufbrechen und eine unerträgliche Verlogenheit entlarven. In wenigen Briefen wurde ich wie Judas als Verräter beschimpft, und jemand war überzeugt, dass ich direkt in der Hölle landen werde, was mich nicht mehr verletzen konnte, weil ich es endlich geschafft hatte, aus der Hölle auszuziehen!

Die Schreckensszenarien meiner Albträume wurden keine Wirklichkeit und ich konnte weiterhin in den kirchlichen Bildungshäusern meine Seminare und Vorträge halten – außer im ganzen Bistum Köln, in dem Kardinal Meisner verbot, mich zu engagieren. Inoffiziell ließ mir ein Vertreter der Österreichischen Bischofskonferenz mitteilen, dass ich als spiritueller Autor weiterhin tätig sein dürfe, wenn ich das Wort »Homosexualität« öffentlich nicht aussprechen würde. Treffender kann die jahrhundertlange Kultur der Tabuisierung und der Diskriminierung dieser existenziellen Thematik nicht auf den Punkt gebracht werden. Sie wirkt immer noch lähmend nach, weshalb ich in kämpferischer Gelassenheit in meinem Dankesstatement zur Verleihung des Herbert-Haag-Preises 2021 alle im kirchlichen Dienst zu einem Coming-out bestärkte: »Schwule Priester ermutige ich gerne: Zeigt euch! Geht den aufrechten Gang, ohne euch würde die Seelsorge zusammenbrechen!«

Sehr berührend waren für mich die Echos von engagierten katholischen Eltern, die sich bei mir bedankten, dass sie wegen meines Zeugnisses, Homosexualität und Spiritualität zu versöhnen, ihre lesbische Tochter oder ihren schwulen Sohn liebender annehmen könnten.

2003 habe ich meinen Lebenspartner Harald Weß kennengelernt, ein Geschenk des Himmels. 2013 haben wir im Standesamt in Lausanne unsere Partnerschaft eintragen lassen und 2018 im Standesamt in Osnabrück geheiratet. Gottes Geist weht, wo sie will! Ich bin versöhnt mit meinem Lebensweg und werde weiterhin gradlinig auf verschlungenen Pfaden gehen.

2. Zeugnisse pastoraler Mitarbeitender

Zum Lieben berufen

Barbara Hannah Audebert

Mädchen sind wehleidig und prinzessinnenhaft – das war mein Bild, als ich Kind war. Und das war ich nicht und wollte es nie sein. Vor mir kamen in meiner Familie vier Brüder auf die Welt, und mein Vater legte viel Wert auf Tapferkeit und hatte Angst vor Verweichlichung.

Als ich mich dann mit 13 Jahren das erste Mal verliebte, da spürte ich klar und deutlich, welch mächtige und schöne Kraft die Liebe ist – und doch eine Kraft, die ich unter Verschluss zu halten hatte. Wunderbar war dann, als ich Jahre später meiner Gemeindereferentin von meinem Lesbischsein erzählte. Sie strahlte mich an und sagte: »Du bist eine starke Frau!« Das tat gut.

Nach dem Abitur war ich glücklich, aus der Kleinstadt wegzukommen, und genoss es, in das Theologiestudium einzusteigen. Bald wurde ich hier mit der Tabuisierung von Homosexualität vertraut, insbesondere unter den Priesteramtskandidaten. Mein inneres Suchen und Fragen, wie meine eigene Homosexualität mit meinem Wunsch zusammengehen kann, in der katholischen Kirche als Seelsorgerin zu arbeiten, vertiefte ganz sicher meine Beziehung zu Gott. Er ist doch der Meister meines Lebens und weiß, wie die einzelnen Puzzleteile zusammenpassen. Kirchlich war der heteronormative Druck zu spüren, und auch, als sich dann eine Beziehung zu einer katholischen Gemeindereferentin entwickelte, war die Angst, entdeckt zu werden, immer groß und kostete Kraft.

Gute Erfahrungen, mich verstanden zu wissen und reifen zu dürfen, machte ich immer in der geistlichen Begleitung, z. B. in den Exerzitien. Und dennoch fühlte ich mich während meiner Zeit als Pastoralassistentin doppelt diskriminiert: Ich litt darunter, nicht als Seelsorgerin im priesterlichen Dienst anerkannt zu werden, und ich litt darunter, als lesbische Frau nicht das Glück von Partnerschaft offen leben zu können.

Beides erleichterte mir dann meinen nächsten Schritt, nämlich in die Ordensgemeinschaft der Kleinen Schwestern Jesu einzutreten: zölibatäres Leben in Gemeinschaft und die Möglichkeit, außerhalb der kirchlichen Weihehierarchie vieles vertiefen zu können. Mit meinen verantwortlichen Mitschwestern sprach ich immer offen und erlebte auch hier die Bandbreite von unkomplizierter Annahme bis hin zu die eigene Unsicherheit nur mühsam kaschierender Ablehnung.

Nach dem Auslaufen meiner Gelübde versuchte ich wieder, meine Berufung in der Gemeinde zu leben. Aus verschiedenen Gründen verschlug es mich dann in die Schule, ausgerechnet in eine katholische Schule, wo jedoch meist ein weiter Geist herrschte. Es waren Jahre unter dem Radar, immer in der Angst vor dem Damoklesschwert über mir. Irgendwann hatte ich diese Angst und die oftmals subtile Diskriminierung satt und studierte nebenberuflich Schulpsychologie, um nicht mehr abhängig von der *Missio canonica*, der Lehrerlaubnis der Kirche, zu sein. Nach dem Staatsexamen sagte ich auch meinem Fachbereichsleiter in Religion, was neben dem genuinen Interesse an der Tätigkeit als Schulpsychologin der noch tiefere Grund für dieses Studium gewesen war. Es folgte keine große Reaktion.

Eines Tages wurde ich von zwei Müttern zur Seite genommen und gefragt, ob ich denn wüsste, was in Schülerchats alles über mich stünde. Da sie auch nichts Genaues wussten, waren es ungemütliche Tage, die in mir starke Angst- und Fluchtgefühle auslösten. Es stellte sich heraus, dass eine Kollegin, die ebenfalls Religion unterrichtete, wohl offen homophobe Äußerungen machte, die von Schülern in den Chats dann mehrheitlich als weltfremd eingeordnet wurden. Durch die Tochter einer befreundeten Kollegin wurde ich auch in den Schülerkreisen geoutet.

Wichtig war, dass ich in diesem Moment den Fachbetreuer und den Schuldirektor um Rat fragte, und was ich erhofft hatte, trat ein: Sie sagten mir eindeutig ihre Loyalität und Unterstützung zu. Nach einiger Zeit war auch wieder ein Austausch mit der Kollegin, die mich zuvor lange Zeit wie eine Aussätzige behandelt hatte, möglich.

In der Pfarrgemeinde engagierte ich mich ehrenamtlich, z. B. im Pfarrgemeinderat. Als es um die Wahl des Vorsitzes ging, sprach ich im Vorfeld mit dem Pfarrer. Er sagte es mir diplomatisch und meinte, es gäbe in der Pfarrei schon sehr konservative Kräfte und da wäre es sicherlich nicht gut, wenn ich Vorsitzende würde. Als dann von der Glaubenskongregation die so verletzende Stellungnahme zur Nichtsegnung von homosexuellen Partnerschaften kam und ich den Pfarrer um eine Stellungnahme bat, spürte ich seine große Hilflosigkeit. Mit Hinweis auf den Gehorsamseid gegenüber dem Bischof duckte er sich weg. Menschlich verständlich, und dennoch zeigte es mir einmal mehr das entmündigende Gemisch aus Tabuisierung, Angst vor Kritik und hierarchischem Klerikalismus in der Kirche.

In einem intensiven inneren Prozess reifte die Entscheidung, meine Berufung und innere Bestimmung zu leben und wieder als Seelsorgerin zu arbeiten – und zwar im Bistum St. Gallen. In persönlichen Gesprächen, aber auch im Rahmen des Bewerbungsverfahrens im Bistum outete ich mich und wurde ernst und angenommen. Die offizielle Linie des Bistums, für eine menschenfreundliche Pastoral zu stehen, die auch die LGBTIQ+-Menschen nicht zu diskriminieren versucht, wird immer wieder deutlich, z. B. in der offiziellen Stellungnahme zur römischen Verlautbarung oder im bistumsfinanzierten Podcast *Fadegrad*.

Bei meinem bisherigen Arbeitgeber, dem Schulwerk der Diözese Augsburg, bin ich zunächst unbezahlt freigestellt. Gestern erfuhr ich von der jetzigen Direktorin meiner Schule, dass man nun die Aberkennung meiner *Missio canonica* überlegt. Das reißt eine tiefe Wunde auf, verletzt mich erneut und ruft Wut hervor. Sie selbst sicherte mir zu, dass für sie an ihrer Schule die menschliche und pädagogische Qualifikation zählt und dass sie die Art und Weise des Schulwerks als unmöglich betrachte. Es zeigt mir, dass es eben doch von entscheidender Bedeutung ist, wer in der Diözese jeweils Verantwortung trägt. Tief berührt und gefreut haben mich die persönlichen, dankbaren, ermutigenden Rückmeldungen über die Initiative »*#OutInChurch* – Für eine Kirche ohne Angst«.

Es ist offen, wie es weitergeht. Ich hoffe von Herzen, dass ich den Platz in der Kirche und Gesellschaft finden kann, an dem ich wirken kann, genau so, wie ich bin: gottverbunden + katholisch + zum priesterlichen Dienst berufen + lesbisch: einfach Mensch.

G*tt liebt Trans*-Menschen! Aber wie ist das mit der Kirche?

*Verfasser*in anonym*

Transgender. Transsexuell. Transgeschlechtlich. Trans*. Mit Transidentität. In der Transition. Für viele ausschließlich »'ne Transe« (selbst wenn es nicht ausgesprochen wird, so steckt es immer noch zu oft im Mindset). Und trotzdem: Hinter allen diesen Begriffen steht eine reale Person aus Fleisch und Blut, die liebt und leidet. Ich bin genauso real wie du, liebe*r Lesende.

Mein Name ist Nobody. Ich halte es für zu gefährlich, meinen wirklichen Namen zu verraten. Von meinen Vorgesetzten bin ich gebeten worden, nicht in die Öffentlichkeit zu gehen. Das ist Wahnsinn, weil ich auch in der Seelsorge arbeite und meine Transidentität den Menschen um mich herum bekannt ist. Sind das nicht doppelte Kriterien? Ist das nicht eine scheiß Heuchelei? Außerdem: Den eigenen Namen zu verstecken, bedeutet im theologischen Sinn, mich als Person zu verstecken, keinen Anspruch auf mich zu haben, auf mich selbst zu verzichten, sogar nicht zu existieren. Wie kann ich in der Kirche arbeiten und die Menschen darin stärken, dass sie darauf Anspruch haben, sie selbst zu sein, dass sie, genau so, wie sie sind, von G*tt geliebt sind? Und ich selbst soll mich gleichzeitig verstecken? Ist das nicht eine strukturelle und himmelschreiende Sünde?

In Kirchendingen bin ich kein Neuling. Ich weiß, dass ich mit ganz konkreten Konsequenzen rechnen muss, wenn ich von der Hierarchie um etwas gebeten werde und ich mich dazu entscheide, nicht gehorsam zu sein. Ich fürchte mich vor einer Kündigung und vor den realen existenziellen Problemen, die ich nicht überwinden könnte. Deshalb sage ich zu meiner Person nur, dass ich Theolog*in von Beruf bin. Ich bin in einem Bistum aufgewachsen und arbeite in einem anderen. Mich begeistert es, mit den Menschen auf ihrer Suche nach G*tt in diesem Leben sein zu dürfen. Was für ein großartiges Abenteuer! Dennoch begleitet mich schon lange das Gefühl: Mit mir ist es anders. Irgendwann hat sich dies in eine klare Erkenntnis gewandelt: Ich bin trans*! Ja, so etwas passiert natürlich auch Menschen in der Kirche. Nein, trans* zu sein ist nicht die Strafe G*ttes für eine fragwürdige Sittlichkeit. Nein, trans* zu sein ist nicht die postmoderne Krankheit derjenigen, die vom »normalen« Leben und seinen Erlebnissen übersättigt sind. G*tt liebt Trans*-Menschen! Aber wie ist das mit der Kirche? Ist die Kirche auch für Trans*-Menschen wirklich eine Heimat?

Mir war von Anfang an ganz klar, dass das Gefühl: »Nun habe ich es endlich!« nicht mein letztes Ziel ist. Ich wollte unbedingt und um jeden Preis auch meinen Körper meinem gefühlten Geschlecht angleichen. Angleichen – und nicht umwandeln. Das darf jedoch auf keinen Fall Wirklichkeit werden, denn ich arbeite in der Kirche! Das Urteil aus Rom könnte kaum klarer sein: *gender ideology*! Alles, was ich fühle, mehr noch: Alles, was ich weiß und was ich bin, soll nur eine Ideologie sein? Eine aus dem Westen stammende und gefährliche Ideologie? Diese scheinbare Ideologie »gefährdet« nicht nur die klassische theologische Denkweise von einer Binarität aus »männlich« und »weiblich«. Vielmehr stört und erschüttert sie die Machtkonstellationen, auf denen das gesamte System der Kirche beruht. Und so etwas anzutasten – na ja, das ist schon gefährlich.

Gibt es aber für mich eine Alternative? Das ist keine rhetorische Frage. Denn hierzu zu schweigen bedeutet, die Machtkonstellationen in der Kirche trotz ihrer Illegitimität anzuerkennen und einzugestehen, dass ich nur ein Produkt der *gender ideology* bin. Ich wäre dann nicht mehr ein Abbild G*ttes, sondern nur eine Ideologie. Eine solche Bewertung gestehe ich niemals jemandem zu.

Ich erinnere mich an mein allererstes Coming-out. Ein sehr gutes und vertrauliches Gegenüber. Eine Kneipe: Wir haben echt viel getrunken. Dann lasse ich endlich los: »Ich möchte dir was sagen.«

Ich habe erwartet – nein, eigentlich habe ich keine Ahnung davon, was ich erwartet habe. Wir beide weinen. »Mit welchem Namen möchtest du, dass ich dich anspreche?« Die Stimme meines Gegenübers klingt normal, ruhig, spontan. Sein Gesicht strahlend, mit einem Lächeln. Darin lese ich Mitleid, Freude, Zuneigung. Es stellt sich unbedingt an meine Seite. Dieser Abend ist ganz sicher das stärkste zwischenmenschliche Erlebnis in meinem Leben.

Die Reaktionen von Menschen in meiner Nähe sind unterschiedlich. Ich habe viel Unterstützung erlebt und erlebe sie immer noch. Gleichzeitig sind andere Beziehungen kaputtgegangen. Eine ähnliche Geschichte kennt jede Trans*-Person. Keine Auferstehung ohne Leiden.

Die Reaktion meines Arbeitgebers ist typisch für die Menschen, die in Angst leben. Der Arbeitgeber, das ist im Endeffekt ja keine Maschine, vielmehr sind das Menschen. Hinter der Tür oder bei inoffiziellen Treffen begegne ich häufig unglaublich liebevollen Menschen. Sie sind positiv gestimmt, freundlich, unterstützend, auch ganz ehrlich ihrerseits. Wenn aber das magische Wort »System« ins Spiel kommt – und insbesondere, je höher man in der Hierarchie steigt –, werden die Stimmen leiser, die Freude zurückhaltender, die Formulierungen vorsichtiger. Es herrscht eine Stimmung wie in barocken Kirchen: Scheinbar ist alles lebendig, bunt und in Bewegung. Tatsächlich ist aber alles aus einem zwar schön bemalten, doch wesentlich toten Holz. Eine Verwirrung der Sinne. Alles ist lauwarm, alles ist fake. Nein, ich will und sollte mich korrigieren: Natürlich gibt es auch in der Kirche Menschen, die ein offenes Herz haben.

Ich habe viele Fragen, unangenehme Fragen, zu persönliche Fragen. Wie hoch ist eigentlich der Preis, wenn man in der Kirche arbeitet? Die Grenze zwischen dem Persönlichen und dem Dienstlichen, die für die Kirche doch ganz wichtig zu sein scheint, wird hier aufgehoben, und zwar auf eine freundliche Weise, für die wir Deutschen weltweit so bekannt sind. Niemand weiß aber, was sich wirklich hinter den scheinbar so freundlichen Gesichtern und hinter den freundlichen Sätzen versteckt. Auf den niedrigen Ebenen herrscht deutliche Angst vor den höheren Ebenen. Und auf den höheren Ebenen? Ist es Mitleid? Oder Neugier? Vielleicht Interesse? Spürt man die Bedrohung der eigenen Machtposition? Wirkt eine nie vollzogene Auseinandersetzung mit eigener sexueller und geschlechtlicher Identität? Oder ist es gar Gleichgültigkeit?

Ich darf als Mitarbeitende*r bleiben. Aber ich muss mich verstecken. Aufpassen, was ich sage, wem ich etwas sage, wo ich etwas sage. Aufpassen, wohin ich gehe und mit wem ich verkehre. Das waren keine offenen Mahnungen. Sie kamen vielmehr in Form von freundlichen Ratschlägen. Im System Kirche spürt man das gut, quasi unfehlbar.

Wir stoßen wieder an das »System« Kirche. Das ist keine Vorstellung, keine Einbildung, sondern eine greifbare Realität. »Der Herr der Ringe« fällt mir dabei spontan ein: Man begegnet sich zu zweit, zu dritt. Und man macht sich zu zweit oder zu dritt auf traumhafte Wege. Man kommt in ehrliche, wunderbare Gespräche. Doch pass auf! Das allmächtige Auge überwacht dich. Ich würde so gerne die Grenze kennenlernen, an der der Mensch und das Menschliche aufhören und das System und das Systemische auftauchen.

Die Kirche soll die Hand G*ttes in dieser Welt sein. Eine zarte, mütterliche, streichelnde Hand G*ttes, in die jede geschlechtliche Identität und jede sexuelle Orientierung eingezeichnet ist. In diesem Fall gilt aber, dass die rechte, systemische Hand nicht weiß (und wahrscheinlich auch gar nicht wissen will), was in die linke Hand eingezeichnet ist. Ich wage sogar zu sagen, dass diese rechte, systemische Hand sich entschließt, die linke, streichelnde Hand abzuhauen, da von ihr ein ständiges Ärgernis kommt. Da scheint es doch viel besser zu sein, das irritierende Glied loszuwerden, als wenn das ganze selbstbezogene System verworfen wird. Doch die Raupe Nimmersatt verwandelt sich nicht, bis alle Privilegien aufgefressen wurden.

Eine Synodalität, die ein buntes Miteinander auf dem Weg bezeichnet, kann in der Kirche nicht entstehen, solange das System die Fesseln der Angst nicht zerbricht. Die Partizipation, was auch immer wir von diesem Wort halten, ist meilenweit entfernt. Wenn sie nur behauptet wird, ist auch sie lediglich eine Ideologie.

Die körperliche Transition sollte eigentlich der beste Teil der Geschlechtsangleichung sein. Ich werde zu de*jenigen, d* ich innerlich schon immer war. In meinem Fall aber kann ich die körperlichen Änderungen kaum aufmerksam genießen. Ich empfinde viel mehr Angst als Befreiung, viel mehr Leiden des Karfreitags als Freude der Auferstehung.

So kann ich den anderen kaum hilfreich sein. Es ist wie eine Teilnahme an einem gefährlichen Spiel mit einem völlig ungewissen Ausgang. Sollten die Dinge zugrunde gehen, so entscheide ich mich dafür, die Verantwortung für meine Gesundheit und persönliche Integrität zu übernehmen und nicht für das System der Kirche.

Ich glaube zutiefst, dass jedes System – und besonders eines, das sich auf G*tt beruft – in sich nicht geschlossen sein kann und darf. Ein System ist offen für Veränderungen und ändert sich ständig auch selbst. Leider sehe ich, dass im System Kirche wenig Offenheit für Veränderung zu finden ist – man weiß alles oft schon im Voraus. Dabei glaube ich, dass nur die Zukunft offen ist, entweder zum Tod oder zum Leben.

Deshalb bitte ich d* gütig* und barmherzig* G*tt, d* jedem und keinem Geschlecht zugehört, die Herzen aller zu berühren und unser an Privilegien superreiches, erstarrtes und für das Leiden der Menschen betäubtes System Kirche prompt zu erschüttern. Ansonsten könnte es sein, dass es zu spät ist. Oder ist es vielleicht schon unwiderruflich kaputt?

Der*die Autor*in dieses Beitrags bedauert es, hier nur anonymisiert schreiben zu können. Vielleicht ist das für andere LGBTIQ+-Menschen gar keine Anregung, gar keine Hilfe oder keine Ermutigung. Dieser Text beschreibt vor allem die Sorge um eigene Bedürfnisse und verweist auf die strukturelle Diskriminierung von LGBTIQ+-Personen im Machtsystem, genannt Kirche.

Es ist, wie in einem Regal mit Nuss-Nugat-Cremes die Schokocreme zu sein

Laura Meemann

Es ist, wie in einem Regal mit Nuss-Nugat-Cremes die Schokocreme zu sein: Die, die wissen, dass es dich gibt, finden dich entweder komisch, weil du ohne Nuss ja gar keine Nuss-Nugat-Creme bist, oder sie feiern dich genau deswegen. Den meisten ist einfach nicht klar, dass es dich gibt. Somit fällst du nicht auf und wirkst wie eine der Nuss-Nugat-Cremes: Auch ich bin da, werde allerdings zumeist nicht als die erkannt, die ich bin, und bin damit unsichtbar.

Ich bin Laura, habe Theologie studiert, fahre gerne Fahrrad und Longboard, mache Spoken-Word-Kunst, bin gerne mit der Bahn in ganz Europa unterwegs, mag Worte, die mit E anfangen, arbeite in der Pastoral, bin nichtbinär[1] und panromantisch[2]. Als ich Letzteres vor einigen Monaten in einem persönlichen Gespräch über mögliche Arbeitsfelder in der Kirche äußerte, bekam ich die Rückfrage: »Und? Was ändert das?« Die Frage hat mich ziemlich aus dem Konzept gebracht, und nach einer kurzen Zeit des Überlegens habe ich geantwortet: »Nichts. Ich bin ja immer noch Laura.« Eine simple und doch für mich sehr wichtige Erkenntnis. Ein Mensch ist der Mensch, der er*sie ist. Er*sie ist zuallererst das, was ihn*sie ausmacht, was er*sie kann, die Ticks, Macken, Stärken, Liebenswürdigkeiten, die ihn*sie einzigartig machen. Und eben auch die Hautfarbe, die Religion, die Muttersprache, das Geschlecht, die sexuelle Orientierung und vieles mehr.

---

1 Nichtbinär sind Menschen, deren soziales Geschlecht nicht ausschließlich männlich oder weiblich ist. Außerdem werden diejenigen miteingeschlossen, die sich als ungeschlechtlich definieren, ein anderes Geschlecht als männlich oder weiblich haben oder mehrgeschlechtlich sind.

2 Panromantische Menschen fühlen sich romantisch zu Menschen unabhängig ihres Geschlechts hingezogen. Die romantische und die sexuelle Orientierung/Anziehung müssen nicht identisch sein.

Um als ganzheitlicher Mensch gesehen und (an-)erkannt zu werden, braucht es zunächst Sichtbarkeit. Mich gibt es aber nicht. Bei Umfragen kann ich selten mein soziales Geschlecht korrekt angeben, und somit tauchen Queere in Statistiken nicht auf. Mode, Toiletten sowie Rollenbeschreibungen und -bilder sind grundsätzlich auf ein binäres System ausgelegt. Das macht mich, das macht uns ein Stück weit unsichtbar.

Seit einigen Monaten arbeite ich als Pastoralassistentin und damit für die Kirche. Dort gibt es mich ebenfalls nicht und darf es mich auch nicht geben. Als nichtbinäre und panromantische Person falle ich aus dem Raster dessen, was an Geschlechterbild und Beziehungsform anerkannt und auch aus dem, was diskriminiert wird. Sofern ich weiblich gelesen werde und entweder keine Beziehung oder eine Beziehung mit einer männlich gelesenen Person führe, werde ich als Cis-hetero-Person gesehen. Somit bin ich unsichtbar und werde doppelt diskriminiert: zum einen als Frau, die ich nicht bin, zum anderen als nichtbinäre Person, die es nicht gibt. Diese Ausschnitte meiner Identität stehen nicht auf meiner Stirn – zum Glück –, und obwohl ich sie offen lebe, bin ich keine Person, die sich outet. Entweder es ergibt sich im Gespräch und im Miteinander oder eben nicht. Bisher habe ich damit fast ausschließlich gute Erfahrungen gemacht, was nicht nur, aber auch an der Auswahl derer lag, denen ich es erzählt habe. Immer wieder erkläre ich dann, was Nichtbinarität ist, und manchmal, an besonders guten Tagen, werde ich gefragt, wie ich angesprochen werden möchte, oder Menschen lassen in Mails von selbst das »Frau« weg und schreiben und sprechen mich mit Vor- und Nachnamen an.

Seit ich hauptberuflich für die katholische Kirche arbeite, fällt es mir deutlich schwerer, meine sexuelle und geschlechtliche Identität offen zu leben. Anders als vorher bin ich durch die Schule und andere Kontexte, in denen gesiezt wird, immer Frau Meemann. Damit verschwinde ich wieder hinter der, als die ich gelesen werde. Gleichzeitig habe ich, wenn ich das Frausein in Kirche und Pastoral erlebe, Angst, meine Queerness zum Thema zu machen. Weil damit die Gefahr noch größer ist, Angriffsfläche zu bieten und noch stärker verletzt zu werden, als es durch die weibliche Diskriminierung sowie fehlendes Zutrauen in Kompetenzen weiblicher Menschen bereits geschieht. Dennoch möchte ich oft gerne klar Stellung beziehen und für die Rechte von so vielen Unsichtbaren und Diskriminierten einstehen. Außerdem möchte ich durch meine Queerness anschlussfähig werden für viele Menschen, die sich durch fehlende Vorbilder, vor allem in der Kirche, allein und nicht gewollt, wertlos oder sogar sündig fühlen.

Das Paradoxe daran ist: Es gibt sowohl in Theologie als auch in Kirche großartige Schutzräume und Beratung sowie viele Menschen, die Queere in ihrem Suchen und Fragen bestärken und begleiten. Gerade in diesen Kontexten habe ich viel Zuspruch erlebt. Eine Frage, die sich daraus ergibt, ist, mit welchem Selbstverständnis wir als Kirche klar definierte Schutzräume und Beratung für Queers anbieten, wenn diese eigentlich nicht in das Raster des Systems passen. Denken wir, wir sind so ganzheitlich und perfekt, dass wir auch diesen Menschen helfen können, ohne Queers in unseren eigenen Reihen zuzulassen und sie als Anschluss- und Anknüpfungspunkt anzuerkennen? Oder gibt es doch ein systemisch anerkanntes christliches Menschenbild, das alle Menschen als gleichwertig inkludiert und somit Beratung und Begleitung legitimiert? Dass ich in einem Bistum, das sich für Queers stark macht und eigens Ansprechpartner*innen für diese Menschen hat, durch meine Einstellung zum Gendern nicht genommen werde, ist dann ein Beispiel für das Nebeneinander, für das Paradox, in dem wir stehen. Was mich an dem ganzen Thema besonders traurig und sprachlos macht, ist, dass es eigentlich unsere Aufgabe ist, für die Rechte derer einzutreten, die unterdrückt werden, die am Rand stehen, die unsichtbar gemacht werden. Denn in der Pastoralkonstitution »*Gaudium et spes*« Nummer 1 heißt es: »Freude und Hoffnung, Trauer und Angst der Menschen von heute, besonders der Armen und Bedrängten aller Art, sind auch Freude und Hoffnung, Trauer und Angst der Jünger Christi. Und es gibt nichts wahrhaft Menschliches, das nicht in ihren Herzen seinen Widerhall fände.«

Vielleicht drängt sich die Frage, wieso ich für die katholische Kirche arbeite, mittlerweile auf. Es ist mir wahrlich nicht leichtgefallen, mich dafür zu entscheiden. Doch der Wunsch danach, Menschen mit allem, was sie sind, zu begegnen und nahe zu sein, ihnen zuzuhören, ihre Geschichten laut zu machen und den Rand in meine Mitte zu holen, ist stärker gewesen als die Unsichtbarkeit und Diskriminierung eines Teils meiner selbst. Ich möchte Menschen bewegen und berühren, möchte sie vernetzen und da sein. Möchte ihnen von dem Glauben und der Hoffnung erzählen, die mich erfüllt, und zeigen, das G*tt in jedem Menschen und überhaupt überall sein kann. Außerdem möchte ich, und unter anderem deshalb schreibe ich hier, deutlich machen, dass ich glaube, das G*tt diese Welt und alle Menschen in seiner*ihrer ganzen Freiheit so geschaffen hat, wie wir sind. Alle unsere menschlichen Grenzen und Denksysteme sind Hilfskonstrukte, die wir brauchen, um die Welt zu ordnen. Diese dürfen sich allerdings auch ändern und angepasst werden, denn G*ttes Welt unterliegt einer Ordnung, die weitaus größer und ganz anders ist, als wir sie uns vorstellen können. G*tt hat den Menschen männlich und weiblich geschaffen – mit allem dazwischen. Genauso wie Licht und Finsternis – mit allem dazwischen. Es gibt ja auch Dämmerung und Morgengrauen. Zumindest in meiner Welt. Alles andere würde diesen so ganz anderen G*tt unfassbar klein machen – und das kann ich einfach nicht glauben.

Bisher habe ich aus meinem sozialen Geschlecht und meiner sexuellen Identität kein Politikum gemacht und habe das auch nicht vor. Ich ziehe meinen Hut vor allen, die das tun und damit zur offenen Angriffsfläche werden. Es ist mir sehr schwergefallen, mich dazu zu entscheiden, hier offen zu schreiben, da ich Angst vor abwertenden, ausfragenden und irritierenden Reaktionen habe. Gleichzeitig merke ich, dass mir sowohl bei anderen als auch bei mir die Vielfalt dessen, was einen Menschen ausmacht, am wichtigsten ist. Ich möchte nicht nur die Nichtbinäre sein, und genauso sind Menschen für mich auch nie nur ihre Hautfarbe, Religion, Muttersprache, ethnische Zugehörigkeit oder geschlechtliche und sexuelle Identität. Genau das ist mein Wunsch für diese Gesellschaft und vor allem für diese Kirche: dass wir zuallererst den Menschen begegnen, so wie sie sind, und mit allem, was sie sind. Denn es gibt diese Menschen. Es gibt mich. Es gibt uns. Wir sind schon da. Mittendrin, wenn auch oft ungesehen. Hier sind wir. Hier bin ich. Und ich stehe für die Sichtbarkeit und bedingungslose Wertschätzung jeder Person ein.

Von Gott gerufen – so, wie ich bin

Verfasserin anonym, Gemeindereferentin in einem bayrischen Bistum

Als mir bewusst wurde, dass ich lesbisch bin, war ich bereits seit vielen Jahren als Gemeindereferentin in einem bayrischen Bistum im Dienst. Die Erkenntnis zog mir den Boden unter den Füßen weg. Es quälte mich die Sorge, wie das mit den Anforderungen, die die katholische Kirche an die Lebensführung ihrer Mitarbeiter*innen stellt, in Einklang zu bringen sei. Sollte ich nun gezwungen sein zu wählen, entweder meine Berufung zum pastoralen Dienst zu leben oder meine Sexualität? Beides zusammen schließt die Kirche als Arbeitgeberin aus. Bleibt die Alternative, die Beziehung heimlich zu führen. Würde ich das psychisch durchstehen? Die Frau, in die ich mich verliebt hatte, wäre bereit gewesen, das Versteckspiel mitzuspielen. Das ist keine Selbstverständlichkeit.

Doch die Vorstellung der Heimlichtuerei machte mir zu schaffen. Ich erlebte es bei einem mir bekannten lesbischen Paar, die zeitweise beide in der Kirche tätig waren, was das bedeutet. Es stehen dann plötzlich Fragen wie diese im Raum: Wem kann ich von meiner Partnerin erzählen, bei wem muss ich so tun, als sei ich Single? Wo kann ich mich mit ihr zeigen, wo nicht? Können wir es uns erlauben, einen Ring zu tragen? Hinzu kam die Sorge vor Denunziation – das befreundete Paar hatte auch das erlebt. Sollte das fortan auch zu meinem Leben gehören?

Zusätzlich war die Situation an meinem Einsatzort schwierig. Es gab Konflikte mit dem Chef. Beides zusammen war schließlich zu viel für mich und ich wurde depressiv. Ich suchte mir Hilfe in einer Therapie. Es ist ein Kraftakt, sich aus Depressionen wieder herauszuarbeiten. Ich möchte diese dunkle Zeit nicht noch einmal erleben, auch wenn ich in dieser Phase sehr viel gelernt habe. Ich hoffe, ich habe nun genügend Selbststand und gleichzeitig innere Distanz aufgebaut, um mich nicht noch einmal so herunterziehen zu lassen.

Getragen durch diese schwierige Zeit haben mich meine Schwester und meine engsten Freundinnen und Freunde. Ihnen bin ich sehr dankbar für ihre Unterstützung und dass sie mich ausgehalten haben in meinen Tiefs. Auf meine restliche Herkunftsfamilie konnte ich nicht so zurückgreifen, wie ich es gerne gewollt hätte, da es auch dort nicht selbstverständlich war, über Homosexualität zu reden. Nicht nur in der Kirche gibt es Nachholbedarf, was den Umgang mit Homosexualität angeht, auch in Teilen der übrigen Gesellschaft. Halt fand ich – Gott sei Dank! – auch in meinem Glauben. Denn von Gott weiß ich mich angenommen, und ich baute darauf, dass er mich aus diesem Tal wieder herausführen und mir einen Weg aufzeigen würde.

Meine Therapeutin riet mir, mich beim Arbeitsamt nach einer Alternative umzusehen. Ich wehrte mich lange gegen diesen Gedanken, da ich meine Arbeit liebe und mich als Seelsorgerin berufen fühle. Mein erster Chef hatte zu mir gesagt: »Sie sind für die Seelsorge geboren.« Der Gedanke, etwas anderes zu tun, war für mich unvorstellbar. Ich sehe mich heute noch im Gang des Arbeitsamtes sitzen. Ich fühlte mich wie im falschen Film. In der Beratung sagte man mir, in der Erwachsenenbildung könnte ich eventuell mit meiner theologischen Ausbildung unterkommen, da ich über einige Berufserfahrung verfüge. Die Beraterin hatte selbst umgeschult. Aber wollte ich das? Alles in mir schrie »Nein!« Nicht nur, weil ich meinen Dienst als Gemeindereferentin liebte, sondern auch, weil viel gewachsen war an Beziehungen zu Kolleginnen und Kollegen. Ich hatte mir einen Stand und auch Ansehen erworben. Das alles wollte ich nicht einfach aufgeben und wieder bei null anfangen.

Zudem: Auch wenn sich das nun für manche schräg anhören mag, ich schätze die Kirche trotz ihrer Haltung zu homosexuellen Menschen durchaus als Arbeitgeberin. Sie bietet eine Festanstellung und ein gutes Gehalt. Sie lässt erkrankte Mitarbeiter*innen nicht fallen. Eine Kündigung wegen einer Krebserkrankung, wie sie eine Freundin in der freien Wirtschaft erlebt hatte, wäre hier undenkbar. Und die Kirche bietet mir eben die Möglichkeit, als Seelsorgerin zu arbeiten.

Ein Wechsel in eine andere Kirche kommt für mich nicht infrage. Ich bin gerne und überzeugt katholisch! Ich will diese Kirche mitgestalten. Ich will mich nicht vertreiben lassen. Ich habe es erlebt, dass Frauen gegangen sind und sich beruflich umorientiert haben. Es tat mir jedes Mal in der Seele weh. Die Kirche verliert so wertvolle Menschen mit ihren Kompetenzen und Fähigkeiten!

Ich habe mich also nach hartem Ringen und nachdem ich mich von meinen Depressionen erholt hatte, entschieden – zumindest vorerst – in der Kirche zu bleiben. Aus der damaligen Beziehung ist keine feste Verbindung entstanden. Die Heimlichtuerei ist aber trotzdem geblieben. Nur ganz wenige Kolleginnen und Kollegen wissen von meiner sexuellen Orientierung. Umgekehrt weiß auch ich nur von ganz wenigen in meinem Bistum, was sehr schade ist, denn eine Vernetzung und Solidarisierung täte so gut!

Im Alltag bleibt für mich nun immer die Frage, wie weit ich mich bei Diskussionen um Homosexualität einbringen kann, ohne Verdacht zu wecken. Denn die Angst, geoutet zu werden und vor etwaigen dienstrechtlichen Konsequenzen schwingt immer mit. Wenn das Thema Homosexualität im kirchlichen Rahmen diskutiert wird, spreche ich als Seelsorgerin, die sich in homosexuelle Menschen einfühlt und für sie eintritt. Als Betroffene und über meinen eigenen Schmerz kann ich mich nicht äußern. Als im März 2021 das Nein zu den Segnungen aus Rom kam, hätte ich am liebsten laut aufgeschrien. Doch es blieb bei einem leisen Protest. Ein Filter im Kopf läuft immer mit, und doch habe ich manchmal Angst, mich zu verplappern. Denn für mich gehört meine Sexualität ja zu mir. All das nimmt so viel Energie und manchmal auch Lebensfreude! Ich versuche, mir dennoch trotz aller Schwierigkeiten selbst treu zu sein, in meiner Berufung zur Seelsorgerin und in meiner Sexualität. Dass die Kirche mir das verbieten will, erfüllt mich auch weiterhin und trotz meiner Entscheidung, zu bleiben, immer wieder mit Zorn und mit Trauer. Bei vielen Ehrenamtlichen und auch bei Kolleg*innen erlebe ich eine große Offenheit in Bezug auf die Thematik (wobei man anmerken muss, dass das Thema im Kolleg*innenkreis weitgehend tabuisiert wird). Die Basis scheint sehr viel weiter zu sein in dieser Frage als die Leitungsebene. Nicht wenige Bischöfe und Priester, so habe ich den Eindruck, stellen ihre Romtreue und ihre antiquierte Sexualmoral über die Menschen. Rom hält an Bischöfen fest, die jahrelang dem Missbrauch von Kindern zugesehen haben. Selbst Bischöfe, die ihren Rücktritt anbieten, werden aufgefordert zu bleiben. Homosexuelle pastorale Mitarbeiter*innen, die nichts weiter tun, als zu lieben, sind dagegen nicht willkommen. Diese Ungleichbehandlung und die Insensibilität gegenüber der Lebenssituation von Menschen empfinde ich schlicht als unfair, grotesk, menschenunfreundlich und vor allem nicht jesuanisch.

De facto gibt es wohl in manchen Bistümern eine Art Duldung von Beziehungen homosexueller Mitarbeiter*innen. Ich habe den Eindruck, als würden die Personalabteilungen es gar nicht so genau wissen wollen, wer wie lebt und liebt, nach dem Motto: »Was ich nicht weiß, macht mich nicht heiß.« Man kann darüber froh sein, dass immerhin das möglich ist. Und dennoch will ich mich nicht mit einer stillschweigenden Duldung zufriedengeben. Ich habe ein Recht darauf, meine Sexualität zu leben. Es ist ein Menschenrecht.

Ich hoffe, dass die gesellschaftliche Entwicklung den Druck auf die Kirche erhöhen wird. Denn dass sie selbst in absehbarer Zeit die Einsicht und die Kraft haben wird, Menschen mit ihrer Sexualität anzunehmen, wie sie sind, daran habe ich großen Zweifel. Ich wäre glücklich, würde ich mich in diesem Punkt irren. Denn das würde bedeuten, dass sie doch zur Wandlung fähig ist und dass sie Jesus in seiner Liebe zu allen Menschen ernst nähme.

Von Gott weiß ich mich geliebt und angenommen, wie ich bin. Schließlich hat er mich so geschaffen und gewollt: als lesbische, humorvolle, starke Frau in der Seelsorge – ob auch weiterhin in der Kirche, wird die Zukunft zeigen.

3. Perspektiven aus dem Schuldienst

Die Angst vor der Enttarnung –
Leben und arbeiten unter dem Radar

Verfasser anonym

Wächst man wie ich in einem bayrischen Dorf auf, das zwar innerhalb der letzten Jahrzehnte die Entwicklung von traditioneller Enge hin zur zuzugsbedingten Zersiedelung und zunehmender Anonymität durchgemacht hat, so gilt gerade im verbliebenen kirchlich-katholisch verwurzelten Milieu noch weitgehend das Prinzip: »Jeder kennt jeden.« Und natürlich wird getratscht – meist hinter vorgehaltener Hand. Es ist ganz normal, unter Beobachtung aufzuwachsen. In meinem Elternhaus galt und gilt es bis heute als hoher Wert, gesellschaftlich angepasst zu leben, nicht groß aufzufallen und ja nicht zum Anlass von Gerede zu werden.

Der Eintritt ins Gymnasium Mitte der 1990er-Jahre in der nächstgelegenen Stadt eröffnete auf einmal eine andere, liberalere Welt, in der die Mitschüler bzw. deren Elternhäuser teils ganz andere Horizonte und Lebensentwürfe hatten, was mich lange Zeit eher verunsicherte als reizte. Ein analoger, wenn auch größerer Schritt war später der Studienbeginn mit damit verbundenem Umzug in die Großstadt. Durch die Entfernung von etwa 100 Kilometern zur Heimat und die neue Anonymität fiel langsam innerlich auch das Gefühl weg, direkt unter Beobachtung zu stehen. Eine Ausnahme bildeten da nur die Katholische Fakultät und die Katholische Hochschulgemeinde: Hier wollte ich vor allem in den Anfangssemestern als der zweifellos katholisch-brave und vorbildliche Student auffallen, besser gesagt, eben in Angepasstheit nicht auffallen. Gerade in diesen Jahren, in denen ich in der Dorfgemeinde aktiv im Pfarrgemeinderat Gottesdienste und Jugendarbeit mitgestaltete, zum Teil beinahe wie ein Ersatzpfarrer, und als Kirchenmusiker bereits regional bekannt und geschätzt war, kam es mir in der »anderen Welt«, im städtisch-studentischen Umfeld, unweigerlich ins Bewusstsein, schwul zu sein. Einerseits war das innere Coming-out befreiend – endlich bei mir selbst voll und ganz ankommen und langsam annehmen können, was ich immer schon irgendwie geahnt hatte. Andererseits entstand Irritation: Der seit jeher internalisierte, festgelegte Lebensplan, eine »normale« katholische Familie zu gründen bzw. die zwischenzeitlich ernsthaft überlegte Alternative, Priester zu werden, schien mir nun nicht mehr umsetzbar. Das Schwulsein war natürlich ein Ding der Unmöglichkeit und des absoluten Tabus, insbesondere so kurz vor dem Staatsexamen für katholische Religionslehre. Das Priestertum nach dem entsprechenden Motuproprio Papst Benedikts zum Ausschluss homosexueller Kandidaten für das Amt aber erst recht. Wirklich hauptamtlicher Kirchenmusiker zu werden – ein langjähriger Berufstraum –, war spätestens damit ebenfalls vom Tisch. Wie weit darf, kann oder soll ich mich überhaupt noch unter diesen Umständen im kirchlichen Bereich beruflich orientieren? Zerplatzen nun all meine Träume? War alles kirchliche Engagement, obwohl genau das mir Sinn und Halt gab, bisher leider der falsche Weg? Das waren die zermürbend-belastenden Fragen dieser Jahre. Ein Aufgeben des fast fertigen Studienfaches kam nicht infrage, zumal ich es durchaus als meine Berufung empfand, katholischer Religionslehrer zu sein – und das empfinde ich nach etwa zehn Jahren Berufserfahrung bis heute erst recht so.

Nach Zeiten des inneren Ringens mit mir und mit Gott und intensiver theologischer Eigenrecherche begann ich, mich als schwuler Mann anzunehmen und mit Gott »im Reinen« zu sehen. Bald darauf lebte ich eine homosexuelle Fernbeziehung. Welch gottgeschenktes Glück, Liebe und echte Geborgenheit diese Selbstannahme bieten kann, erfuhr ich nun erstmals im Leben ganz real. So hatte ich später bei der Verleihung der *Missio canonica* kein inneres moralisches Problem, diesen Aspekt meines Lebens nicht zu erwähnen. Da im Freundeskreis am Studienort aber teils doch konservative Ansichten und Familienbilder vorherrschten, wollte ich mich hier sicherheitshalber nicht outen. Im Referendariat herrschte unter den jungen Kolleg*innen eine gewisse Furcht, nach außen hin als »unkatholisch« aufzufallen. Ein Kollege hatte beispielsweise Angst, die *Missio* nicht zu bekommen, weil er mit seiner Freundin zusammengezogen war. Das kirchliche Radar war unweigerlich da, zumindest in den Köpfen aller betroffenen Lehramtsanwärter*innen.

In der traditionsgeprägten Enge des Heimatdorfes war es im Gegensatz zum Studien- und Referendariatsort noch viel »unmöglicher«, schwul zu sein. Und trotz allem gaben und geben mir das Dorf, mein Elternhaus, die vielen bekannten Menschen dort skurrilerweise das Gefühl von Geborgenheit und heiler Welt, wohltuender Beschaulichkeit und echter Heimat. Etwa zur Zeit meines inneren Outings in den Nullerjahren stellte sich – hinter vorgehaltener Hand und über Umwege – heraus, dass ein Nachbar, ein ehemaliger Spielkamerad aus Kindertagen, nun einen Freund hatte. Im Dorf hieß es dann, wie traurig und schrecklich das für die ganze Verwandtschaft sei und wie leid den Leuten die Eltern und die Oma taten. Der »Betroffene« und seine Beziehung waren faktisch ein Tabuthema, er selbst gedanklich nicht mehr Teil des Dorfes und bald darauf auch physisch nicht mehr, weil er wegzog. Outet man sich in so einem Umfeld, wenn man um die Sicht »der Allgemeinheit« weiß? Im selben Dorf passierte es in dieser Zeit, dass ein Sohn wegen seines Schwulseins von seinen Eltern vor die Tür gesetzt wurde. Darüber sprach man nicht. Ich erfuhr es erst einige Jahre später über Umwege. Ein zu über 90 Prozent katholisch sozialisiertes Dorf im 21. Jahrhundert ...

Speziell in der Pfarrei gab und gibt es trotz des mehrheitlich liberalen Geistes der aktiven Gemeindemitglieder und Helfer stets einen harten konservativen Kern. So wurden mindestens noch in den 1990er-Jahren Beschwerdebriefe über den damaligen Pfarrer an das Ordinariat verschickt, wenn dieser manchen, die heute noch in der Pfarrei sind, in diversen Punkten zu wenig konservativ-katholisch agierte oder dachte. Der aktuelle, rückwärtsgewandte Pfarrer spricht bisher immerhin nicht öffentlich negativ über Homosexualität, doch über eine verlässliche Quelle ist mir bekannt, dass er diese als Krankheit und jegliche »homosexuellen Praktiken« als abartig und pervers betrachtet.

Wie wäre es, würde ich mich in diesem Umfeld outen? Egal, wie sehr ich mich engagiere und in der Pfarreimitarbeit geschätzt werde: Eine solche »unkatholische« Lebensweise in Kombination mit der Mitarbeit in der Kirche wäre für einige auch heute noch ein richtiger Skandal. Es bleibt mir in der eigenen Heimat nur übrig, keinesfalls als schwul aufzufallen, denn ich möchte meine biografische, kulturelle und religiöse Heimat nicht aufgeben. Die über Jahre aufgebaute ambitionierte und vielseitige Kirchenmusik mit all den dazugehörigen Menschen liegt mir (noch) zu sehr am Herzen.

Es ist eine bis heute bleibende Belastung, wenn ich mit nun knapp 40 Jahren – gerade aufgrund der noch bestehenden offiziellen kirchlichen Haltung zu homosexuellen Beziehungen – in der aktuellen Reformstimmung an der breiten kirchlichen Basis nicht den Mut aufbringe, mich zu outen. Immer wieder schäme ich mich dafür, aber ich sehe unter den gegebenen Umständen für mich keinen Ausweg aus diesem Doppelleben. Und ich schäme mich dafür, mich in einem gewissen Maß an all das gewöhnt zu haben.

Mein Coming-out vor meinen Eltern, etwa sechs Jahre nach meinem inneren Coming-out, war für mich keine Befreiung und ein richtiger Schock für sie. Im selben Moment war klar, dass dies möglichst niemand im Umfeld wissen durfte. Zum Glück akzeptiert das mein langjähriger Partner, der selbst anderswo kirchlich aktiv und sehr katholisch sozialisiert ist. Auch wenn er längst von meinen Eltern akzeptiert wird, ist er bei sämtlichen Familientreffen oder sonstigen Verwandtschaftsangelegenheiten einfach nicht existent, was uns beiden immer wieder sehr weh tut. Wenn mein Partner und ich ein- bis zweimal im Jahr meine Eltern zu Hause besuchen, schwingt bis heute immer eine gewisse Anspannung mit, dass es jemand mitbekommen könnte bei der An- oder Abreise oder uns jemand beim kurzen Spaziergang sehen könnte.

Weit weg von dieser Heimat leben wir in der Nähe meines Schulortes nach einer jahrelangen Wochenend-Fernbeziehung endlich seit wenigen Jahren zusammen in einem Mehrparteienhaus – gefühlt außerhalb jeglichen Radars.

Bis heute habe ich große Angst, meine Lehrerlaubnis für den Religionsunterricht zu verlieren, wenn die »richtigen Leute« im Umfeld meine Partnerschaft mitbekommen und den »richtigen Stellen« melden. Ich bin im schlimmsten Fall damit erpressbar. Daher wählten wir die gemeinsame Wohnung deutlich außerhalb des direkten Einzugsbereichs meiner Schule. Das Risiko bleibt aber: Wenn wir in der Stadt ausgehen, spüre ich immer ein gewisses Unbehagen, mit meinem Partner von jemandem aus dem schulischen Kontext gesehen zu werden. Der regelmäßige Rundumblick hat sich bei mir fast schon automatisiert, und es kommt ab und an vor, dass ich beim Stadtbummel plötzlich und möglichst weit auf Distanz zu meinem Partner gehe. Meist klappt das gut, z. B. durch ein schnell zugeflüstertes: »Achtung, Schüler!« Gerade in den ersten Jahren besprachen wir vor Unternehmungen und Urlauben, als wen ich meinen Partner vorstellen würde, käme es plötzlich zu einer Begegnung mit einem Bekannten.

Im Kollegium weiß so gut wie niemand von meinem Schwulsein und meiner Beziehung. Natürlich achte ich im ganzen schulischen Umfeld – wie schon zu Hause antrainiert – darauf, in der Gesamterscheinung möglichst nicht schwul zu wirken. Mit allen

Kolleg*innen meide ich private Themen, insbesondere das Thema Beziehung, so gut es geht. Folglich kann ich hier keine tieferen Freundschaften schließen und schotte mich eher ab. Ein wirkliches soziales Netzwerk mit echten Freunden habe ich weder an meinem Wochentagswohnort in Schulnähe noch an meinem Wochenendheimatort. Es schmerzt und fühlt sich falsch an, bei privater werdenden Gesprächen, etwa bei längeren Schulausflügen, die notwendig erscheinende und automatisierte Notlüge über mein Singledasein gegenüber vertrauten Kolleg*innen hervorzuholen und so das Thema abzuwürgen. Wohl 90 Prozent des gesamten Kollegiums, der Schülerschaft und der Elternschaft würden meine homosexuelle Prägung und Partnerschaft einfach hinnehmen oder mich vermutlich dazu beglückwünschen. Aber die geschätzt übrigen zehn Prozent machen mir Angst.

Schließlich bedrückt meinen Partner und mich, dass wir unter den aktuellen kirchlichen Regeln keine zivilrechtliche Ehe eingehen können. Weil uns beiden klar ist, dass ich katholische Religion weiter unterrichten will, bleibt mit trauriger Ironie die Vertröstung auf die Zeit nach meiner Pensionierung.

So führe ich seit etwa zwei Jahrzehnten ein Leben »mit angezogener Handbremse«. Das betrifft fast mein gesamtes öffentliches Auftreten im Heimat- und im Berufsort. Die gegen Ende des Studiums aufkommende Frage: »Was lohnt sich unter diesen Bedingungen überhaupt anzustreben?« ist permanent da. Je weniger man sich in der Schule oder der Pfarrei engagiert und Verantwortung übernimmt, desto weniger tief fällt man, wenn »die Sache« ans Licht kommen sollte und man nicht weitermachen kann. Darum spüre ich immer wieder auch rückblickend vergeudetes oder nicht ausgeschöpftes Potenzial. Wann endlich kann ich es voll leben, mich wirklich frei bewegen und zu meiner ganzen Identität und Lebenswirklichkeit stehen? In Freiheit und als aufrechter, sich nicht wegduckender integrer Mensch, wie es ein Christ gerade heute sein sollte und wie ich es auch meinen Schüler*innen mit Leidenschaft immer wieder ans Herz lege?

Im Bermudadreieck von Authentizität, Heimlichkeit und Heuchelei

Rut Neuschäfer

Wenn meine Eltern an mein Coming-out zurückdenken, erinnern sie sich daran, dass sie ein wenig schockiert waren. Jedoch war es nicht die Botschaft selbst, die sie schockierte, sondern vielmehr die Tatsache, dass ich mir damit sehr schwergetan hatte. Sie waren davon ausgegangen, dass sie mir durch ihre Erziehung die Gewissheit vermittelt hatten, dass sie mich vor allem glücklich sehen wollten und es ihnen dabei vollkommen egal war, mit wem ich dieses Glück teile. Im Rückblick betrachtet hätte ich es wissen können. Von meinen Zweifeln bezüglich des Coming-out bei meinen Eltern abgesehen, bin ich als Tochter zweier Religionslehrkräfte zu einer selbstbewussten Katholikin herangewachsen, die schon im Grundschulalter wusste, dass die sonntägliche Predigt oder die eine oder andere Äußerung des Papstes durchaus kritisiert werden darf (und muss). In der Oberstufe scheute ich nicht davor zurück, meinen Unwillen gegen die Männerkirche in jeder einzelnen Klausur zum Ausdruck zu bringen und die Priesterinnenweihe für Frauen zu fordern.

Warum dann trotzdem die Sorge? Zum einen vermute ich, dass sehr viele Menschen die Erfahrung machen, dass ihr Coming-out positiver aufgenommen wird, als sie befürchtet haben. Zum anderen bin ich aber davon überzeugt, dass die Gewissheit der Akzeptanz nicht gegeben ist, obwohl unsere Gesellschaft schon sehr offen ist. Als Kind der 1990er, das sein Coming-out mit Ende 20 hatte, wird mir oft gesagt, ich hätte es leicht gehabt, da es in meiner Jugend bereits viele offen homosexuell lebende Frauen und Männer gab, die ich mir zum Vorbild hätte nehmen können. Jedoch können Vorbilder nur dann Vorbilder sein, wenn man sie wahrnimmt. Während meiner gesamten Kindheit und Jugend war Homosexualität nicht auf meinem Radar. In meiner Familie wurde über das Thema so gut wie gar nicht geredet. Wenn es mal zur Sprache kam, dann wie eine Art Kuriosum, das schnell zur einzigen Charaktereigenschaft der jeweiligen Person wurde und sie »anders« machte.

Nichtsdestotrotz habe ich in der Zeit meines inneren Coming-out kein einziges Mal geglaubt, Gott würde sich aufgrund meiner Sexualität mir nicht wohlwollend zuwenden. Grund für die Homophobie der Institution Kirche war in meinen Augen von Anfang an das »Bodenpersonal«. Dafür, dass ich während meines Coming-out-Prozesses nicht auch noch mit Schuldgefühlen gegenüber Gott zu kämpfen hatte, bin ich meinen linkskatholischen Eltern sehr dankbar.

Trotz alledem gehe ich – insbesondere, wenn ich in meiner Rolle als katholische Religionslehrerin unterwegs bin – nicht immer offen mit meiner Sexualität um. Es ärgert mich und es fühlt sich falsch an. Ich weiß, dass ich mich nicht dafür zu schämen brauche, wen ich liebe. Außerdem macht es Mut, dass sich mein Bischof in seinen Aussagen offener und wohlwollender als die meisten seiner Amtskollegen darstellt. Trotzdem habe ich Sorge, irgendwem auf die Füße zu treten, jemanden auf mich aufmerksam zu machen, der dann sagen könnte: »Also, die *Missio*, die müssen Sie jetzt wieder abgeben. So jemanden wie Sie wollen wir nicht Religionslehre unterrichten lassen.«

Dabei kommt es gerade in meinem Beruf, wie ich finde, auf Authentizität an. Die Schüler*innen merken sehr schnell, wenn man ihnen etwas vormacht. Und gerade an meiner aktuellen Schule ist die Beziehungsarbeit fast wichtiger als der eigentliche Unterricht. Aber wie soll ich authentisch sein, wenn ich einen Teil von mir verheimliche?

Im Folgenden möchte ich die Problematik anhand von drei Situationen an unterschiedlichen Stationen in meinem Leben beleuchten:

1. Zu Beginn meines Theologiestudiums sagte ein Kommilitone in der Vorstellungsrunde, er wisse noch gar nicht, ob er das Studium durchziehen würde, da er nicht für einen Arbeitgeber arbeiten wolle, der ihn als Schwulen nicht akzeptiere. Zu dem Zeitpunkt war gerade David Berger die *Missio* entzogen worden und der Fall ging durch die Medien. Damals war mir noch nicht klar, dass ich mir ein paar Jahre später dieselbe Frage stellen würde, und dachte bei mir, er solle nicht so rumjammern. Als Frau war ich von der katholischen Kirche Kummer gewohnt und stellte mich trotzdem nicht so an.

2. Spulen wir ein paar Jahre vor – zum Ende meines Referendariats. Ich steckte mitten in meinem Coming-out-Prozess, und obwohl mir tausend Fragen auf der Seele brannten, war ich noch nicht so weit, sie auch aussprechen zu können. Outet man sich bei den Schüler*innen? Im Kollegium? Muss die Schulleitung Bescheid wissen? Und wie lebt frau überhaupt als lesbische Religionslehrerin? Muss ich umziehen oder darf ich mich mit einer Partnerin auf der Straße zeigen? Macht das Bistum Kontrollanrufe? Lohnt es sich überhaupt für mich, die *Missio* zu beantragen? (Katholische Religionslehre ist mein drittes Fach, daher musste ich mich erst nach dem Referendariat um die Lehrerlaubnis bemühen.)
Teil meiner Sprachlosigkeit war aber auch, dass ich keine Ansprechpartner*innen hatte. Die Frauen in meiner Coming-out-Gruppe hatten mit der Kirche nichts mehr am Hut und bei jedem Kirchenvertreter hatte ich Angst, dass er die Information weitergeben könnte und meine Karriere als Religionslehrerin enden würde, noch bevor sie begonnen hatte. Die Infoveranstaltung zum Dienst an kirchlichen Schulen machte mir nur noch mehr Angst und führte zu der Erkenntnis, dass kirchliche Schulen keine Option für mich sind. Schließlich vereinbarte ich einen Gesprächstermin

mit dem Hochschulpfarrer, schob aber die Gutachten für die *Missio* als Grund vor. Letztlich brachte ich es nicht über mich, die Frage zu stellen, die mich wirklich umtrieb: Habe ich als lesbische Religionslehrerin überhaupt eine Zukunft?

3. Im Religionskurs der 8. Klasse steht u. a. das Thema »Liebe und Partnerschaft« auf dem Lehrplan. Einerseits sah ich darin eine Chance, die Positionen der Kirche zum Thema Homosexualität zu diskutieren und meinen Schüler*innen – ähnlich wie meine Eltern es mir beigebracht hatten – zu zeigen, dass man durchaus Aussagen infrage stellen darf. Gleichzeitig fragte ich mich, wie ich gerade bei diesem emotionsgeladenen und persönlichen Thema als Repräsentantin der Kirche auftreten können sollte. Wie konnte ich guten Gewissens sagen: »Ja, ich stehe hier im Auftrag der Kirche, auch wenn mir ganz viele Dinge, die sie zum Thema Liebe und Sexualität zu sagen hat, die Haare zu Berge stehen lassen«? Ich fing mit dem weniger verfänglichen Thema »Wunder« an, aber das Wissen, dass ich auf kurz oder lang auch das Thema »Liebe und Partnerschaft« würde besprechen müssen, lag mir wie ein Stein im Magen.

Letztendlich habe ich es dann tatsächlich behandelt und meiner Meinung nach auch recht erfolgreich. Die Aktion *#Liebegewinnt* kam da auch gerade zum rechten Zeitpunkt. Trotzdem blieb mir erst einmal die Spucke weg, als ein 14-Jähriger gleich im Einstieg zu einer Stunde verkündete, dass laut Schöpfungsbericht nur die Liebe zwischen Mann und Frau gewollt und dass Homosexualität eine schwere Sünde sei, das aber auch eigentlich egal sei, weil homosexuelle Menschen ja ohnehin nicht gläubig seien. Es wäre eine starke Antwort gewesen, darauf zu sagen: »Es gibt sehr wohl homosexuelle Christ*innen. Und eine von denen ist sogar deine Relilehrerin.« Leider habe ich mich nicht getraut, das zu sagen.

Wie kann ich als Lehrerin authentisch sein, wenn ich einen so großen Teil meines Ichs verheimliche? Außerdem: Laufe ich nicht Gefahr, den Eindruck zu erwecken, ich stünde hinter so mancher Position der Kirche, wenn ich sie aus Sorge, mich dabei zu outen, nicht deutlich genug kritisiere? Dass ich eine Kirche, die meine Art zu lieben ablehnt, glaubhaft vertreten soll, fällt mir immer schwerer und kommt mir heuchlerisch vor. Im Grunde macht mir das mehr zu schaffen als jede Heimlichkeit.

Inzwischen habe ich mit ein paar Kolleginnen über das Für und Wider eines Coming-out gesprochen. Eine von ihnen (keine Religionslehrerin) sagte, ihre Beziehung sei ihre Privatsache und ihre Frau ginge die Schüler*innen nichts an. Andererseits bin ich mir sicher, dass geoutete Lehrkräfte wichtig sind, um sexuelle und geschlechtliche Vielfalt zu normalisieren, ganz zu schweigen davon, für diejenigen Schüler*innen eine Unterstützung zu sein, die mit sich selbst ringen, weil sie von den heteronormativen Vorstellungen von Kirche und Gesellschaft abweichen. Was, wenn der im letzten Beispiel genannte Schüler sich eines Tages in seinen besten Freund verliebt? Mit wem soll er dann reden, wenn ihm zu Hause nur gesagt wird, dass seine Gefühle die Versuchung des Teufels seien?

Als wahrheitsliebende Person fühlt sich die Verheimlichung manchmal wie Heuchelei an. In Wirklichkeit ist es schlimmer: Zumindest in meinem Beruf kann die Heimlichkeit unverantwortlich sein, weil sie die Tabuisierung von etwas völlig Natürlichem reproduziert. Wenn meine Generation nicht den Mund aufmacht, wie soll sich dann etwas für die nächste verbessern? Wenn wir weiterhin nur den Kopf einziehen und nichts sagen, dann wird sich in der Kirche nie etwas ändern.

»Ja, ich liebe eine Frau!«

Lisa Reckling

Eine Grundschule im Münsterland, Religionsunterricht in einer jahrgangsgemischten Klasse im Jahr 2017. In einer ritualisierten »Wie geht's dir?«-Runde steht das aktuelle Befinden der Schüler*innen im Mittelpunkt. Der siebenjährige Jan[1] legt eine Regenwolke in die Mitte mit den Worten: »Ich bin traurig.« Ich blicke ihn an und frage ihn, ob er darüber reden möchte. Ein kurzer Moment der Stille, dann sagt er leise: »Ich habe Streit mit Julius[2]. Und darüber bin ich traurig, weil ich ihn sehr liebhabe.« Ein paar Schüler*innen lachen, andere sind leise und schauen Jan an. Jan bemerkt diese Reaktion und fügt an: »Als Junge darf ich auch einen Jungen lieben. Das ist kein Problem.« Ich grinse, nicke zustimmend und schaue Jan freundlich an. Dieser unterhält sich schon wieder mit seinem Sitznachbarn, und der Unterricht läuft weiter.

Nach der Religionsstunde habe ich noch lange über Jans Aussage nachgedacht und war beeindruckt, wie direkt und mutig der Zweitklässler in dieser Situation war. Nicht nur die Tatsache, dass er seine Gefühle verbalisiert hat, auch die Aussage, dass er einen Jungen lieben darf, hat mich bewegt. Gleichzeitig bin ich nachdenklich über die Reaktion der anderen Schüler*innen geworden. In der Situation kam es für einen Teil von ihnen lustig rüber, doch kann dieses Lachen auch verletzend sein. Aus diesem Blickwinkel ist es noch beachtlicher, wie selbstsicher Jan seine Antwort gegeben hat.

Ich selbst habe gemerkt, dass mich Jans Äußerung seiner Gefühle, seine Antwort und die Reaktion der anderen Schüler*innen

---

1   Name geändert.
2   Name geändert.

beschäftigt hat. Warum? Weil für mich dies der erste Berührungspunkt mit dem Thema Homosexualität im Unterricht war. Was hätte ich als Lehrkraft anders machen können? Was hätte ich als homosexuelle Religionslehrerin anders machen können? Inzwischen weiß ich, dass mir der Mut und vor allem die Erfahrung gefehlt haben. Jan hat die Situation gut für sich und seine Mitschüler*innen klären können.

Ich bin in einem kleinen, katholisch geprägten Dorf am Niederrhein aufgewachsen. Meine Eltern waren und sind noch immer meine größten Vorbilder, vor allem in Sachen Liebe, Erziehung, Hilfsbereitschaft und Engagement. Schon früh habe ich mit der katholischen Kirche viele positive Erfahrungen machen dürfen. Auch wenn das frühe Aufstehen zu Gottesdiensten am Sonntagmorgen nicht immer meine Begeisterung weckte, erinnere ich mich gerne an das stolze Gefühl zurück, wenn Papa gepredigt oder Mama eine Lesung vorgetragen hat.

Die Kommunionvorbereitung habe ich als eine intensive Zeit mit Freund*innen in Erinnerung, ebenso wie die Firmvorbereitung und meine Zeit als Messdienerin. Auch meine – oft sehr negativen – Erinnerungen an den Religionsunterricht am Gymnasium sind noch sehr präsent. Mir war es immer unangenehm und peinlich, dass ich gut über die Themen Bescheid wusste, die im Religionsunterricht besprochen wurden. Oft waren es auch Kommentare der anderen Schüler*innen, die dazu geführt haben, dass ich mich nicht gemeldet habe, obwohl ich die Antworten wusste. Sätze wie: »Lisa, dein Papa ist doch Pastor, da musst du das doch wissen« haben mich entmutigt und traurig gemacht. Meistens habe ich dann nur richtiggestellt, dass mein Papa kein Pastor, sondern Diakon ist. Ich war immer froh, wenn der Religionsunterricht vorbei war und ich möglichst »unsichtbar« sein konnte. Die Tatsache, dass meine Mama ebenfalls Religionslehrerin ist, hat die Sprüche meiner damaligen Mitschüler*innen nicht unbedingt weniger werden lassen. Nach der 10. Klasse habe ich die Schule gewechselt und die Oberstufe an einer katholischen Schule absolviert. Hier fand ich nicht nur mein Selbstbewusstsein, sondern auch meine Freude am Religionsunterricht, an den Themen und Auseinandersetzungen mit der katholischen Kirche. Mein damaliger Religionslehrer war für mich eine beeindruckende Person, die vieles hinterfragt und immer versucht hat, das Beste aus seinen Schüler*innen herauszuholen. Dies tat er mit viel Empathie und Verständnis und entwickelte sich für mich schnell zu einem Vorbild. Sicherlich ist er auch einer der Menschen, die ein großes Stück dazu beigetragen haben, dass ich mich dazu entschieden habe, selbst Religionslehrerin zu werden.

Während meines Studiums habe ich meine damalige Freundin und heutige Frau kennen- und lieben gelernt. »Lisa, wie haben deine Eltern reagiert?« Diese Frage haben mir so gut wie alle meine Mitmenschen in Bezug auf meine Beziehung gestellt. Meine Eltern, meine damals noch lebenden Großmütter und mein Bruder sind meiner Frau von Anfang an unvoreingenommen und herzlich entgegengetreten. Kurz vor ihrem Tod sagte meine Oma zu meiner Frau, dass sie es schade findet, dass sie sich erst so spät kennengelernt haben. Dieser Satz ist für mich eine schöne Erinnerung und hat mir einmal mehr gezeigt, dass meine Oma immer hinter mir stand und stehen wird.

Für mich stellte mein Studium der katholischen Religionslehre kein Hindernis dar, eine Frau zu lieben. Im letzten Studienjahr traten immer mehr die Gespräche über die *Missio canonica* in den Vordergrund. Ich habe mich informiert, die Veranstaltungen besucht, und mir wurde klar, dass ich die Anforderungen aufgrund meiner gleichgeschlechtlichen Liebe nicht erfülle, es sei denn, ich lüge bei der Unterzeichnung.

Komplexe theologische und tief gehende Auseinandersetzungen mit Homosexualität und der katholischen Kirche habe ich damals versucht zu verstehen und dann wieder beiseitegelegt. Warum? Weil der Gott, an den ich glaube, kein Problem damit hat, wen ich liebe und wie ich lebe. Meinem Glauben, der mich schon mein ganzes Leben lang begleitet und sich immer weiterentwickelt, habe ich vieles zu verdanken. Ich habe das Vertrauen und die Hoffnung darauf, dass eines Tages die katholische Kirche erkennen wird, wie bunt und vielfältig die Menschen sind. Bunt und vielfältig sind nicht nur die Menschen, sondern auch der Glaube an Gott, die Hoffnung und das Vertrauen, das wir als Christen jeden Tag aufs Neue erfahren dürfen.

Heute würde ich in der Situation damals im Referendariat anders reagieren. Ich gehe mit meiner Liebe zu meiner Frau im beruflichen Kontext offen um, und wenn ich gefragt werde, bekommen Schüler*innen eine ehrliche Antwort: »Ja, ich liebe eine Frau.« Gott stört das nicht. Die Tatsache, dass ich als katholische Christin eine Frau liebe und mit ihr verheiratet bin, ändert nichts an meinem Glauben und meiner Beziehung zu Gott. Vielmehr ändern die Entscheidungen des Vatikans meine Einstellung zur katholischen Kirche. Oft kann ich diese nur mit Kopfschütteln lesen und mir fehlen die Worte.

Wenn ich an die Kirche als Institution denke, dann habe ich klar vor Augen, dass sie nicht das Alleinstellungsmerkmal der Glaubenskompetenz darstellt oder allein meinen Glauben bestimmt. Für mich persönlich haben Kirchenbesuche sicherlich zur Entwicklung meines Glaubens beigetragen. Viel mehr haben aber meine Eltern, mein Bruder, meine Schulzeit, meine Heimatgemeinde und Begegnungen dazu beigetragen, meinen Glauben zu entwickeln und zu formen. Mein Glaube hält mich fest und schenkt mir die Hoffnung, dass sich in der katholischen Kirche etwas ändern wird. Eine bunte, vielfältige und tolerante Kirche, die weltoffen ist und keinen Menschen ausschließt. Für mich ist klar: Die Menschen um mich herum und mein Glauben festigen und halten mich, die Institution Kirche trägt dazu derzeit wenig bei.

Durch diese Auffassung über meinen Glauben bin ich jedes Mal aufs Neue gestärkt und motiviert, Schüler*innen im Religionsunterricht ein Stück weit auf den Weg zu bringen, kleine Spuren ihres eigenen Glaubens zu entdecken. In meinem Beruf als Sonderpädagogin sieht der Religionsunterricht an einer Förderschule sicherlich auf den ersten Blick anders aus als beispielsweise an ei-nem Gymnasium. Doch beim genauen Hinsehen wird klar, dass das Hauptanliegen des Religionsunterrichts, die Schüler*innen auf ihrem (Glaubens-)Weg zu begleiten, an jeder Schulform gleich ist. Die didaktische Aufbereitung, methodischen Konzepte und der Lernstoff sind sicher unterschiedlich, genau wie die Lehrkräfte und die Vielfalt der Schüler*innen. Daraus erschließt sich, dass je-der (Glaubens-)Weg sich anders entwickelt und dadurch ein Stück weit die Vielfalt der Christ*innen widerspiegelt.

Die Kirche ist kein *safe space*

Chiara Battaglia

»Du bist genug!«, schrieb mein Religionslehrer während der Abivorbereitungen als Interpretation der Bibelstelle Ex 3,14 an die Tafel. Das sei die Quintessenz, die aus dem Ereignis des brennenden Dornbusches abzulesen sei. Eine von der Psychologie sogenannte positive Affirmation. Mein Lehrer fuhr fort: »Gott* ist immer da und nimmt dich so an, wie du bist. Alles wird gut. Du bist genug.« In dieser Schulstunde an meinem katholischen Gymnasium in Hannover lernte ich also, dass nichts schiefgehen kann, denn egal, was passiert, ich bin von Gott* angenommen.

In einer anderen Stunde diskutierten wir über die Religionskritik von Nietzsche und Feuerbach, analysierten ihre Schriften und argumentierten dazu, ob es Gott wirklich geben kann oder nicht. Die Freiheit darüber, auch Zweifel zulassen zu dürfen, stärkte meinen Glauben. Die Erklärung, dass Gott* bei Leid nicht eingreifen könne, weil er uns als freie Wesen mit eigener Verantwortung auf die Welt gesetzt hat, leuchtete mir ein. Wissenschaft und Religion müssen sich nicht ausschließen, sondern gehen Hand in Hand. Die Worte schienen mein Leben in diesem Moment in einen logischen, sinngebenden Rahmen einzubetten. Das beruhigte mich, denn meine Teenagerjahre waren, wie wahrscheinlich bei vielen, von Selbst- und Sinnzweifeln geprägt. Ich hatte viele Ängste und wenig Halt.

Es machte mir Spaß, mich in Texte zu vertiefen, sie zu interpretieren und zu kontextualisieren. Sie waren bunt markiert und mit Randbemerkungen vollgeschrieben. Dieser Fleiß war mir neu, denn eigentlich war ich keine eifrige Schülerin. Ich tat nur das Nötigste. Am Ende schloss ich die mündliche Abiprüfung in Religion mit 15 Punkten ab.

Doch auch vorher war mir Religiosität nicht fremd. Kurz nach meiner Geburt wurde ich getauft. Ich schrie die ganze Messe hindurch, bis der Pfarrer mir das Weihwasser auf die Stirn tröpfelte. Da hörte ich schlagartig auf zu rebellieren, und der Pfarrer brachte die Gemeinde mit den Worten: »Sie wollte wirklich getauft werden!« zum Lachen. Meine Mutter segnete mich jeden Abend vor dem Schlafengehen, indem sie mit ihrem Daumen ein Kreuz auf die Stirn zeichnete und sagte: »Gott segne und beschütze dich.«

Ich ging in eine katholische Grundschule, besuchte den Kommunionunterricht. Die kleine Chiara mochte es in der kleinen Gemeinde mitten im Arbeiter*innenviertel Hannover-Linden, aus dem wir später wegziehen mussten, als es hip wurde. Sie spürte, dass es schön ist, Teil einer Gemeinschaft zu sein. Zu Pastor Hoffmann schaute sie auf. Er war nett, witzig und warmherzig. Das mochte sie. Jede*n Messdiener*in begrüßte er mit einem individuellen, langen Handschlag. Er gab sich Mühe, alle Namen, auch solche, die er vielleicht vorher noch nie gehört hatte, korrekt auszusprechen. Jede*r hatte in seiner Gemeinde Platz, keine*r war »anders« – oder alle waren »anders«. Die Rituale in der Liturgie gaben mir Halt, in den Gebeten fand ich innere Ruhe. Die Messe war für mich eine Stunde, in der ich ganz genau wusste, was passiert. Ich konnte loslassen und mich vom Ablauf tragen lassen. Manchmal duften die Kinder nach vorne zum Altar. Ich habe mich gesehen und getragen gefühlt.

Nach der Kommunion wollte ich unbedingt Messdiencrin werden. Ich hatte vor den Einsätzen oft Lampenfieber, vor allem vor den großen Prozessionen an Feiertagen. Die Messe war für mich wie eine große Bühne. Ich hatte Angst, Fehler zu machen, denn schließlich waren die strikten Abfolgen, die am Altar vollzogen wurden, besonders wichtig. Hier passierte etwas Göttliches, so schien es mir.

Diese ganzen Erfahrungen haben mich geprägt, meine Persönlichkeit geformt und sind Teil meiner Identität geworden. Irgendwann war ich kein Kind mehr, sondern eine junge Frau, die viel las und die Nachrichten in den Medien verfolgte. Wir sind doch alle gleich … Warum dürfen nur Männer Priester werden? Warum dürfen Priester nicht heiraten? Warum sind Kondome nicht erlaubt? Warum ist Homosexualität eine Sünde?

Es war schon längst nicht mehr alles rosarot. Pastor Hoffmann übte seine Tätigkeit aus Altersgründen nicht mehr aus, die Liturgie war mir zu langweilig und zunehmend sprang mir die nicht vorhandene Gleichberechtigung ins Auge. Ich war genervt, hatte Fragen, wollte Antworten. Mein Glaube war noch da. Während der Firmvorbereitung gab es die Möglichkeit, mit dem Weihbischof zu sprechen, also stellte ich ihm meine Fragen. Die Antworten: unbefriedigend. Was hatte ich auch erwartet?

Als Ausweg sah ich den Religionsunterricht bei meinem Lehrer, der uns zeigte, wie wir selbst an Antworten kommen. Und zwar, indem wir uns mit den Themen fachlich auseinandersetzen, Texte durchforsten, Philosophien überprüfen. Ich entschloss mich, Theologie zu studieren, um mich zu emanzipieren und mich an eine Position heranzuarbeiten, aus der meine Kritik vielleicht besser gehört würde. Ich wählte Germanistik als zweites Fach. Mich faszinieren Sprache und Literatur und mir ist die Tragweite von Worten hautnah bewusst. Sprechen bedeutet für mich auch Handeln.

Dass ich queer bin, wusste ich, als ich mein Studium aufnahm. Ich wusste es eigentlich schon in der Grundschule. Aber immer, wenn ich eine Ahnung von meiner Sexualität, meiner Art zu lieben bekam, habe ich das, was ich fühlte, unterdrückt. Wie soll ein junger Mensch so ein Gefühl für sich selbst entwickeln, wie soll er*sie so lernen, auf die eigene Intuition zu vertrauen? Wie soll sich Selbstwert entwickeln, wenn er*sie lernt, die eigene Identität zu verstecken?

Der Staat hat dabei genauso wie die Kirche eine tragende Verantwortung für heranwachsende Kinder, für ein junges Ich. Im Sexualkundeunterricht wurde nicht über queeren Sex und queere Liebe gesprochen. Ich bin in dem Wissen aufgewachsen, dass queere Paare nicht heiraten dürfen. Also folgte meinem ersten Coming-out eine Reihe weiterer Coming-outs, um Sichtbarkeit für feminin gelesene lesbische Frauen zu schaffen. Ich ging in Diskussionen und Konfrontationen mit Menschen, die sich homophob äußerten. Als klar war, dass die Abstimmung für die Ehe für alle durchgeführt werden kann, klebte ich schon drei Tage vorher mit Tränen in den Augen vor den Berichten in den Medien, weil ich es kaum fassen konnte. Damals hatte ich eine Fernbeziehung. Als die Abstimmung durch war, setzte ich mich in den Zug und fuhr zu ihr. Wir liefen uns in die Arme, weinten, lachten, tranken Sekt auf der Wiese vor der Uni und schliefen in der Sonne ein. Was für eine Freude über so eine Selbstverständlichkeit.

Ich weiß nicht mehr, ob mir bewusst war, dass ich mich im Theologiestudium in ein Umfeld begab, das mich womöglich diskriminieren würde. Ich wollte mir aber meine Identität und meine Zugehörigkeit nicht wegnehmen lassen. Ich habe sowohl homophobe Äußerungen (meist von den Priesteramtskandidaten), aber auch Zuspruch und Progressivität erfahren. Zum Beispiel konnte ich meinen wissenschaftlichen Argumentationen für das Priesteramt der Frau und zur vollständigen Akzeptanz queerer Partner*innenschaften im Fachbereich der Feministischen Theologie Raum geben.

Wie so viele Geisteswissenschaftsstudierende überlegte auch ich, was ich denn damit nun anfangen wollte. Ich schwankte zwischen Lehramt und Journalismus. Junge Menschen zu unterrichten hätte mir gefallen, doch ich erfuhr, dass Lehrer*innen die kirchliche Lehrerlaubnis für das Fach Religion entzogen wird, sobald sie beispielsweise gleichgeschlechtlich heiraten – auch an staatlichen Schulen.

Ich habe viele Talente. Ich habe professionell getanzt, kann vier Sprachen fließend sprechen, mich hat die Medienwelt schon immer begeistert. Hätte ich womöglich nicht Theologie studiert, wenn ich nicht queer gewesen wäre, sondern vielleicht Tanz, Schauspiel, Sprachen oder Journalismus? Musste ich erst einmal beweisen, dass ich, obwohl meine Existenz als queer lebende Person in meinem Glauben als Sünde gesehen wird, immer noch gleich viel wert bin und ich immer noch Teil der Gemeinschaft bin?

Kübra Gümüşay, eine von mir sehr geschätzte Autorin, Politikwissenschaftlerin und Aktivistin, hat auf der re:publica 2016 zum Thema Rassismus gesagt: »Eine ganze Generation junger Menschen, Schwarze, Muslime, PoCs hat es sich zur Aufgabe gemacht, zu erklären, zu verteidigen, zu kommunizieren. Statt Künstler*innen, Musiker*innen, Ärzt*innen, Lehrer*innen oder einfach nur Menschen zu sein, sind wir zu Pressesprecher*innen geworden. Es ist leicht, diese Themen auszublenden, wenn man nicht von ihnen betroffen ist. Wir Schwarze, Muslime, PoCs, Menschen mit Migrationshintergrund, alle, die als ›anders‹ markiert sind, wir können das nicht tun. Wir können nicht einfach so tun, als gäbe es diese Diskussionen und Fragen nicht.«[1]

Zwar bin ich religiös sozialisiert worden und Religion ist nach wie vor noch Teil meiner Identität. Doch ich habe das Privileg, mich aus dem System Kirche verabschieden zu können. Auch wenn die strukturelle und die gesellschaftliche Diskriminierung weitergeht und Kirche, Staat und Gesellschaft miteinander verwoben sind, habe ich das Privileg zu sagen: »Ciao!« Viele andere, beispielsweise Menschen, die von Rassismus betroffen sind, können nicht so einfach »Tschüss« sagen.

Diskriminierte Menschen können sich sichere Orte suchen, an denen sie willkommen sind, an denen sie womöglich nicht oder weniger diskriminiert werden, an denen sie *safe* oder *safer* sind. Die Kirche war für mich einmal ein sicherer Ort. Seit ich gemerkt habe, dass ich kein Kind mehr bin, sondern eine queere Frau, ist sie es nicht mehr für mich. Deshalb suche ich mir jetzt meine sicheren Orte. Den Halt im Gebet, in der Gemeinschaft oder in den

---

1 Der Vortrag ist nachzuhören auf dem YouTube-Kanal der re:publica: https://youtu.be/BNLhT5h-ZaV8, der Text des Vortrages ist außerdem hier abgedruckt: https://igbildendekunst.at/bildpunkt_/liebe-organisieren-ein-appell/.

Abläufen der Liturgie habe ich leider verloren. Ich glaube nicht mehr. Vielleicht ja irgendwann wieder.

Hier schließt sich für mich der Kreis. Ich will kein Teil der Gemeinschaft der katholischen Kirche mehr sein – auch wenn es in ihr viele Menschen gibt, die tolerant sind, die offen sind für Lebensformen, die nicht ihre sind. Toleranz reicht mir nicht. Solange die Mehrheit der Katholik*innen nicht aufbegehrt, sondern sich nur beim privaten Kaffee über die von der katholischen Kirche ausgehenden Diskriminierungen beschwert, solange nicht solidarisch mit uns gehandelt wird, sage ich: »Ciao!«

»Man muss ja nicht alles sagen«

Verfasserin anonym

»Man muss ja nicht alles sagen.« Dieser Satz begleitet mich nun schon eine Weile. Er stammt von einer nicht geouteten Kollegin im Gespräch darüber, wie meine Chancen auf einen Lehrstuhl an einer katholischen Fakultät stünden angesichts der Situation, dass ich mit einer Frau verpartnert bin. Der Satz, ich müsse ja nicht alles sagen, begegnet mir seitdem vor allem auch von nicht theologischen Kolleg*innen, die – zu Recht – immer wieder darauf hinweisen, dass das doch bei einem Berufungsverfahren an einer deutschen Universität niemanden etwas anginge. Und dass ich doch vermutlich klagen könne, wenn das ein möglicher Ablehnungsgrund wäre ... Würde ich so weit gehen? Wie weit würde ich überhaupt gehen und kämpfen? Wofür?

Ich hatte ein spätes und relativ unkompliziertes Coming-out. Meine Familie, mein Freundeskreis, Kolleg*innen, mein eigenes Selbstbewusstsein brauchten nur kurz, um mich mit dieser neuen Facette zu akzeptieren. Das war und ist ein großes Geschenk. Meine theologische Schule hatte mich im Geist der Theologie der Befreiung und mit großer Weite geprägt. Es gab keinerlei inneren Widerspruch zwischen meinem Glauben, meiner Spiritualität und meiner Sexualität. Dass die Institution Kirche Menschen ausschließt oder unter Druck setzt, weil sie nicht in bestimmte Normativitäten passen, erschien mir schon immer ein unerträglicher Widerspruch zu ihrer eigenen Botschaft. Allerdings gilt dies eben auch nicht nur für LGBTIQ+-Personen und war für mich immer eher Motivation, mich in der Kirche zu engagieren, als ihr den Rücken zuzukehren.

Gleichzeitig kam ich mit diesen diskriminierenden Strukturen kaum persönlich in Berührung. Ich war in meiner Bubble mit zahlreichen Menschen, die mich und uns annahmen, die sich selbst für eine inklusive Kirche einsetzten, immer mit dem guten Gefühl, auf der richtigen Seite zu sein, in einer Art Parallelkirche. Und ich war beruflich nicht abhängig von der Kirche. Darum nutzte ich mein Engagement in diversen NGOs, die sich für die Rechte von LGBTIQ+ vor allem im globalen Süden und Osten einsetzen, um meine Überzeugung von einem menschenfreundlichen Christentum den Vorstellungen entgegenzusetzen, die Kirche als prinzipiellen Feind jeglicher Diversität zeichnen. Ich nutzte meine wissenschaftliche Arbeit, um Potenziale für einen anderen Umgang mit LGBTIQ+ aufzuzeigen. Die Frage, ob ich mit so einem offenen Engagement denn »noch irgendetwas in dieser Kirche werden wollte«, fand ich an dieser Stelle absurd: Wenn menschenrechtliches Engagement und meine Identität ein Hindernis für eine Karriere in Kirche oder Theologie sein sollten, wäre es dann wohl einfach nicht meine Karriere – und nicht meine Kirche.

Meine Frau hätte es sich bei unserem ersten Flirt fast anders überlegt, als ich ihr mitteilte, dass ich katholische Theologin sei. Die Frage: »Wie geht das, gleichzeitig offen lesbisch und katholische Theologin zu sein?« habe ich vermutlich ähnlich oft gehört wie den Satz: »Man muss ja nicht alles sagen«. Lange konnte ich diese Frage nach der Vereinbarkeit recht leicht beantworten: Es geht gut, weil es ja eigentlich keinen Widerspruch darstellt, alles andere kann man ausblenden. Das funktionierte einigermaßen – bis zu einem bestimmten Punkt: als wir Eltern wurden. Ob man das gut findet oder nicht – eine Partnerin oder ein Partner können lange »mitlaufen«, ohne indiskrete Fragen zu provozieren. Und meine Frau hat dankbarerweise nie darauf bestanden, mich bei Feiern und Einladungen zu begleiten, wie es heterosexuelle Partner*innen ganz selbstverständlich tun. Mit unserem Kind hatte meine persönliche Bereitschaft, meine Familie zu verheimlichen, ein Ende gefunden.

Kirchliche Zusammenhänge sind in meiner Erfahrung nicht grundsätzlich familienunfreundlich, alle freuen sich über die Geburt eines Kindes, gratulieren, schicken Segenswünsche und haben viel Verständnis für die neuen Elternverpflichtungen. Diese kann man normalerweise auch gut erklären, vorausgesetzt, man lebt in einer heteronormen Familie. Für uns aber macht die lehramtliche Ablehnung gleichgeschlechtlicher Paare und Eltern jede sonst unproblematische Absprache zu einem Hürdenlauf.

Die für uns mit Kind neuen Tagesabläufe, Verfügbarkeiten, spontanen Planänderungen, die partnerschaftliche Aufteilung von Pflege-, Haushalts- und Erziehungsaufgaben veränderten vor allem meine Arbeitsrhythmen sehr und führten zu viel Erklärungsbedarf im kollegialen Umfeld. Wer übernimmt denn das Kind, wenn ich in einer Kommission sitze? Warum muss ich absagen, weil das Kind krank ist? »Ist das Ihre Babysitterin, die Sie begleitet?« – »Wer aus Ihrer Familie begleitet Sie zur Promotionsfeier?« Mit jeder Antwort mache ich mich selbst und meine Familie verwundbar. Muss ein heterosexuelles Elternpaar jemals darüber nachdenken, ob es das zweite Elternteil in solchen Gesprächen erwähnt oder vielleicht lieber nicht? Ich muss es in meiner Kirche, weil ich sie nicht nur sonntags besuche, sondern für sie arbeite. Und ich muss es in meinem akademischen Forschungsfeld, in dem ein zu offener Umgang mit meiner Familie viele Türen für immer verschließen könnte. Kann ich das riskieren mit der Verantwortung, eine Familie ernähren zu müssen? Warum bringt mich meine Kirche in ein solch absurdes Abwägen?

Eine andere Herausforderung ist die Taufe. Davon abgesehen, dass unser nicht katholischer Freundeskreis mit Entsetzen auf unsere Entscheidung reagierte, unser Kind taufen lassen zu wollen, macht einem die Kirche selbst diese Entscheidung schwer. Wir hatten das Glück, dass ein verwandter Diakon mit großer Freude unser Kind in der Osternacht taufte. So konnten wir mit unseren Familien und Taufpaten eine sehr berührende Taufe feiern, ohne zuvor unwürdige Gespräche mit dem eigentlich zuständigen

Pfarrer führen zu müssen. Auf der Taufurkunde stehen jedoch nur drei Namen: die Taufpaten und eine Mutter, die zweite Mutter fehlt. Das hat auf die Fülle des Taufsegens unseres Kindes sicher keine Auswirkungen. Aber die leeren Zeilen in der Taufurkunde erinnern uns schmerzhaft an die ersten Monate nach der Geburt, in denen meine Frau ihrem eigenen Kind gegenüber rechtlos war.[1] Und diese leere Zeile in der Taufurkunde zeigt uns in eindrücklicher Form, wie wertlos unsere Familien in den Augen der Kirche ist.

Mit dem Wachsen des Kindes wächst im Übrigen die Unmöglichkeit, irgendetwas »nicht zu sagen« – das Kind spricht selbst und wird all unsere möglichen ausweichenden Formulierungen und Halbwahrheiten Lügen strafen. In der Kinderkirche malt es am Familiensonntag zwei Mamas neben sich selbst. Im katholischen Religionsunterricht Weihnachtssterne für beide Mamas. Es fragt, warum Gott immer ein Vater und nie eine Mama ist. Es sucht in allen biblischen Geschichten nach den starken Frauen. Wir werden ihm nicht beibringen, dass es manchmal besser ist, »nicht alles zu sagen«.

Ich selbst stehe jedoch immer wieder vor der Entscheidung, wenn ich Bewerbungsunterlagen zusammensuche. Ich weiß, dass ich weder Familienstand noch Kinder in einer Bewerbung angeben muss. Ich weiß, dass Fragen über mein privates Leben in Bewerbungs- oder Berufungskommissionen unzulässig sind. Ich weiß auch, dass man mit einer schnellen Suche im Internet unschwer Rückschlüsse auf diese Fragen ziehen kann. Und es verunsichert und frustriert mich, dass ich mir jedes Mal all diese Fragen stellen muss, anstatt einfach meine theologischen Qualifikationen zu präsentieren. Vielleicht interessiert »es« ja gar keinen? Vielleicht renne ich offene Türen ein? Aber vielleicht wird mir doch ein Strick daraus gedreht? Vielleicht will ich ein Exempel

---

1 Laut dem aktuellen deutschen Abstammungsrecht muss die nicht biologische Mutter nach einer Prüfung ihrer häuslichen und gesundheitlichen Eignung durch das Jugendamt ihr eigenes Kind im Verfahren der Stiefkindadoption adoptieren.

statuieren und zeigen, dass es gehen kann? Doch will ich das meiner Familie zumuten?

Es ist diese dauerhafte Verunsicherung, die mir das Leben in der Kirche schwermacht, das ständige Abwägen, ob ich offen sein darf oder lieber nicht. Diese Situation empfinde ich als zutiefst entwürdigend, nicht nur für mich, sondern auch für meine Familie. Die Nichtanerkennung von gleichgeschlechtlichen Partnerschaften und den daraus erwachsenden Familien zwingt mich zum Verschweigen, wer ich bin und wer mir am Herzen liegt. Sie zwingt mich, ständig auf der Hut zu sein, Menschen nach Vertrauenswürdigkeit zu unterteilen. Sie hat mich auch schon zum Lügen gezwungen, zum Verleugnen meiner eigenen Familie – ein Gefühl, das ich niemandem wünsche. Es ist die absurde Situation entstanden, dass ich meine Familie vor meiner Kirche beschützen möchte. Diese Kirche war mir vom Elternhaus an über eine intensive Jugendzeit im Theologiestudium und auf Reisen immer Heimat – mit meiner eigenen Familie finde ich diese Heimat nicht wieder.

4. Perspektiven von Mitarbeitenden aus dem Bildungsbereich

Arbeiten in gelingenden Beziehungen – ein halbwegs geglücktes Coming-out

Rainer Teuber

Warum kann ein auf Lügen, Misstrauen und Illoyalität gründendes Arbeitsverhältnis nicht gelingen? Seit 1996 bin ich beim Domkapitel Essen – einer Körperschaft des öffentlichen Rechts innerhalb des Bistums Essen – angestellt. Dort verantworte ich die Museumspädagogik samt Besucherservice für den Essener Dom und dessen Schatzkammer. 2003 lernte ich Karl-Heinz kennen und lieben. 2004 ließen wir unsere Lebenspartnerschaft eintragen; wir haben sie inzwischen in eine Ehe umgewandelt. Unsere Beziehung beschenkt uns täglich mit Liebe, Geborgenheit, Wertschätzung und vielem mehr.

Ich bin wirtschaftlich nicht von meinem Arbeitgeber abhängig. Dies ermöglicht mir gewisse Handlungsspielräume, da ein potenzielles und leider viel zu oft angewandtes Druckmittel der katholischen Kirche gegenüber ihren homosexuellen Mitarbeitenden wegfällt: die Drohung mit dem Verlust der wirtschaftlichen Existenz.

Ich habe diesen Beitrag ganz bewusst in Anlehnung an das Forum des Synodalen Wegs »Leben in gelingenden Beziehungen« überschrieben. Auch wenn das Verhältnis zwischen Arbeitgeber und Arbeitnehmer keine »Liebesbeziehung« ist, gibt es Grundvoraussetzungen, die für Liebes- und Arbeitsverhältnisse gleichermaßen gelten: Fruchtbare Beziehungen gründen auf Vertrauen, Ehrlichkeit, Engagement und nicht zuletzt auf Loyalität.

Mein Arbeitsvertrag verpflichtet mich, mein Leben nach den Maßstäben der katholischen Kirche zu führen. Insofern verhalte ich mich als verheirateter schwuler Mann seit mindestens 2004 meinem Arbeitgeber gegenüber illoyal. Allerdings habe ich bis heute keine dienstrechtlichen Konsequenzen gespürt. Ist im Bistum Essen also alles gut? Mitnichten, denn der bis hierher zurückgelegte Weg ist längst nicht zu Ende. Er begann mit einem unwürdigen Versteckspiel.

Hürdenlauf beim Einwohnermeldeamt

Wissend um eine drohende Kündigung meines Arbeitsverhältnisses, war es Karl-Heinz und mir dennoch wichtig, eine Lebenspartnerschaft zu begründen. Neben der öffentlichen Bekundung unserer Liebe wollten wir auch die damit verbundenen und für Eheleute selbstverständlichen Rechte – beispielsweise Zeugnisverweigerung vor Gericht und Auskunftsberechtigung im Krankheitsfall – geltend machen. Bei der Anmeldung unserer Lebenspartnerschaft im Standesamt Essen lernten wir das seinerzeit geltende Melderechtsrahmengesetz (MRRG) kennen. § 19 MRRG regelte, dass unter anderem Daten zum Familienstand samt Datum der Begründung einer Lebenspartnerschaft automatisch auch an öffentlich-rechtliche Religionsgesellschaften übermittelt werden dürfen. Da uns niemand Auskunft darüber geben konnte, wie diese Daten innerkirchlich verwendet werden – wen sollten wir in der katholischen Kirche fragen? –, wollten wir diese Meldung unterbinden. Es folgte eine wochenlange und an den Nerven zerrende Auseinandersetzung auf allen Ebenen des Einwohnermeldeamts über die Zulässigkeit einer solchen Meldung bei homosexuellen Mitarbeitenden der katholischen Kirche. Am Ende obsiegten wir. Wir waren auch ein wenig stolz darauf, dass sich unser »Fall« dann in einer überarbeiteten Kommentierung des MRRG durch leitende Ministerialbeamte des Bundesinnenministeriums niederschlug, nachdem wir diese davon persönlich in

Kenntnis gesetzt hatten. Fortan war nach dieser Kommentierung der drohende Arbeitsplatzverlust ein starkes Indiz dafür, eine Meldung an die Religionsgesellschaften zu unterlassen.

Muss es unbedingt Kirche sein?

Auch wenn mein Arbeitgeber meine Sexualität ablehnt, sie als Sünde geißelt und meine Beziehung mit Karl-Heinz als »ungeordnet« einstuft, arbeite ich gern am Essener Dom. Paradox, aber: Ich lasse mich in meiner Arbeit nicht zuletzt vom biblischen Gleichnis über die von Gott anvertrauten Talente leiten. Als Christ bin ich davon überzeugt, dass er mir Gaben geschenkt hat, die ich in seinem Sinn zu nutzen versuche. Dazu gehört neben einer Empathie für Menschen die Begeisterung für christliche Kunst. Diese Talente kann ich fruchtbringend in meiner Arbeit einsetzen. Hinzu kommt: Dem Essener Dom bin ich seit meiner Kindheit über die Essener Domsingknaben verbunden. Deshalb kam ein Wechsel in ein anderes Museum nie infrage.

Ein Versteckspiel

Auch wenn die städtischen Behörden ihre Meldung unterlassen mussten, kann eine Beziehung im Arbeitsleben auf Dauer nicht geheim gehalten werden. Denunzierungen oder rein zufällige Begegnungen lassen sich nicht unterbinden. Erschrocken waren wir etwa, als wir Hand in Hand durch Münster gingen und einem ranghohen, am Essener Dom tätigen Priester begegneten. Kurzum: Es lag nicht in unserer Macht, dass unsere Beziehung »geheim« blieb.

Diese Erfahrung trieb mich dazu an, alle mir übertragenen Aufgaben über das geforderte Maß hinaus zu erfüllen. Ließ sich dies nicht mit meinem Beschäftigungsumfang vereinbaren, erledigte ich sie »ehrenamtlich« in der Freizeit. Ich wollte mich über die Arbeit nicht angreifbar machen. Mancher wusste das auszunutzen.

Direkte Konfrontationen mit Vorgesetzten oder Kollegen hat es zwar nie gegeben; homophobe Äußerungen hingegen waren (und sind) durchaus üblich – besonders dann, wenn sich ein Gespräch um (Homo-)Sexualität dreht. Mittlerweile kenne ich wohl alle möglichen Fortsetzungen des Satzes: »Ich habe nichts gegen Schwule, aber ...«

Eine glaubhafte Hinwendung zum Thema Homosexualität in der Kirche habe ich im Arbeitsverhältnis bisher kaum gespürt. Letztendlich galt und gilt die für katholische Verhältnisse so typische und stillschweigend getroffene Vereinbarung: Solange nichts öffentlich wird, wird vieles geduldet.

Was aber wäre an Leistungen am Arbeitsplatz nicht noch alles möglich gewesen, hätte ich die Energie, die mir die Heimlichtuerei raubte, kreativ einsetzen können? Generell kann sich kein Arbeitgeber solche »Reibungsverluste« leisten. Und: Was wäre meinem Mann, meinem Familien- und Freundeskreis an psychischen Belastungen erspart geblieben? Denn selbstverständlich beeinträchtigt die unbefriedigende Situation am Arbeitsplatz auch die privaten Beziehungen.

Netzwerkarbeit

Die vielen Arbeitsaufträge – Führung von Gästen, Organisation von Großveranstaltungen, Tagungsteilnahmen, Vorträge, Forschungsprojekte und manches mehr – führten zu zahlreichen persönlichen Kontakten innerhalb der Stadt, des Bistums und darüber hinaus. So wob ich ein engmaschiges Netz zu anderen Museen und Schatzkammern, zu Bildungsakademien, Universitäten, Pfarreien, Verbänden und den Medien. Oft trieb mich der – eigentlich fatale – Gedanke an: Wenn die Menschen mich erst einmal in meinem Tun wertschätzen, können sie sich nicht anders verhalten, wenn sie dann erfahren, dass ich schwul bin. In unzähligen vertraulichen Gesprächen habe ich mein Netzwerk genutzt, um für Gleichberechtigung zu werben. So erfuhren immer mehr

Menschen von Karl-Heinz und mir. Denn nicht der schwule Mit-arbeiter im kirchlichen Dienst ist skandalös, sondern die dienst-rechtliche Konsequenz, wenn seine Sexualität öffentlich bekannt (gemacht) wird. Systeme lassen sich nur von innen ändern. Kir-chenaustritt oder Kündigung waren für mich deshalb keine ernst-haft erwogenen Optionen. Irgendwann würde auch die Kirche die Zeitläufte zur Kenntnis nehmen müssen – so meine Hoffnung.

Ein erster Befreiungsschlag ...

Bei einer Informationsveranstaltung zu den Folgen der MHG-Stu-die für das Bistum Essen outete ich mich vor einigen Jahren vor »versammelter Mannschaft« (meine Kolleginnen im Domschatz waren längst im Bilde). Ich wollte nicht länger widerspruchs-los hinnehmen, dass in der Diskussion über den sexuellen Miss-brauch von Schutzbefohlenen durch Angehörige der katholischen Kirche immer wieder ein Zusammenhang zu Homosexualität konstruiert wurde.

Vielleicht lag genau hier der Kairos. Denn dieser Befreiungs-schlag ließ mich spüren, wie viel Energie mir das unsägliche Tak-tieren zuvor geraubt hatte. Die Angst vor etwaigen dienstrecht-lichen Konsequenzen spielte keine Rolle mehr.

... und seine Folgen

Danach erfuhr ich nicht für möglich gehaltenen mannigfachen Zu-spruch. Die Redaktion des Bistumsmagazins BENE wollte meine Geschichte erzählen. Leitende Bistumsmitarbeiter boten mir an, am »Runden Tisch Segensfeiern für gleichgeschlechtliche Paare« mitzuarbeiten, fragten, ob ich für ein Video-Statement in den bis-tumseigenen Social-Media-Kanälen zur Verfügung stünde und ob ich bereit wäre, einen Studientag zum Thema »Segen für alle« mit-zugestalten. Kurzum: Plötzlich hatte es mich aus dem Verborge-nen »ins Licht« katapultiert. Fortan stand ich in der Öffentlichkeit für die eher liberale Haltung des Bistums Essen in Bezug auf Homosexualität. Weiteren Schub erhielt diese auch mediale Präsenz durch meine Unterstützung der Initiative »Liebe gewinnt« rund um den 10. Mai 2021. Dieser Zuspruch trug mich durch entsprechend anstrengende Monate.

Die Kehrseite der Medaille

Nach wie vor herrscht »beredtes« Schweigen in großen Teilen meines erweiterten Kollegenkreises. Anfeindungen erreichen mich eher indirekt über die Kommentare in den Social-Media-Accounts des Bistums. Noch immer erlebe ich Mikroaggressionen, die sich diskriminierend in Sprache, Mimik und Gestik äußern.

Und nun?

Nach dem Abebben der ersten Aufmerksamkeitswelle bin ich froh, einfach nur meinen Job zu erledigen. Dabei sollte meine Sexualität selbstverständlich keine Rolle spielen. Auf Dauer wünsche ich mir, dass sich das Interesse an meiner Person wieder nur der Arbeit zuwendet. Wenngleich nun auch mein berufliches Coming-out hinter mir liegt, ist weder der innerkirchliche noch der gesellschaftliche Weg zu Ende. Bei vielen Begegnungen spüre ich noch immer eine große Unsicherheit in Bezug auf (Homo-)Sexualität. Innerkirchlich vermisse ich vor allem Sprachfähigkeit. Deshalb setze ich mich dafür ein, dass Menschen der LGBTIQ+-Community im kirchlichen Dienst zuallererst sichtbar und dann auch auf Augenhöhe wahrgenommen werden. Dieses Ziel ist erreicht, wenn niemand mehr seine Sexualität aus Angst vor dem Dienstrecht verbergen muss. Nur so kann die Beziehung zwischen kirchlichem Arbeitgeber und Arbeitnehmer gelingen. Toxische Dienstverhältnisse gehören erst dann der Vergangenheit an.

Von alten und neuen (alten) Plänen

Ramona Krämer

Zur Zeit meines Abiturs hatte ich ziemlich genaue Vorstellungen von meiner Zukunft: Ich studiere Praktische Theologie, arbeite als Gemeindereferentin in einer Pfarrei, heirate einen netten Mann, wir kaufen ein Haus, gründen eine Familie, ich arbeite Teilzeit weiter und kümmere mich um die Kinder. Warum ich mir das so vorgestellt habe? Weil es das Weltbild war, in und mit dem ich aufgewachsen bin. Es war die mich umgebende Realität eines Dorfes mit 3.500 Einwohner*innen im Saarland – einem Dorf, in dem man sich kennt und man schnell auffällt, wenn man anders ist. Weiße Heteronormativität bildete dort nicht nur die deutliche Mehrheit, sie war die einzige Wirklichkeit, die ich kannte.

In diesem Dorf bin ich auch in die katholische Kirche hineingewachsen: Erstkommunion, Ministrantin, Sängerin im Kirchenchor, Lektorin, Mitglied der Kolpingfamilie. Ich leitete Gruppenstunden, gestaltete Jugendgottesdienste, half bei Pfarrfesten und übernahm zahlreiche Aufgaben, die anfielen. Kirche war für mich immer eine Art Heimat und sie war Ort meines ehrenamtlichen Engagements.

Aus diesem Engagement in der Gemeinde und im Jugendverband wollte ich einen Beruf machen. Ich wollte auch anderen Menschen einen Ort anbieten, an dem sie gemeinsam aktiv sein, ihren Glauben entdecken und gestalten können. Daher beschloss ich, Gemeindereferentin zu werden. Ich bewarb mich beim Bistum Speyer und begann, Praktische Theologie an der Katholischen Hochschule in Mainz zu studieren.

Homosexualität war mir bis dahin hauptsächlich in der Theorie bekannt. Ein gewisses Anziehungsgefühl, das ich gegenüber Frauen hatte, habe ich wenig ernst genommen beziehungsweise getreu dem Motto »ein bisschen bi schadet nie« als optionale Ergänzung zu einem heterosexuellen Lebensentwurf eingestuft. In meinem Umfeld gab es keine einzige Person, die offen in einer homosexuellen Beziehung lebte. Die wenigen Geschichten über lesbische Frauen, die es im Fernsehen gab, waren so weit von meiner eigenen Lebensrealität entfernt, dass ich mich damit nicht annähernd identifizieren konnte.

Mit dem Umzug nach Mainz wurde meine Welt etwas größer und bunter. Ich habe mich selbst weiter geöffnet, lernte neue Menschen kennen, und die Möglichkeiten, das eigene Leben zu gestalten, wurden insgesamt vielfältiger. Was sich nicht veränderte, war, dass ich mich auch dort nur wenig für die Männer begeistern konnte, die mir begegneten. Mir selbst einzugestehen, dass der Grund dafür nicht in einzelnen Männern, sondern in meiner eigenen sexuellen Orientierung liegt, und anzunehmen, dass ich mich doch weitaus mehr zu Frauen hingezogen fühle, hat dann etwa vier Semester gedauert.

Seinen Höhepunkt fand dieser Prozess meines inneren Coming-out schließlich im Rahmen von Exerzitien. Ich erkannte, dass auch eine lesbische Beziehung ein möglicher Lebensentwurf sein kann, und beschloss, meine sexuelle Orientierung mit allen möglichen Konsequenzen so anzunehmen. Ausschlaggebend in diesem Moment und wichtig für meinen weiteren Weg war, dass ich es im Einklang mit meinem Glauben tun konnte.

»Er führte mich hinaus ins Weite, er befreite mich, denn er hatte Gefallen an mir.« Dieser Vers aus den Psalmen begleitete mich in diesem Moment und er begleitet mich seitdem. In diesem Vers habe ich den wohl stärksten Zuspruch Gottes in meinem Leben erfahren. Gott hat Gefallen an mir, er hat mich so geschaffen und akzeptiert mich, wie ich bin. Er befreit mich aus dem engen heteronormativen Rahmen, den Gesellschaft und Kirche gesetzt haben und den ich selbstverständlich für mich übernommen hatte. Gott führt mich hinaus in eine größere, vielfältigere Welt und er begleitet mich auf meinem neuen Weg. Diese Zusage hat eine zutiefst leidvolle Erfahrung – all meine Lebenspläne über den Haufen werfen zu müssen – in eine positive verwandelt. Ich konnte daraus enorme Kraft ziehen, mein Leben selbst zu gestalten und meinen eigenen Bedürfnissen zu folgen.

In diesem Moment meines inneren Coming-out wurde mir auch bewusst, dass ich nicht als Gemeindereferentin werde arbeiten können. Mich selbst und eine Partnerin zu verstecken, meine Identität zu verleugnen und immer in der Angst zu leben, dass es jemand herausfinden und ich damit meinen Job verlieren könnte, war absolut keine Option für mich. Ich beschloss daher, mein Studium zwar zu beenden, die praktische Ausbildung im Anschluss jedoch nicht zu beginnen. Neben meiner eigenen sexuellen Orientierung und der Haltung der Amtskirche gegenüber Personen der LGBTIQ+-Community im Allgemeinen haderte ich zudem mit der patriarchalen Hierarchie und der geringen Rolle, die ich als Frau darin spielen würde. Auch wenn ich glaube, dass ich durchaus eine gute Gemeindereferentin geworden wäre, war mein Entschluss unter diesen Bedingungen damals stimmig und fühlt sich auch rückblickend genau richtig an.

Nach meinem Abschluss in Mainz zog ich nach Köln und studierte Soziale Arbeit. Ich lernte das queere Leben kennen und fand immer mehr zu mir selbst. Der Glaube und die Kirche, wie ich sie im Kontext katholischer Jugendverbände erlebt hatte, blieben weiterhin ein wichtiger Bestandteil meines Lebens. Ich hielt auch an der Idee fest, mein ehrenamtliches Engagement zum Beruf zu machen, allerdings nur im Einklang mit meiner persönlichen Situation. Diese Möglichkeit habe ich bei der Katholischen jungen Gemeinde (KjG) gefunden, wo ich seit vier Jahren als Bildungsreferentin beim Diözesanverband Köln arbeite. »Alle sind willkommen« ist bei der KjG nicht nur ein Beschlusstext, sondern eine Haltung, die LGBTIQ+-Personen gegenüber aktiv gelebt wird und auch für die Mitarbeitenden gilt. Ich muss dort nicht aufpassen, was ich sage, oder verstecken, wer ich bin, sondern kann ganz offen mit meiner sexuellen Orientierung umgehen.

Meine Lebensgefährtin habe ich ebenfalls über die KjG kennengelernt. In der Beziehung mit ihr kommen nun auch die Themen Heiraten und Familiengründung, die ich im Zuge meines Coming-out erst mal komplett über Bord geworfen hatte, wieder auf den Tisch. Ganz losgelöst von meiner früheren Vorstellung, dass »man das eben so macht«, muss ich mir nun darüber klar werden, was ich eigentlich möchte. Grundsätzlich ist das wohl ein Punkt, an dem viele Menschen um ihren 30. Geburtstag herum stehen – ganz unabhängig von ihrer sexuellen Orientierung. Als lesbische Frau habe ich dabei einerseits das Gefühl, mich etwas freier entscheiden zu können. Hat man einmal den Pfad der Heteronormativität verlassen, sind gesellschaftliche Erwartungen und daraus entstehender Druck deutlich minimiert. Andererseits bedeuten diskriminierende Strukturen und veraltete Gesetze zusätzliche Herausforderungen für Regenbogenfamilien. Als homosexuelle Person in einer heterosexuellen Welt zu leben, fühlt sich für mich häufig so an, als würde man immer noch eine kleine Extraaufgabe bekommen. Meine Extraaufgabe bezüglich einer Hochzeit ist es, mir eine Alternative zur Trauung in meiner Heimatkirche, wie ich es mir immer ausgemalt hatte, zu überlegen. Bei der Familiengründung wäre die Extraaufgabe beispielsweise das Verfahren der Stiefkindadoption zu durchlaufen, weil das Abstammungsrecht trotz Eheöffnung bislang unverändert ist.

Allen Extraaufgaben und weiteren Herausforderungen werde ich mich mit meiner Partnerin gemeinsam stellen. Wir werden unseren Weg finden und gehen diesen in der Gewissheit, dass Gott uns dabei begleitet.

Meine Kirche krankt an all den Lieben, die verschwiegen werden müssen

Raphaela Soden

Ich bin nicht denkbar, nicht möglich, also unmöglich für das römisch-katholische Lehramt. Dennoch gibt es mich. Inzwischen kann ich meistens sagen: G*tt sei Dank! Das war leider nicht immer so. Toxischer Katholizismus hat einen gewaltigen Teil dazu beigetragen.

Ich bin inexistent und fremd in diesem Eindeutigkeitsland, im »Entweder-oder«, in der Ordnung, die Menschen als eine »g*ttliche« in die Schöpfung eingeschrieben haben. Durch mich verlaufen ständig Grenzlinien. Ich bin zur Zerrissenheit gezwungen, weil das Lehramt – nicht G*tt – alles geordnet hat, abgelegt in Schubladen, einsortiert in ein angstbesetzt komplexitätsreduzierendes Ordnungssystem, einen Apotheker*innenschrank mit fein säuberlich getrennten Fächern, versehen mit unzutreffenden und verletzenden Bezeichnungen und hochmütigen Urteilen. Doch ich stehe in keinem Bestimmungsbuch. Bin nicht zu fassen. Bin nicht männlich noch weiblich. Bin einfach ich. Nach G*ttes Bild geschaffen. Unfassbar wunderbar. Die Bilder überschreitend [trans], die andere sich von mir gemacht haben. Nach meiner Geburt aufgrund der Größe eines bestimmten Körperteils. Sie haben sich geirrt. Ihr irrt euch, wenn ihr meint zu wissen, wer ich bin, wie ich bin. Euer Irrtum legt mich tagtäglich fest und schließt mich aus, verkennt mich und macht mich unsichtbar. Schaut doch hin, aber macht euch kein Bild von mir. »Ich bin, wer ich bin« (Ex 3,14).

Ich bin Raphaela, liebe unter anderem Stifte, Worte, Bücher und Trash-TV, feiere G*ttes Kreativität (hallo Schnabeltiere, hallo Menschen) und Liebe für alles, was ist (Weish 11,24), habe Theologie,

Philosophie und Soziale Arbeit studiert und leide an meiner Hoffnung auf eine Welt (inklusive Kirche) voller Gerechtigkeit, Lebensmöglichkeiten und gutem Leben für alle Menschen – ohne Hunger, menschenverursachtes Sterben, Diskriminierung, Gewalt und Angst. Ich bin hoffnungstrotzig, leidenschaftlich, g*ttsuchend, diskussionsfreudig, ungeduldig, kritisch, albern und ernst. Es gibt vieles, was ich bin, was ich mag, worauf ich hoffe, wonach ich mich sehne, was ich brauche, woran mein Herz hängt, was ich kann und was mich ausmacht. Unter anderem auch mein Glaube und meine Verwurzelung in der römisch-katholischen Kirche, die manchmal tiefer reicht, als mir guttut. Denn was auch zu mir gehört, ist meine Queerness.

Wenn ich nach meinem Geschlecht gefragt werde, kann ich nur sagen, dass ich keines fühle, keines habe und dass es sich für mich oft wie eine Ohrfeige anfühlt, wenn Worte für mich benutzt werden, die mich (weiblich) vergeschlechtlichen (Anreden, Personenbezeichnungen, Pronomen). Wenn ich mir ein Label aufkleben muss, ist es agender. Wenn ich meine sexuelle und romantische Orientierung definieren soll, merke ich, dass dies eine komplexe Angelegenheit ist. Der Geschlechtseintrag eines Menschen auf der Geburtsurkunde oder im Personenstandsregister spielt für mein Begehren z. B. keine Rolle. Relevanter ist vielmehr die Persönlichkeit meines Gegenübers sowie dessen Verhältnis zu Geschlechter- und Sexualitätsnormen (ich liebe queere Menschen). Ich habe dafür noch kein Wort gefunden, habe aber auch nicht das Bedürfnis, unbedingt eines dafür haben zu müssen. Auf jeden Fall übersteigen sowohl meine geschlechtliche Nichtidentität als auch meine sexuelle Orientierung sowie meine langjährige Liebesbeziehung derzeit die Denkhorizonte lehramtlicher Verlautbarungen. Meine Kirche (eigentlich nur Teile meiner Kirche wie z. B. die Glaubenskongregation) sieht sich noch nicht einmal in der Lage, meiner Liebe G*ttes Segen zuzusprechen. Sie ist ahnungslos, dass sowohl meine Beziehungsperson als auch ich selbst schon ganz konkrete Momente erlebt haben, in denen wir in der Liebe der anderen

Person G*ttes Liebe spüren, erfahren konnten. Ich nenne das sakramental. Meine Kirche spricht mir und meiner Beziehungsperson in diversen Dokumenten ab, dass es sich wirklich um Liebe handelt. Das schmerzt. Sogar sehr.

Als mir irgendwann während meines Theologiestudiums aufgegangen ist, dass ich vermutlich nie in einer Paarbeziehung leben werde, die sich kirchenrechtlich legitimieren lässt, und ich dies in der Studienbegleitung für Theologiestudierende im *Forum internum* erzählt habe, wurde mir wenig Hoffnung gemacht, zur Ausbildung als Pastoralreferent*in zugelassen zu werden, wenn ich damit offen umgehen würde. Der Vorschlag, der mir gemacht wurde, bestand darin, dass ich mir für die Zeit der Ausbildung, welche mit Residenzpflicht in einer Gemeinde verbunden wäre, freiwillig eine Art Zölibat auferlegen könnte und sich danach sicher irgendwo eine Stelle in der Kategorialseelsorge für mich finden ließe, bei der mein Privatleben nicht so sehr im Fokus stünde. Es ist schwer zu beschreiben, was ich damals gefühlt habe. Eine Mischung aus Wut, unendlicher Traurigkeit, Ohnmacht und Schmerz. Denn ich hatte die Sehnsucht in mir, mich sowohl in den Dienst der Kirche zu stellen als auch irgendwann in einer Paarbeziehung zu leben. Und dies sicher nicht im Verborgenen. Noch heute, fast 15 Jahre später, finde ich es ungeheuerlich. Auch wenn ich inzwischen weiß, dass dies kein Erlebnis ist, das nur ich hatte. Dieser Vorschlag ist symptomatisch für die Institution katholische Kirche. Anstatt einzugestehen, dass manche Lehren zu Sackgassen geworden sind, die Leben und Lebendigkeit verunmöglichen, und diese zu verändern, werden Arrangements verlangt und getroffen, die im Grunde einer Anleitung zum massenhaften Unglücklichsein (so viel zur frohen Botschaft), zur Unaufrichtigkeit, zur Doppelmoral, zum Krankwerden, zum Ausbrennen, zur Erpressbarkeit und zu lähmender Angst gleichkommen. Es war mir damals und es ist mir heute schleierhaft, wie ich Rede und Antwort stehen können soll für die Hoffnung, die mich erfüllt (1 Petr 3,15), wie ich von G*ttes Liebe für alle Menschen sprechen können soll, vom »Siehe, es war sehr gut« G*ttes über die ganze Schöpfung (Gen 1,31), während ich mich, so wie ich (von G*tt gemacht) bin und liebe, verstecken soll, weil dies alles für mich und andere queere Menschen anscheinend nicht gilt. Ich wusste und weiß nicht, wie ich für diese Kirche arbeiten kann, wenn ich ständig aufpassen soll, dass ich mich nicht doch verrate, dass ich beim Small Talk über das Familientreffen am Wochenende nicht doch ein Wort sage, aus dem hervorgehen könnte, dass ich einen Lieblingsmenschen habe oder dass er nicht das Geschlecht hat, welches er haben müsste, damit es für meine Kirche in Ordnung ist.

Meine Kirche krankt an all den Lieben, die verschwiegen werden müssen, an all den Gedanken und G*tteserfahrungen, die aus Angst vor Nonkonformität und Diskriminierung nicht öffentlich geteilt werden (dürfen) – von queeren und nicht queeren, von hauptberuflichen und ehrenamtlichen, von geweihten und nicht geweihten Gläubigen. Was geht uns dadurch alles verloren an Kraft, Menschlichkeit, Relevanz, Glaubenszeugnissen, Geistwehen?

Schweren Herzens habe ich mich damals gegen die Ausbildung entschieden. Sieben Jahre hat es gedauert, bis ich endlich »nur« als Theolog*in und Sozialpädagog*in einen festen Vertrag bei meinem Bistum als Bildungsreferent*in bekommen habe. Bei jedem Bewerbungsgespräch habe ich mir mit innerem Zittern und Schweißausbrüchen ein Herz gefasst und transparent gemacht, dass ich nicht in die kirchlichen Normen von Geschlecht und Sexualität passe und es zu meinem theologischen Profil gehört, mich gegen Diskriminierung, für Marginalisierte und unsichtbar Gemachte einzusetzen. Alle meine Vorgesetzen wussten und wissen um meine Queerness und haben mir alle mehr oder weniger deutlich signalisiert, dass sie persönlich kein Problem damit haben. Allerdings konnten sie mir nie die Sicherheit geben, dass ich nicht doch irgendwann mit beruflichen Konsequenzen zu rechnen habe. Ich frage mich ständig, wie sichtbar ich als die Person sein kann, die ich bin, wie laut und deutlich ich Stellung beziehen kann zu homo-, trans-, inter- und queerfeindlichen Verlautbarungen und Äußerungen, in welchen Situationen ich darum bitten kann, nicht mit einer binären Anrede (Frau oder Herr) angesprochen zu werden, sondern mit Vor- und Nachnamen und vieles mehr. Darüber hinaus merke ich, wie froh Kolleg*innen sind, dass sie auf mein Erfahrungswissen und inzwischen auch professionelles Wissen zu Geschlechtervielfalt und sexueller Vielfalt, zu Diversität und Antidiskriminierung zurückgreifen können, und wie dankbar queere Menschen sind, wenn ich als queere Person sichtbar bin, die als Theolog*in in der Kirche arbeitet. Manchmal fühlt es sich an wie ein Eiertanz. Manchmal habe ich das Gefühl, ein Feigenblatt zu sein, das die krasse Feindlichkeit verdeckt, die auf queere Menschen in der Kirche prallt – absichtlich und unbewusst. Das kostet täglich Kraft. Und ich frage mich immer wieder, wie lange sie mir noch reicht.

In einem Gedicht habe ich vor ziemlich genau 10 Jahren folgende Frage in Bezug auf die Kirche formuliert:

>*muss ich mir diese schmerzende heimat*
aus meinem herzen reißen
um am leben zu bleiben?«

Bisher habe ich sie noch nicht mit »Ja« beantwortet. Denn ich bin ja hoffnungstrotzig. Ich träume immer noch von einer Kirche, in der sich alle Menschen willkommen fühlen können, weil sie Räume vorfinden, in denen sie sicher sind vor jeglicher Diskriminierung und Gewalt – sowohl vor normativer wie spiritueller, sexualisierter, physischer und psychischer Gewalt.

Ich träume von einer Kirche, in der Verzagtheit und Angst nicht das Sagen haben, sondern Freimut, Ehrlichkeit, Mut und Lebendigkeit.

Ich träume immer noch von einer Kirche, in der die Würde von Menschen heilig ist und nicht die Institution unantastbar.

Ich träume von einer Kirche, die glauben kann, dass G*tt jeden Menschen, so, wie er ist und wird, gutheißt, segnet und mit ihm alles, was ihn lebendig macht, also auch seine Liebe.

Noch träume ich von einer Kirche, in der mehr und mehr Wirklichkeit wird, wovon Jesus gesprochen hat, als er vom Reich G*ttes erzählt hat: das Leben in Fülle und Gerechtigkeit für *alle* Menschen.

Ich träume von einer Kirche, in der sich alle sichtbar machen können, wie sie sind, auch Priester*innen und Bischöf*innen – mit ihren Hoffnungen und Träumen, mit ihrem Hunger nach Dazugehören, Platz-haben-Können und Anerkennung.

Und ich träume noch immer von einer Kirche, die sich traut, hinzuschauen und zu sehen, dass es uns gibt. Uns katholische und wunderbar queer gemachte Menschen.

Teil 3

Für eine Kirche
ohne Angst

1. Systemisch-kirchlich: Strukturen der Performativität

»Es gibt uns und wir schweigen nicht länger« – Ein Beitrag zu Sichtbarkeit, Unsichtbarkeit, Hypersichtbarkeit

Ute Leimgruber

»Es gibt uns«

»Schwule Brüder und Schwestern, ihr müsst euch outen!«[1] Dieses dem berühmten US-amerikanischen Politiker Harvey Milk zugesprochene Zitat ist seit den späten 1970er-Jahren zu einem wichtigen Slogan in der queeren Community geworden.

»Es gibt uns und wir schweigen nicht länger« – das ist auch die Motivation für das Projekt *#OutInChurch*. Mit einer groß angelegten Kampagne treten Queers aus der Unsichtbarkeit heraus, hinein in die Sichtbarkeit der Öffentlichkeit. Sie tun das jede*r für sich und doch gemeinsam, »für uns und (…) in Solidarität mit anderen LGBTIQ+-Personen in der römisch-katholischen Kirche« (Manifest). Die Kampagne schafft so eine Sichtbarkeit für das tabubehaftete Vorhandensein und die spezifischen Schwierigkeiten queerer Menschen in bestimmten Kontexten der Kirche. In jüngster Zeit gab es unterschiedliche Initiativen, bei denen Menschen innerhalb der Kirche(n) neue Sag- und Sichtbarkeiten

---

[1] The advocate 27.11.2018 (www.advocate.com/politics/2018/11/27/harvey-milks-original-advocate-obituary-1979). Nach *M. Gevisser*, Die pinke Linie. Weltweite Kämpfe um sexuelle Selbstbestimmung und Geschlechtsidentität, Berlin 2021, 23.

hergestellt haben.[2] Mit solchen Erzählgemeinschaften werden nicht nur Schweigen und Unsichtbarkeit überwunden, sondern auch die Vereinzelung der betroffenen Personen. Die lange verborgen gebliebenen Missstände können angesichts der Wucht der Zeugnisgemeinschaft nicht länger als nicht existent oder als Einzelfälle betrachtet und behandelt werden. Die Sichtbarkeit des gemeinschaftlichen Erzählens ist der Weg, um alle wissen zu lassen: »Es gibt uns.« Die im Manifest erhobenen Forderungen nach der »Korrektur menschenfeindlicher lehramtlicher Aussagen« und der »Änderung des diskriminierenden kirchlichen Arbeitsrechts« machen zudem das tiefer liegende systemische Problem deutlich, mit dem sich die Kirche auseinandersetzen muss. Es geht um Diskriminierung und Gewalt, Ausgrenzungen, Verletzungen und Angst – und das diese Erfahrungen befördernde System.

Unsichtbare Normen – normierte Unsichtbarkeit

(Un-)Sichtbarkeit hat viele verschiedene Facetten. LGBTIQ+-Personen sind häufig auf eine ganz besondere Weise unsichtbar – und sie sind, wenn sie sich outen, auf eine ganz besondere Weise sichtbar. Unsichtbar zu sein ist ein wesentlicher Aspekt queerer Identität, denn die Norm ist nach wie vor die Einheit von (binär gedachtem) Geschlecht, Identität und (heterosexuell gedachter) Sexualität. Vielfach sind diese *Normen* so *normal,* dass sie als Normen nicht sichtbar sind – zumindest nicht für jene, die sich innerhalb der von ihnen gezogenen Grenzen befinden. Carolin Emcke schreibt: »Normen als Normen fallen uns nur auf, wenn wir ihnen nicht entsprechen, wenn wir nicht hineinpassen, ob wir es wollen oder nicht. (…) Wer den Normen entspricht, kann es sich leisten zu bezweifeln, dass es sie gibt.«[3] Die als »gewöhnlich«, »normal«,

---

2 Vgl. u. a. *G. Surdovel* (Hrsg.), Love Tenderly. Sacred Stories of Lesbian and Queer Religious, Mt. Rainier, Maryland 2020. *M. Gräve/H. Johannemann/M. Klein* (Hrsg.), Katholisch und queer. Eine Einladung zum Hinsehen, Verstehen und Handeln, Paderborn 2021.

3 *C. Emcke,* Wie wir begehren, Frankfurt am Main 2012, 21 f.

teils auch als »naturhaft« wahrgenommenen Kategorien und die damit verknüpfte Kontinuität von Geschlecht, Begehren und Identität[4] ist den kulturellen Bedingungen des Lebens der Menschen tief eingeschrieben – nicht nur, was ihre Beziehungen, ihre geschlechtliche Identität oder ihr Lieben und Begehren angeht, sondern auch im Blick auf alltägliche Lebensbereiche wie »Fotos in der Brieftasche tragen, Familienpackungen einkaufen, Gäste empfangen, Weihnachten feiern, eine Waschmaschine kaufen, ein Formular ausfüllen«[5].

Heterosexuelle Menschen sind auf ihre eigene Weise unsichtbar. Ihre sexuelle Orientierung bzw. Geschlechtsidentität sind keine Faktoren dafür, wie sie sich in Kirche und anderen soziokulturellen Räumen bewegen. LGBTIQ+-Personen werden demgegenüber durch ihre Nichtentsprechung definiert, d. h., nicht eindeutig heterosexuell oder nicht eindeutig Mann bzw. Frau zu sein, mit anderen Worten: *nicht* der universellen Norm, der Normalität, der »natürlichen Ordnung« entsprechend.[6] Auch LGBTIQ+-Personen entkommen nicht der heterosexuellen, geschlechtlich binären Norm, doch sie stehen jenseits von ihr. Rut Neuschäfer schreibt in diesem Band: »Während meiner gesamten Kindheit und Jugend war Homosexualität nicht auf meinem Radar. In meiner Familie wurde über das Thema so gut wie gar nicht geredet. Wenn es mal zur Sprache kam, dann wie eine Art Kuriosum, das schnell zur einzigen Charaktereigenschaft der jeweiligen Person wurde und sie ›anders‹ machte« (S. 83).

Die Welt zieht entlang von Geschlecht und Sexualität eine Grenze. An und mit dieser »pinken Linie« (Mark Gevisser) wird geteilt, getrennt, verwundet. Sie zieht sich durch alle Lebensbereiche: Kirche und Gesellschaft, Gemeinden, Freundeskreise und

---

4   Vgl. S. *Hark*, Queer Studies, in: Chr. Braun, von/I. Stephan (Hrsg.), Gender@Wissen. Ein Handbuch der Gendertheorien, Köln 2013, 449–470, 449.

5   S. *Hark*, Queer Studies, 449.

6   Darauf deutet auch der Begriff »queer« hin: das, was vom Normalen oder Gewöhnlichen abweicht; vgl. S. *Hark*, Queer Studies, 461.

Familien und nicht zuletzt durch die Menschen selbst. Die »pinke Linie« wird oft als gewaltvoll erlebt: »Ich bin inexistent und fremd in diesem Eindeutigkeitsland, im ›Entweder-oder‹, in der Ordnung, die Menschen als eine ›g*ttliche‹ in die Schöpfung eingeschrieben haben. Durch mich verlaufen ständig Grenzlinien. Ich frage mich ständig, wie sichtbar ich als die Person sein kann, die ich bin« (Raphaela Soden, S. 113 in diesem Buch).

Unsichtbarkeit aus Angst – Schutz vor Gewalt

Was die Berichte dieses Buchs aber auch aufs Schmerzlichste zeigen: Sichtbarkeit ist gefährlich. Und Unsichtbarkeit bietet Schutz: vor Diskriminierung, Hass und Gewalt. Konservative Milieus, und dazu gehören viele kirchliche Kontexte, sind häufig geprägt von Homophobie oder Transphobie. Ein anonymer Autor betont in der Beschreibung seines katholischen Herkunftsmilieus den »hohe[n] Wert, gesellschaftlich angepasst zu leben, nicht groß aufzufallen« (S. 76). Menschen schweigen, wo sie gerne mitreden würden, zum Beispiel, wenn andere von ihrem letzten Urlaub mit ihren Partner*innen erzählen; sie hören schweigend den geringschätzigen, beleidigenden, abwertenden Kommentaren, Witzen oder Reden anderer Menschen zu. Auch wenn niemand im Raum von der Queerness einer anwesenden Person weiß: Solche Sprechakte verletzen, sie werden als gewalttätig erfahren, selbst wenn die sprechende Person die queere Person nicht absichtlich verletzen möchte.[7] Die Gefährdung schreibt sich den Körpern und Seelen der Menschen ein. Und sie geht tief, denn als LGBTIQ+-Person sichtbar zu sein, ist weltweit – auch in Deutschland – lebensgefährlich. Das Bundesinnenministerium listet in seiner jährlichen Statistik zu Hasskriminalität insgesamt 782 homophob bzw. transphob motivierte Straftaten gegen LSBTI-Personen auf, darunter

---

7 Eine solche Szene beschreibt *D. Eribon*, Rückkehr nach Reims, Berlin 2016, 197. Allein der Gebrauch bestimmter verletzender Ausdrücke hat performativ verletzende Kraft: vgl. *J. Butler*, Hass spricht. Zur Politik des Performativen, Frankfurt am Main ⁴2013, 28 f.

154 Gewalttaten. Gegenüber 2019 ist das ein Anstieg von 36 Prozent.[8] Homo- und Transphobie sind also reale Gefahren.

Die Rolle der Kirche ist dabei eine doppelt prekäre. Sie beteiligt sich a) mit den Inhalten ihrer Lehre »an den zahllosen Diskursen und Praktiken, die die soziale Vulnerabilität von schwulen und lesbischen Menschen extrem erhöhen«[9] und b) reguliert und nihiliert sie das konkrete Leben und Lieben von LGBTIQ+-Personen, beispielsweise durch das kirchliche Arbeitsrecht oder durch Ausschlüsse von Sakramenten oder Segensfeiern.

Ad a) Die katholische Kirche differenziert in ihren moralischen Standards entlang der Linie von sexueller Orientierung und Geschlechtsidentität. Zwar wird die Würde aller Menschen betont und Diskriminierung verurteilt, gleichzeitig aber »verweigert man homosexuellen Partnerschaften die Wertschätzung und tradiert alte Vorurteile, etwa die Vorstellung, Homosexualität könne biblisch und moraltheologisch nicht anerkannt werden und Homosexuelle seien zu authentischen Liebesbeziehungen nicht in der Lage«[10]. Dies hat keineswegs »nur« Auswirkungen auf katholische Gläubige. Denn indem sie Homosexualität pathologisiert oder kriminalisiert[11], bietet sie diskursiv-legitimierende Strategien für gewalttätige Homophobie in anderen, nicht kirchlichen Kontexten. Hildegund Keul fragt folgerichtig: »Inwiefern ist sie [die Kirche] als ein Global Player der Homophobie mitverantwortlich an Verbrechen gegen gleichgeschlechtlich liebende Menschen?«[12]

---

8   https://www.bmi.bund.de/SharedDocs/downloads/DE/veroeffentlichungen/2021/05/pmk-2020-hass-kriminalitaet.pdf?__blob=publicationFile&v=4.

9   *H. Keul*, Heterotopien schwuler Existenz – Orte prekärer Vulnerabilität, 24. Juni 2021, online: www.feinschwarz.net/heterotopien-schwuler-existenz-orte-prekaerer-vulnerabilitaet/.

10 *St. Goertz*, Homosexualität und katholische Kirche. Drei Thesen anlässlich der Preisverleihung des Herbert Haag-Preises 2021. Vgl. auch *Chr. Breitsameter/St. Goertz*, Vom Vorrang der Liebe – Zeitenwende für die katholische Sexualmoral, Freiburg 2020.

11 Und dies weltweit und politisch rechtspopulistisch vernetzt, z. B. sagte im Jahr 2019 der Erzbischof von Krakau, Marek Jędraszewski, die neue Pest sei nicht mehr marxistisch oder bolschewistisch, sondern queer: »The plage is (…) not red, but rainbow.« National Catholic Register, 19. August 2019.

12 *H. Keul*, Heterotopien.

Ad b) Auch wenn in vielen Ortskirchen in Deutschland queere Menschen ausdrücklich willkommen geheißen werden, ist das konkrete Leben von LGBTIQ+-Personen doch von Verboten und existenziellen Gefährdungen durchsetzt, besonders, wenn sie hauptamtlich in der Kirche tätig sind.

Queere Menschen müssen unsichtbar bleiben, um existenzielle Gefährdungen zu verhindern. Sie verheimlichen damit nicht nur ihre sexuelle Orientierung oder Geschlechtsidentität, sondern auch sich selbst. Ein*e anonyme Autor*in beschreibt es so: »Den eigenen Namen zu verstecken bedeutet im theologischen Sinn, mich als Person zu verstecken, keinen Anspruch auf mich zu haben, auf mich selbst zu verzichten, sogar nicht zu existieren. Wie hoch ist eigentlich der Preis, wenn man in der Kirche arbeitet?« (S. 56).

Hypervisibilität als Gegenteil von Sichtbarkeit

»Lesben, Schwule, Bi-, Trans- und Intersexuelle (LSBTI) sind in der Kirche willkommen und gehören zum kirchlichen Leben dazu«, so das Bistum Limburg.[13] Auch das Bistum Mainz kündigt spezifische Seelsorgeangebote für homosexuelle und queere Menschen an.[14] So wird öffentlichkeitswirksam ein Zeichen gegen Diskriminierung gesetzt – und doch wird hier eine spezifische Problematik deutlich. Die Unsichtbarkeit wird zwar durchbrochen, damit einhergehend werden LGBTIQ+-Personen aber als *besonders* hervorgehoben. Sie werden *hypervisibilisiert*. Diese Hypervisibilisierung findet in einer Umwelt statt, in der vornehmlich die heterosexuelle Lebensform vorherrscht und in allem performativ ausgedrückt wird. Laura Meemann schreibt: »Es ist, wie in einem Regal mit Nuss-Nugat-Cremes die Schokocreme zu sein. Die, die wissen, dass es dich gibt, finden dich entweder komisch, weil

---

13 11.10.2021. Online: bistumlimburg.de/beitrag/ein-zeichen-gegen-diskriminierung-und-fuer-vielfalt/.
14 13.11.2021. Online: bistummainz.de/pressemedien/pressestelle/nachrichten/nachricht/
Kohlgraf-Wir-reden-nicht-ueber-Menschen-wir-wollen-mit-Menschen-reden/#.

du ohne Nuss ja gar keine Nuss-Nugat-Creme bist, oder sie feiern dich genau deswegen« (S. 61). Hypervisibilität schützt aber nicht vor Diskriminierung, im Gegenteil. Denn sie kann dazu führen, dass die große Heterogenität und Diversität von LGBTIQ+-Personen universalisiert wird. Menschen sind dann »die Nichtbinäre« (Laura Meemann) oder der »Vorzeigeschwule« (Rainer Teuber).

Hypervisibilität kann zudem einhergehen mit einem als *Tokenismus* bekannten Phänomen: Mitglieder marginalisierter Gruppen werden in eine exponierte Position gebracht, in der sie fortan als paradigmatische*r Vertreter*in dieser Gruppe fungieren. Das entsprechende Umfeld erscheint als offen, fair und nicht diskriminierend, bei den betroffenen Personen kommt es aber häufig zu Formen der Überanpassung. Hypervisibilisierte LGBTIQ+-Personen sehen sich – meist unausgesprochenen – Erwartungen gegenüber, z. B. die Liberalität der Organisation, in der sie »sichtbar« sein »dürfen«, zu verkörpern; ihnen wird jedes Fehlverhalten angelastet; sie fühlen sich instrumentalisiert, indem sie eine politische Bedeutung bekommen, die weit über ihre eigenen Forderungen (z. B. zur eigenen sexuellen oder Geschlechtsidentität stehen zu können) hinausgeht. Die grundlegenden Raster, die die Diskriminierung erzeugen, werden dadurch jedoch nicht verändert. Auch die notwendige Diversität wird verfehlt und die unsichtbare »pinke Linie« entlang der binär codierten Heteronormativität wird bestätigt. Die Entscheidungen über die Lebensentwürfe queerer Menschen liegen noch immer nicht bei ihnen selbst, viele bleiben gerade in der Hypervisibilität in ihrer Individualität unsichtbar und passen sich den fortgesetzten Festschreibungen an, dem, was von ihnen erwartet wird, um ihren Job, die Anerkennung und das Lebensrecht nicht erneut zu verlieren.

#OutInChurch – Das Wagnis der Sichtbarkeit

»Es wurde viel über uns gesprochen. Nun sprechen wir selbst« (Manifest). Die Kampagne *#OutInChurch* ist ein risikoreiches

Heraustreten aus dem Dunkel eines (religions-)kulturell verordneten Schweigens, denn die teilnehmenden Menschen wagen es, mit ihrem Coming-out etwas publik zu machen, von dem »eigentlich« nicht gesprochen werden darf, sie fordern etwas, das ihnen nach lehramtlichen Vorstellungen »eigentlich« nicht zusteht; und sie legen darüber hinaus etwas offen, das es in der Kirche »eigentlich« nicht geben darf: »Stereotypisierung und Marginalisierung durch Sexismus, Ableismus, Antisemitismus, Rassismus und [...] andere[n] Formen von Diskriminierung« (Manifest). Sie sprechen und repräsentieren sich selbst, generieren eine Erzählgemeinschaft und verkörpern sichtbare Diversität. Die Erzählungen in diesem Band sind nicht nur kirchenpolitisch, sondern auch theologisch bedeutsam. Sie legen offen, was es bedeutet, von und in der Kirche diskriminiert, ausgesondert, kriminalisiert, verunsichtbart zu werden. Sie berichten davon, was es heißt, verborgen und nicht der Norm entsprechend zu leben und zu lieben, was es heißt, unter diesen Bedingungen Mensch zu sein. Man sollte ihnen sehr genau zuhören.

Die Bedeutung queerer Glaubenspraxis für die Kirche

Gunda Werner

Das innere Suchen und Fragen vertiefte bei Bärbel Audebert, so schreibt sie, »ganz sicher meine Beziehung zu Gott, denn von ihm erwartete ich ja, dass es eine sinnvolle Verknüpfung gab«[1]. Viele schreiben über das »Leben und Arbeiten unter dem Radar«[2], und dies angesichts vom Glück der Liebe, der Gottesgewissheit in der Liebe. Aber selbst binnenkirchlich ist in diesem Jahr die in breiter kirchlicher Öffentlichkeit wahrnehmbare Kritik von verschiedensten kirchlichen Akteur*innen im deutschen und englischen Sprachraum[3] an lehramtlichen Festlegungen lauter geworden, die den weiten Bereich der Gender-Gerechtigkeit berühren[4]. Der kritische Blick zu bestimmten lehramtlichen Aussagen macht auch vor dem bischöflichen Lehramt nicht halt.[5] Nicht zuletzt mahnt der Synodale Weg deutliche Reformen an. Was aber bedeuten die Glaubenspraxis queerer Menschen auf der einen Seite, kritische lehramtliche Aussagen auf der anderen Seite für eine systematisch-theologische Reflexion auf eine Kirche ohne Angst?

---

1 *B. Audebert*, Zum Lieben berufen, S. 58 (in diesem Buch).

2 *Anonym*, Die Angst vor der Enttarnung – Leben und arbeiten unter dem Radar, S. 76 (in diesem Buch).

3 So ein Zusammenschluss katholischer Lehrender in den USA in diesem Jahr: https://www.ncronline.org/news/justice/catholic-teaching-supports-nondiscrimination-against-lgbtq-community-statement-says. Für diese Aktion schreibt Hille Haker hier im Buch.

4 Hier im Buch sind dazu die Äußerungen von Maria 2.0., von den Frauenverbänden sowie vom ZdK zu beachten.

5 https://www.katholisch.de/artikel/31432-bischof-overbeck-befuerwortet-eine-oeffnung-von-weiheaemtern-fuer-frauen.

»Aber es ist doch möglich« – Die Spannung zwischen Lehramt und pastoraler Praxis

Die Angst vor dem Coming-out oder davor, geoutet zu werden, zieht sich wie ein roter Faden durch die Berichte. »Denn die Angst, geoutet zu werden und vor etwaigen dienstrechtlichen Konsequenzen schwingt immer mit.«[6] Dieses Gefühl der Angst wird verbunden mit der Frage nach einem Ort in dieser Kirche sowie dem Gefühl von Wut oder Ohnmacht.[7] Zudem stehen tiefe Erfahrungen der Berufung in einem engen Widerstreit mit der Lehre der Kirche, dass die eigene Sexualität und Genderidentität im Widerspruch der göttlichen Schöpfungsordnung stehen soll. »Ein Coming-out kam für mich nicht infrage, weil ich meine spirituelle Begabung als Priester nicht aufgeben wollte [...].«[8] Und Bärbel Audebert schreibt: »Ich hoffe von Herzen, dass ich den Platz in der Kirche und Gesellschaft finden kann, an dem ich wirken kann, genau so, wie ich bin: gottverbunden + katholisch + zum priesterlichen Dienst berufen + lesbisch: einfachMensch.«[9]

In den lehramtlichen dogmatischen Aussagen wird das Wesen des Mannes und das Wesen der Frau aus den je biologisch eindeutigen geschlechtlichen Körpern abgelesen. Die Besonderheit der Frau wird in der besonderen Würde verstanden. Es sei also der »Genius der Frau«, so Papst Johannes Paul II. 1995 in seinem »Brief an die Frauen«[10], der eben als solcher wertvoll für die Kirche sei. Weil diese Besonderheit bestehe, gäbe es in der Kirche auch keine Willkür oder Diskriminierung in ihren Rollenunterschieden. Die für Frauen andere Berufung sei für die Frau darüber hinaus nicht zum

---

6   *Anonym, Von Gott gerufen – so, wie ich bin*, S. 72 (in diesem Buch).

7   Sehr deutlich wird dies im Beitrag »Gott liebt Trans*-Menschen« (S. 62 in diesem Buch), in dem die schreibende Person sehr deutlich macht, mit welcher Angst, Ohnmacht und Verzweiflung im Blick auf die Kirche sie zugleich zu sich selbst aufersteht in der Transition.

8   *P. Stutz*, Spät habe ich mir erlaubt, gay zu sein S. 54 (in diesem Buch).

9   *B. Audebert*, Zum Lieben, S. 58 (in diesem Buch).

10 www.vatican.va/content/john-paul-ii/de/letters/1995/documents/hf_jp-ii_let_29061995_women.html.

Nachteil, denn es entspräche ja ihrem Wesen, dem marianischen Prinzip (Nr. 11)[11]. Denn Frausein und Mannsein seien von Beginn an verschieden, so die Glaubenskongregation 2004 in ihrem »Brief zur Zusammenarbeit von Männern und Frauen«. Die rollenkonformen und den Frauen (wie Männern!) stereotypisch zugewiesenen Eigenschaften werden aus der jeweiligen differenten biologischen Verfasstheit abgeleitet und – weil vermeintlich gottgewollt – als unveränderlich verstanden. Zu dieser unveränderlichen Überzeugung gehört die Verwirklichung des petrinischen Prinzips in der Möglichkeit des biologischen Mannes, Priester zu werden, etwas, das der Frau im marianischen Prinzip verwehrt bleibt. Zugrunde gelegt ist dieser Anthropologie die Überzeugung der Binarität eindeutiger Geschlechter, die ausschließlich in der komplementären Heterosexualität einer auf Nachkommenschaft ausgelegten Ehe ihre Erfüllung findet. Kirchenrechtliche und dogmatische Auslegungen bedingen sich deutlich gegenseitig. Darin aber verbieten sie in der Lehre jene Räume, die in der Praxis gelebt werden.

Wenn nun in der Praxis anderes möglich ist, gelebt wird oder nach dem beim Militär der USA inzwischen abgeschafften Prinzip »*don't ask, don't tell*« toleriert wird, dann entsteht eine Situation, die die ganze Zwiespältigkeit abbildet. Denn es ist einerseits zu begrüßen, dass es einzelne Priester und Bischöfe gibt, die sich im bestehenden Recht und trotz der zugrunde gelegten dogmatischen Interpretation der Schöpfung den Raum nehmen, anders zu handeln, andererseits hinterlässt es die konkreten Menschen in einer hoch unsicheren Situation.[12] Aus einer solchen konfliktiven Erfahrung heraus schreibt Bärbel Audebert: »Es zeigt mir, dass es eben doch von entscheidender Bedeutung ist, wer in der Diözese jeweils Verantwortung trägt.«[13]

---

11 So auch wieder im nachsynodalen Schreiben *Querida Amazonia* von Papst Franziskus, v. a. Nr. 101; www.vatican.va/content/francesco/de/apost_exhortations/documents/papa-francesco_esortazione-ap_20200202_querida-amazonia.html.

12 Vgl. hierzu den Beitrag von Georg Bier in diesem Buch.

13 *B. Audebert*, Zum Lieben, S. 58 (in diesem Buch).

Festzustellen ist in der gegenwärtigen Situation also zweierlei: *Erstens* handeln einzelne Bischöfe und Priester couragiert, wenn sie in einem prophetischen Ungehorsam die Realität des diversen Lebens sichtbar werden lassen. *Zweitens* gibt jedoch dieses individuelle Handeln keinerlei Sicherheit, solange es keine rechtliche Klarheit nach sich zieht. Auf diese Weise bleiben die konkreten Menschen in ihrem religiösen Leben und in ihrer beruflichen Existenz abhängig und kommen von einem »Außen« in ein »Innen«, in dem sie »zugelassen« werden, es ihnen »erlaubt« wird, offen zu leben.[14] Dies kann auf die Dauer nicht wünschenswert sein und braucht deswegen klare rechtliche Sicherheiten – selbst angesichts der zugrunde liegende Doktrin, die schwerfälliger veränderbar ist.[15]

Veränderung durch die performative Versammlung

Judith Butler, Philosophin und Gender-Theoretikerin, hat in den letzten Jahren angeregt, darüber nachzudenken, was passiert, wenn Menschen sich versammeln.[16] Sie erinnert dabei vor allem an Menschen, die sonst in der Öffentlichkeit übersehen werden oder keine Stimme haben, also Menschen ohne Zuhause, diskriminierte Menschen, Menschen, die der vorherrschenden Norm nicht entsprechen. Sie können nicht »gelesen« werden: »Um als ganzheitlicher Mensch gesehen und (an)erkannt zu werden, braucht es

---

14 Vgl. den Beitrag von Ute Leimgruber in diesem Buch.

15 In den ersten zwei Wochen nach der Dokumentation »Wie Gott uns schuf« in der ARD und der Initiative #OutInChurch haben sich vereinzelt Bischöfe und Generalvikare zu Wort gemeldet, die das Arbeitsrecht verändern wollen: https://www.katholisch.de/artikel/32865-bischoefe-und-generalvikare-zu-outinchurch-arbeitsrecht-aendern. Diese Veränderungen müssten zusammengetragen und arbeitsrechtlich bewertet werden, damit sie wirklich eine rechtssichere Veränderung der Grundordnung vorbereiten. Bereits im letzten Sommer hatte die Aussage von Bischof Genn Aufsehen erregt, als er auf die Frage von Kirche&Leben: »Was sagen Sie homosexuellen Menschen, die im pastoralen Dienst tätig sind und ihre Partnerschaften heimlich leben?« antwortet: »Ich plädiere dafür, offen mit den Wirklichkeiten umzugehen. Ich erwarte von allen Mitarbeiterinnen und Mitarbeitern Ehrlichkeit. Und eine solche Ehrlichkeit wird niemandem schaden.« (https://www.kirche-und-leben.de/artikel/felix-genn-im-grossen-sommerinterview-zu-aktuellen-kirchenthemen). Was bedeutet diese Aussage konkret und geht sie über die Einzelfalllösung hinaus?

16 *J. Butler*, Notes towards a Performative Theory of Assembly, Cambridge 2015.

zunächst Sichtbarkeit.«[17] Wenn also diese Menschen den öffentlichen Raum einnehmen, dann ist ihre Versammlung ein gemeinsamer performativer Akt, denn sie können nicht mehr übersehen, nicht mehr ignoriert werden. Diese gemeinsame performative Versammlung macht aber noch mehr: Sie setzt als Realität, wie die sich versammelnden Menschen sind, leben, lieben. Die Queer-Bewegung vollzieht diese performative Versammlung seit den späten 1960er-Jahren in den Christopher-Street-Days oder Pride-Paraden. Diese punktuelle Hypervisibilität steht in einem Kontrast zur alltäglichen Unsichtbarkeit, insbesondere in den sozialen Kontexten der katholischen Kirche. Dies gilt auch für eine positive Erfahrung des Coming-out: »Plötzlich hatte es mich aus dem Verborgenen ›ins Licht‹ katapultiert. Fortan stand ich in der Öffentlichkeit für die eher liberale Haltung des Bistums Essen in Bezug auf Homosexualität.«[18]

Diese Gedanken Judith Butlers sind für das Thema der Kampagne *#OutInChurch* und für die zuerst angesprochene Spannung zwischen rechtlich-dogmatischen Verschließungen und eröffnender paradoxer Praxis ausgesprochen erhellend. Denn eine Versammlung von den Menschen, die sonst nicht gesehen oder gelesen werden können, weil die vorherrschenden Normen dies nicht ermöglichen, zeigt gelebtes Leben und Lieben auf, einfach, indem sie da sind. Sie bewirken durch ihr Tun etwas, denn das meint ja Performativität: dass etwas geschieht, indem etwas benannt, gesagt wird. Die verkörperte Versammlung kann nun nonverbal etwas sagen und das Leben in die Tat und in die wahrnehmbare Realität umsetzen. Wie sehr dies wirkt und Wirkungen zeigt, ist an den Versammlungen der kirchlich nicht akzeptierten Menschen zu sehen.[19] Die Idee Butlers ist aber auch

---

17 Davon schreibt Laura Meemann in ihrem Beitrag, dass sie nicht »gelesen« werden kann, weil sie den binären Normen nicht entspricht. *L. Meemann*, Es ist, wie in einem Regal mit Nuss-Nugat-Cremes die Schokocreme zu sein (S. 67 in diesem Buch).

18 *R. Teuber*, Arbeiten in gelingenden Beziehungen, S. 103 (in diesem Buch).

19 Zu denken ist hier an die Aktion *#Liebegewinnt*, aber auch die Öffentlichkeit queerer Gottesdienste oder Gottesdienstgemeinden.

noch weiterzudenken. Ist nämlich einmal die Brille, um Menschen, Versammlungen, Leben zu erkennen, scharf gestellt, dann verändert dies den Blick auf bestehende Versammlungen. Das Lesen-Lernen der Vielfalt treibt den Prozess einer *Bottom-up*-Bewegung weiter voran. Denn auch eine gottesdienstliche Gemeinde ist eine verkörperte Versammlung und auch in dieser sind – wenn auch nicht geoutet, gelesen und gesehen – LGBTIQ+-Personen anwesend und verändern durch ihre reine Anwesenheit die Versammlung. Sie machen deutlich, wer wie da ist.

In diesem Sinn ist jede Aktion, die die Möglichkeit schafft, Leben divers zu »lesen«, eine Weitung der Erkenntnis. Noch im scharfen Protest einzelner Bischöfe ist dieser Prozess erkennbar – und er ist unumkehrbar. Deswegen ist eine Praxis, die sich über bestehendes Recht und festgelegte lehramtliche Aussagen hinwegsetzt, ein machtvoller Player in der Dynamik, in diese performativen Versammlungen veränderte Praktiken zu implementieren. Nicht zuletzt ist dies angesichts der Tiefe und Größe der Glaubensbekenntnisse von LGBTIQ+-Katholik*innen, die in der Kirche bleiben, die einzig würdige Form, kirchlich mit der gelebten Glaubenslehre umzugehen – und zwar rechtlich gesichert im Arbeitskontext. »Wie viele Chancen sind vertan! Wie viel Energie geht dabei verloren, verborgen zu halten, was uns Menschen wesentlich ist.«[20] Rainer Teuber macht deutlich, dass erst, wenn niemand mehr »seine Sexualität aus Angst vor dem Dienstrecht verbergen muss«, die »[t]oxisch[en] Dienstverhältnisse [...] der Vergangenheit angehören«[21].

---

20 B. *Mönkebüscher*, Systeme, die Angst erzeugen, gehen auf Kosten der Liebe, S. 42 (in diesem Buch).
21 R. *Teuber*, Arbeiten in gelingenden Beziehungen, S. 103 (in diesem Buch).

Bildet Banden! Der bestehenden queeren Kirche Sichtbarkeit und Erkennbarkeit geben

Der Ausruf »Bildet Banden!« gehört zu den feministischen Basiserfahrungen. Über den Feminismus hinaus ist dieses Handeln die Möglichkeit, Unrechtssysteme zu durchbrechen und zu verändern. Dieses kollektive Eintreten für diverses Leben entspricht genau der performativen Versammlung, der Judith Butler so viel Kraft und Macht zutraut. Deswegen ist diese konkrete Kampagne eine solche performative Versammlung, die nicht sichtbares Leben auch noch dort sichtbar macht, wo die Person anonym bleiben muss. Die Anonymität verschärft das Bedrängende der Verneinung durch kirchliches Recht und lehramtliche Aussagen zur Leerstelle.

»Bildet Banden« bedeutet offenzulegen, dass hinter jeder LGBTIQ+-Person viele Menschen solidarisch stehen und dass das Thema nicht personalisiert, problematisiert und in eine Barmherzigkeitssprache bagatellisiert werden kann. Denn diese Realität ist ja gerade kein Problem, das eine Lösung braucht, sondern eine Realität, die schon da ist – mitten im Verbot und im Nicht-sehen-Wollen.[22] Die solcherart Versammelten sind schon längst die, die sich zu einer solidarischen und akzeptierenden Praxis herausgerufen fühlen. Sie sind bereits »ecclesia« und »verqueeren« die Kirche *bottom-up* in einer Praxis, »die sich in Bezug auf Jesus von Nazaret in einer bestimmten Art und Weise zum Glauben herausgerufen und ermächtigt fühlen und die darin autonom, selbstbestimmt, ihren Glauben vollziehen und ihn zugleich in Reaktion auf andere und anderes hin gemeinsam mit anderen leben«[23]. Wenn es für Hunderte von Queers derzeit noch möglich ist, in der römisch-katholischen Kirche zu bleiben – die meisten hoch engagiert in ehren-, neben- oder hauptamtlichen Feldern –, dann ist

---

22 So auch Michael Schüßler in seinem Beitrag.

23 *S. Wendel*, In Freiheit glauben. Grundzüge eines libertarischen Verständnisses von Glauben und Offenbarung, Regensburg 2020, 122.

dies der starken Glaubensüberzeugung an den, wie Pierre Stutz es ausdrückt, »Lebensfreund [...] aus Nazaret«[24] zu verdanken. Ebenso tragen die solidarischen Erfahrungen mit jenen, die sich zu einer gerechten Praxis herausgerufen wissen. Es ist die persönliche Glaubensentscheidung, die Gottes- und Nächstenbeziehung sogar in der gegenwärtigen Kirche leben und feiern zu wollen. Die Kirche kann sich aber nicht sicher sein, dass dies so bleibt, denn die Zeugnisse machen auch deutlich, dass sie eine große Gruppe Menschen verlieren wird, wenn sich nichts ändert. Die Ermächtigung, die die »Bande« bedeutet, die Kraft, die eine performative Versammlung auch ohne Worte ausdrückt, ist eine nicht mehr wegzudenkende Veränderung – sie nicht in geltendes Recht und lehramtliche Aussagen zu transportieren, dürfte auf die Dauer einen Exodus aus der Kirche bedeuten.

---

24 P. *Stutz*, Spät habe ich mir erlaubt, gay zu sein, S. 54 (in diesem Buch).

Den Käfig der Stereotype auseinandernehmen: queersensible Pastoraltheologie der Weltkirche

Michael Schüßler

Es war in den Nullerjahren, mein Berufseinstieg als Pädagoge und Theologe an einer Caritasschule für angehende Erzieher*innen. Eine hochkompetente Kollegin dort hat zwei Jahre bester Zusammenarbeit mit mir gebraucht, um mir zu sagen, dass die von ihr immer als »Mitbewohnerin« bezeichnete Frau eigentlich ihre lesbische Partnerin ist. Sie war sich wohl lange unsicher, welche Reaktion von mir als kirchennaher Person zu erwarten sei. Groß war jedenfalls ihre Sorge vor Diskriminierung im Fall eines Outings bis hin zum Stellenverlust nach den damals geltenden arbeitsrechtlichen Regelungen der Caritas. Das Teilen ihrer Wirklichkeit war ein Vertrauensbeweis. Dass es dieses Vertrauen aber überhaupt brauchte, das benennt das Problem: das Problem einer Kirche der Angst.

Mittlerweile hat sich beim Caritasverband einiges geändert. Bei den FAQs auf www.caritas.de heißt es, dass auch homosexuell orientierte Menschen dort arbeiten können. Eine formale Diskriminierung gibt es meistens nicht mehr. Im Diözesan-Caritasverband Rottenburg-Stuttgart etwa gilt im Rahmen der neuen Grundordnung die Orientierung »Caritas in Vielfalt«: Homosexuelle Partnerschaften und auch Zivilehen sind kein Einstellungshindernis mehr. Dort heißt es stattdessen, dass »wir auch Schuld auf uns geladen haben im Umgang mit Menschen, die unsere Wertschätzung gebraucht hätten. Wir bedauern dies zutiefst. Dies in Zukunft glaubwürdig anders zu leben, betrachten wir als Pflicht und Teil unseres Lernprozesses«[1].

---

1   Caritasverband der Diözese Rottenburg-Stuttgart e. V., Caritas in Vielfalt, o. J., online: https://www.charta28.de/fahrplan/linie-1-vielfaltsgesellschaft/sexuelle-und-geschlechtliche-vielfalt.

Doch auch wenn in Organisationen wie der Caritas sexuelle Diskriminierungen auf der Handlungsebene abgebaut werden, gelten die diskriminierenden moraltheologischen Normen uneingeschränkt weiter. Sie werden lediglich entlang der »Verkündigungsnähe« in ihrer Geltung abgeschwächt. Je mehr eine Tätigkeit in der Kirche dann mutmaßlich mit den religiösen Kernbereichen zu tun hat, umso fester bleibt der Zugriff von Katechismus und Kirchenrecht.

Dass queere Menschen eine in sich moralisch zweifelhafte Lebensform darstellen, dass der*die Homosexuelle als Person zu akzeptieren sei, er*sie aber enthaltsam und keusch leben müsse, weil ihr Sex gegen die Moral verstößt, das ist weiterhin katholische Lehre und prägt oft noch im Rücken der Beteiligten den Habitus an katholischen Orten. Wenn queere Identitäten explizit als »Regenbogenpest« oder als »Homo-Lobby« beschimpft werden; wenn Homosexualität gegen alle wissenschaftliche Erkenntnis mit Pädophilie gleichgesetzt wird; wenn nicht heteronormative Lebensweisen in Gemeinden subtil abgewertet werden. Queere Menschen erfahren als Gläubige im Raum der katholischen Kirche Tausende feiner Nadelstiche. Drei queere Mitglieder des Synodalen Weges beschreiben das so:

»Die katholische Kirche ist oftmals nicht nur kein Schutzraum für uns, sie ist ein Ort, wo wir jederzeit damit rechnen müssen, dass unsere Würde und unser Menschsein angegriffen werden. […] Nicht wir haben die Bringschuld. […] Nicht Lesben, Schwule, Trans- und Interpersonen und ihre Lebens- und Liebesweisen sind sündhaft, sondern die Art, wie unsere Kirche mit ihnen an vielen Stellen umgeht.«[2]

Was diese Diskriminierungserfahrungen und die gesamtgesellschaftliche Enttabuisierung queerer Menschen für das katholische Sexualitätsdispositiv bedeuten, das war mein Vortragsthema bei der Online-Veranstaltung »Queere Menschen – Queere Kirche.

2 *M. Gräve/H. Johannemann/M. Klein*, Die Bringschuld umkehren – Perspektiven queerer Menschen auf die Themen des Synodalen Wegs, 01.07.2020, online: https://www.meingottdiskriminiertnicht. de/forum-iv (dort veröffentlicht mit Datum 24.09.2021).

Aktuelle theologische Diskurse« am 05. Februar 2021. Es war zugleich just der Tag, an dem im Magazin der Süddeutschen Zeitung das Manifest #ActOut veröffentlicht wurde – und ein Schritt auf dem Weg zur Kampagne #OutInChurch.

Ich werde die Kernaussage des Vortrags zusammenfassen, dann den Hinweis auf die Weltkirche als Blockiersystem lehramtlicher Veränderungen dekonstruieren und zuletzt auf das Verhältnis von Sichtbarkeit und Anonymität bei Revolten wie #OutInChurch hinweisen.

1. Der Titel des Vortrags war: »Nichts mehr zu retten. Über den Zusammenbruch des katholischen Sexualitätsdispositivs«[3]. Während mancher Moraltheologe im Kontext des Synodalen Weges kurioserweise feststellt, die »katholische Sexualmoral ist insgesamt […] *weit besser als ihr Ruf*« und dass »sämtliche Beschwörungen eines erforderlichen Paradigmenwechsels, einer Zeitenwende oder eines Bruchs mit der Tradition in die Irre«[4] gingen, dokumentieren die meisten Gläubigen als Adressat*innen dieser »guten« Sexualmoral durch ihre faktische Nichtbeachtung, dass bei der geltenden Sexualmoral nichts mehr zu retten ist. Pastoraltheologisch sind die Lebens- und Glaubenserfahrungen von Menschen heute selbst theologische Orte im strikten Sinn des Wortes (*loci theologici* nach Melchior Cano) und können zu wirklichen dogmatischen und moraltheologischen Neuentdeckungen führen. Denn in den kleinen Geschichten der Gegenwart steht das auf dem Spiel, was uns in den großen Erzählungen der Tradition zugesagt ist.

Es braucht deshalb gerade in Fragen der höchstpersönlichen Lebensformen einen pastoralen Ortswechsel in Kirche und Theologie von einer weltanschaulichen Normierungsagentur hin zu einer risikobereiten Solidaritätsagentur, die das wild bewegte Leben im 21. Jahrhundert pastoral begleitet. Eine Basisorientierung

---

3   Mittlerweile veröffentlicht: *M. Schüßler*, Nichts mehr zu retten: Über den Zusammenbruch des katholischen Sexualitätsdispositivs, in: F. Ulfat/A. Ghandour (Hrsg.), Sexualität, Gender und Religion in gegenwärtigen Diskursen – Theologie, Gesellschaft und Bildung, Heidelberg/Berlin 2021, 83–106.

4   *F.-J. Bormann*, Brauchen wir eine neue Sexualmoral? Kritische Überlegungen zu Reformbemühungen im Umkreis des Synodalen Weges, in: ThQ 201 (2021), H. 3, 396–411, 402.

der christlichen Tradition liegt nämlich in der theologischen Einspruchsfunktion von Erfahrungen, in denen Menschen um ihre Würde ringen. Diese Erfahrungen ans Licht zu bringen und in ihrem lehramtlichen Gewicht stark zu machen, ist die Aufgabe pastoraler Theologie. Beim Thema Gender und Sexualität ist man nun aus eben diesen Gründen versucht, »lehramtlich« programmatisch mit »ee« zu schreiben: »leeramtlich«. Es gibt einen christlichen Begriff für diese Entleerung, die *Kenosis*, die Entäußerung Gottes in die Verletzbarkeit menschlichen Lebens.

Diese Entleerung ist heute zum Zeichen der Zeit geworden. Die katholische Kirche und auch die Theologie haben spätestens mit dem Missbrauchsskandal jegliches Recht einer normativen Rede über die gelebte Sexualität anderer Menschen verloren. Zu besichtigen ist nichts weniger als der endgültige Zusammenbruch des katholischen Sexualitätsdispositivs, also der Vorgaben und Erwartungen im Bereich Sexualmoral und Geschlechterverhältnis. Hier ist deshalb nichts mehr zu retten, weil auch niemand mehr derart gerettet werden will und kann, weil sich die katholisch behauptete Erlösung oft sogar ins Gegenteil von Diskriminierung und Gewalt verkehrt. Die MHG-Studie hat gezeigt, wie wesentliche Pfeiler des katholischen Sexualitäts- und Genderdispositivs hier Risikostrukturen begünstigen. Im Blick auf die eigene Tradition wird ein als kenotisch qualifiziertes Schweigen deshalb zur pastoralen Taktik des heilsamen Sich-Zurücknehmens. Das bedeutet den Abschied von Kontrolldiskursen christlicher Pastoralmacht, den schöpfungstheologischen Respekt vor unausweichlichen Ambivalenzen in Liebe, Begehren und Sexualität sowie eine Fokussierung auf Basisüberzeugungen von Würde, Respekt und Gewaltfreiheit. Kenotisches Schweigen und Reue führen vielleicht ins Offene einer Theologie, die weniger normierend *über* Sexualität spricht, sondern, wie etwa die Queertheologien, Sexualität und Körperlichkeit als kreative Orte von Theologie selbst ernst nimmt.

2. In den katholischen Bereichen Europas hört man dann aber immer wieder ein Argument, das Sexualität, Religion und ein

Othering des globalen Südens auf fatale Weise miteinander verbindet. Es geht so: Die Forderung nach Akzeptanz von geschlechtlicher und sexueller Vielfalt sei ein Luxusproblem des säkularen westlichen Nordens. Der traditionell tief religiöse und konservativ rückständige globale Süden der Weltkirche würde dabei nie mitmachen.

Diese Argumentation findet sich nicht nur bei konservativen Bischöfen und Theologen, sondern etwa auch in der Analyse des italienischen Soziologen Marco Marzano. In seinem Buch »Die unbewegliche Kirche« unterstellt er, dass »es den afrikanischen und asiatischen Katholiken ganz sicher nicht gefallen würde, Teil einer Institution zu sein, die in anderen Weltgegenden die Legitimität der Homosexualität anerkennt oder Frauen zu Priestern weiht«. Mit Blick auf die Konkurrenz der katholischen Kirche zu Pfingstkirchen und anderen Religionen »müsse der afrikanische Katholizismus magischer, esoterischer werden, [...] er müsste gerade diejenigen Merkmale – Homophobie, Machismo, Nähe zur Hexerei – betonen, die eher nicht mit der Säkularisierung vereinbar sind«[5].

Hier werden in exemplarischer Weise Binaritäten konstruiert, die neokolonialer nicht sein könnten. Der globale Süden verbindet sich mit Homophobie und Machismo, mit Religion und Hexerei. Der globale Norden dagegen steht für Religionslosigkeit und Hedonismus, aber auch für Freiheits- und Gleichheitsrechte. Um eine Spaltung der Weltkirche zu verhindern, könne jedenfalls beim Thema Sexualität und Geschlecht alles nur beim Alten bleiben. Und dem Süden wird dabei ein großer Teil der Begründungslast aufgebürdet.

Beim Blick in neuere postkoloniale Forschungen stellt sich das allerdings etwas anders dar. Katja Benkel hat in einer Studie zum rigiden Homosexualitätsdiskurs am Beispiel Ugandas den Dis-

---

5   *M. Marzano*, Die unbewegliche Kirche. Franziskus und die verhinderte Revolution, Freiburg i. Br. 2019, 121; 122.

kussionsstand zusammengefasst. Ohne die Kolonialgeschichte im Hintergrund bliebe hier vieles unverständlich. Heteronormativität und rigide Sexualmoral »war [...] konstitutiv für das ›Weißsein‹ und legitimierte jene rassistischen Überlegungen der weißen Europäer*innen innerhalb des Kolonialdiskurses und naturalisierte die darin eingeschriebene Machtkonstellation. [...] Insbesondere die christliche Mission verschrieb sich der sexuellen Erziehung im Angesicht der Amoral [...]. Sie propagierte das bürgerliche Familienideal mit festen Geschlechterrollen und rückte Sexualität in einen Diskurs von Moral und Sünde«.[6]

Dabei geht es nicht um eine Romantisierung präkolonialer Traditionen, die wohl nicht grundsätzlich friedfertiger oder weniger patriarchal waren. Aber Forscher*innen wie Marc Epprecht zeigen, »how religions in the past explained and accommodated the fact of sexual diversity in spite of the general commandment towards heterosexual marriage and reproduction«[7]. Anders als die aktuellen Polarisierungen in Genderfragen meint Epprecht: »Africans had many words, symbols and myths to explain and categorize such diversity, or simply to turn a blind eye to it.«[8]

Das Engagement für Geschlechtergerechtigkeit und die Normalisierung sexueller Vielfalt in Religion und Gesellschaft als eurozentrisches Luxusproblem zu bezeichnen, grenzt deshalb an Zynismus. Gerade in den Ländern des Südens hat die patriarchale, heteronormative Dominanz existenzielle Auswirkungen auf Leib und Leben von Frauen, Kindern und nicht hegemonialen Männern. Man denke nur an die afrikanischen Diskussionen um HIV oder die vielen Fälle von meist männlicher *gender based violence*. Umso wichtiger wäre es, dass auch Kirchen und religiöse Gemeinschaften jene Sexualitäts- und Geschlechterbilder stärken, welche

---

6 *K. Benkel*, »Homosexuality is un-African«. Eine Analyse der Homosexualitätsdebatte in ugandischen Printmedien (Arbeitspapiere des Instituts für Ethnologie und Afrikastudien, Mainz 2014, 156), online: https://www.ifeas.uni-mainz.de/files/2019/07/AP_156.pdf, 11; 12.

7 *M. Epprecht*, Sexuality and Social Justice in Africa. Rethinking Homophobia and Forging Resistance, London/New York 2013, 108.

8 Ebd.

der Vielfalt des Lebens Raum geben, statt in die Käfige stereotyper Verhaltenserwartungen mit Bezug auf Gott noch ein paar Stäbe mehr einzubauen. Der Konflikt um die Anerkennung und Rechte queerer Menschen ist eben nicht regional begrenzt, sondern zieht sich quer über den Globus und quer durch die katholische Weltkirche.[9]

3. Was bedeutet dann die Kampagne *#OutInChurch* in pastoraltheologischer Perspektive? Hans-Joachim Sander weist in der Festschrift für Rainer Bucher auf die Kunst der Revolte hin, die der französische Philosoph Geoffrey de Lagasnerie am Beispiel der Whistleblower*innen Snowden, Assange und Manning analysiert hat. Eine wichtige Einsicht für die postheroische Revolte gegen destruktive Strukturen lautet: »Sie geschieht in der Anonymität. Von dort kommt sie her, ehe sie sich zu expliziten Widerstandsaktionen aufbaut.«[10] Das beschreibt die Genese von *#OutInChurch*. Ohne Frage ist das auch ein persönliches Risiko, weil das Coming-out bei katholischer Anwendung von Recht und Lehre die Berufung bzw. die berufliche Existenz kosten könnte. Zugleich macht Lagasnerie etwas stark, was die drei queeren Synodalmitglieder als Umkehrung der Beweislast formuliert haben. »Ich bin nicht verantwortlich für die Fehlfunktionen, die ich anprangere«[11], so Lagasnerie. Es geht nicht mehr darum, sich verzweifelt gegen die Struktur zu stellen. Das waren die alten (Männlichkeits-)Codes der heroischen Moderne: John Kerry sagte zu Snowden, er sei ein Feigling, er soll sich wie ein Mann benehmen und sich der US-Justiz stellen. Welche mentalen Muster laufen eigentlich »darauf hinaus, die Loyalität oder den Konformismus als normale, unproblematische Situation aufzufassen und den Dissens umgekehrt

---

9   Vgl. *U. Leimgruber* (Hrsg.), Catholic Women. Menschen aus aller Welt für eine gerechtere Kirche, Würzburg 2021, oder die Erfahrungen von Eva Wimmer bei der Jugendsynode: https://www.fein-schwarz.net/jugendsynode/.

10 *H.-J. Sander*, Die Macht der Pastoraltheolog:innen. Ein Plädoyer für die Macht der Revolte, in: M.-E. Aigner/Ch. Bauer/B. Hoyer/M. Schüßler/H. Wustmans (Hrsg.), Weiter Gehen. Eine Roadmap ins Offene (FS Rainer Bucher), Würzburg 2021, 294–314, 312.

11 *G. de Lagasnerie*, Die Kunst der Revolte. Snowden, Assange, Manning, Berlin 2016, 97.

als eine Wahl, für die ich Verantwortung übernehmen sollte«[12]?
Das moraltheologische Problem liegt aus pastoraltheologischer
Sicht nicht bei den queeren kirchlichen Mitarbeiter*innen, son-
dern in den Normen, die ihre Existenz bedrohen und entwerten.

#OutInChurch macht die Wahrheit einer Wirklichkeit sichtbar,
die kirchlich tabuisiert ist, um die aber alle wissen. Beim Weg aus
der Anonymität geht man das Risiko dieses Tabubruchs ein. Die
Kampagne macht sichtbar, dass es jenes queere Leben, das auf der
Außenseite von Kirche verbucht wird, auch im Zentrum der Kirche gibt und dass es gut so ist. Im besten Fall wird sich zeigen, dass
dieses Dazwischen von Innen und Außen weniger ein Problem
der geouteten Personen ist als eine Herausforderung der Kirche
zur Transformation, nämlich nach innen jenes Niveau an Menschenrechten zu gewährleisten, das nach außen zu Recht gefordert wird.

---

12 Ebd.

Coming-out und katholische Kirche – Theologisch-ethische Reflexionen zur persönlichen Integrität homosexueller Menschen

Simon Konermann

Homosexualität zwischen Sexualmoral und Selbstbestimmung[1]

It's all about sex – das gilt auch in der katholischen Kirche. Die Lehre der katholischen Sexualmoral kreist um den Akt und formuliert Bedingungen für eine zulässige und gottgewollte Sexualität. Trotz der Hinwendung auch zur personalen Dimension von Sexualität bleibt die Generativität, also die Fähigkeit zur Fortpflanzung, Grundvoraussetzung für alle sexuellen Handlungen. Damit sind sie exklusiv in der Ehe, also zwischen Mann und Frau, erlaubt. Diese Sexualmoral wird mit der Schöpfungsordnung und dem Naturrecht begründet: Gott schuf den Menschen als sein Abbild, als Mann und Frau in ihrer Ergänzungsbedürftigkeit zur Einheit mit der Möglichkeit zur Weitergabe des Lebens. Homosexuelle Handlungen sind laut Lehramt abnorm, weil sie keine Offenheit zur Reproduktion besitzen, und so wird Homosexualität als »objektiv ungeordnet«[2] deklariert. Den Menschen in dieser »objektiven Unordnung« soll zwar mit »Achtung, Mitgefühl und Takt«[3] begegnet werden, ihnen ist aber damit automatisch aus der Lehre heraus das

---

1   In dieser Abhandlung wird das Coming-out homosexueller Menschen betrachtet. Es gibt selbstverständlich große Analogien zu Prozessen und Persönlichkeitsentwicklungen von transidenten Menschen insbesondere auch in Bezug auf die katholische Kirche. Die Beurteilungs- und Argumentationsebene ist aber bei Transidentität nicht auf der der sexuellen Orientierung, sondern auf der Ebene der Geschlechtsidentität bzw. der Ebene der Geschlechterrollen.

2   KKK 2357.

3   KKK 2358.

zölibatäre Leben auferlegt. Darin wird Gottes Wille erkannt. Das bedeutet jedoch auch, dass zwischen sexueller Orientierung und sexuellen Handlungen unterschieden wird. Die katholische Kirche erkennt an, dass die sexuelle Orientierung nicht selbst gewählt ist. Sie gilt daher als in sich ungeordnet, wird aber nicht verurteilt. Homosexuelle Handlungen sind aber immer sündhaft, egal, wer sie ausführt.

Homosexualität stellt somit ein herausforderndes Grundproblem in der Moraltheologie dar und wird seit Jahrzehnten differenziert diskutiert. Die Selbstbestimmung des Menschen in seiner Identität steht dem auferlegten zölibatären Leben offenbar entgegen. Gleiches trifft auf die freiheitliche Entscheidung für den Lebensentwurf zu. Die starke Fokussierung auf den generativen Aspekt der Sexualität wird zunehmend hinterfragt. Den Schlüssel dazu bildet die Unterscheidung zwischen homosexuell *sein* und homosexuell *handeln*. Die dieser Unterscheidung zugrunde liegenden Argumentationslinien und deren Konsequenzen sollen hier unter theologisch-ethischen Gesichtspunkten genauer betrachtet werden. Denn besagter Schlüssel ist ebenfalls für den Prozess des Coming-out von zentraler Bedeutung: Den Kern des Coming-out bildet die Zusammenführung der eigenen Bejahung der sexuellen Orientierung und (daraus resultierend) der gelebten Homosexualität.

Coming-out als Ausdruck der persönlichen Integrität

Sexualität ist ein bedeutsamer und einflussreicher Bestandteil der Identität und beeinflusst die Persönlichkeitsentwicklung maßgeblich. Sie ist als wesentlich für den Menschen zu verstehen. Die sexuelle Orientierung ist zwar nicht frei gewählt, aber der Mensch kann sich frei zu ihr verhalten. Die Selbstannahme des homosexuellen Individuums und das Coming-out stellen sich als komplexer und ambivalent verlaufender Prozess dar. Die heteronormative (also die Heterosexualität als Leitbild und Norm annehmende) Gesellschaft und das soziale Umfeld sind wichtige Einflussfaktoren, die für ein

Coming-out und seinen Verlauf entscheidend sind. Für die homosexuelle Person bedeutet der Prozess in der Regel eine belastende und strapazierende Identitätsarbeit, nicht selten in Form einer Lebenskrise. Diese kann in zwei Phasen unterschieden werden: einer ersten Phase der Wahrnehmung und Bewusstwerdung als innerem Coming-out sowie einer zweiten Phase des *going public* als äußerem Coming-out. Das sprachliche Äußern der homosexuellen Orientierung kann soziologisch als Ermächtigungsstrategie des homosexuellen Individuums gedeutet werden, das mit der Wirkmächtigkeit des Sprechaktes den Diskurs lenkt und transformiert.[4] Das Alter spielt für den Prozess an sich keine Rolle, wenngleich ein erstes Bewusstwerden häufig mit der Pubertät einhergeht und eine Verschärfung der emotionalen Belastung bedeuten kann. Die Bedingungen des Prozesses sind individuell. Der Prozess bedeutet eine ständige Überprüfung von alten und neuen Beziehungskontexten und Lebensentwürfen sowie den Versuch, über Aktualisierungstendenzen zu einer Selbstkongruenz zu gelangen. Die Konsequenzen aus dem Prozess können ambivalent sein, also bestärkend oder belastend und einschränkend. Deswegen kann ein Coming-out zwar als Befreiung aus einem persönlichen Zustand des Verstecktseins bezeichnet, aber wegen Folgediskriminierung durch die gesellschaftliche Heteronormativität nicht immer als solche verstanden werden. Es wird deutlich, dass sich Einflussfaktoren für und Konsequenzen aus dem Coming-out bedingen und aufeinander Bezug nehmen.

Aus Sicht der theologischen Ethik lässt sich ein Coming-out als Selbstannahme, persönliche Befreiung und Wunsch nach Anerkennung unter den Prämissen von Würde und Autonomie werten. Die Persönlichkeitsentwicklung und das freie Gestalten eines Selbstkonzeptes sind dabei maßgebliche Aspekte im Spiegel eines Anerkennungskonfliktes. Als ein Ausdruck der Schöpfungsbejahung kann das Coming-out, das homosexuelle Menschen frei und wahr werden lässt, auch befreiungstheologisch betrachtet werden. Die

---

4   Vgl. *J. Butler*, Hass spricht. Zur Politik des Performativen, Frankfurt a. M. ⁴2013, 15.

Selbstbestimmung in der biografischen Lebensgestaltung und ihre entfaltende Entwicklung im Existenzvollzug des Menschen stellen letztendlich eine Individuation, einen Selbstwerdungsprozess des Menschen dar. Damit hat der Prozess Anteil an einer gelingenden Identitätsbildung hin zur persönlichen Integrität, die Zielperspektive einer theologischen Ethik ist.[5] Ein Coming-out, sollten die gesellschaftlichen Normen es im Hinblick auf Diskriminierungen zulassen, ist aus theologisch-ethischer Sicht eigens zu würdigen und kann für eine erfolgreiche Selbstwerdung geboten sein. Da die Sexualität als wesentlicher Teil der Identität der Person im Existenzvollzug eine beachtliche Rolle spielt und ein Coming-out diese gewissermaßen einfordert, ist eine verantwortungsvoll gelebte Sexualität in einer Partnerschaft auch aus theologisch-ethischer Perspektive erstrebenswert und der Person würdig. Somit kann eine verantwortbar gelebte Sexualität hier als Konklusion am Ende des Coming-out-Prozesses verstanden werden. Der Schlüsselpunkt in der Unterscheidung zwischen homosexuell *sein* und homosexuell *handeln* zeigt sich in der biografischen Ausgestaltung des eigenen Lebens: Wer will ich sein und wie werde ich glücklich?

Resonanz- und Anerkennungsraum katholische Kirche

Eine Vorbedingung für ein Coming-out ist die heteronormative Gesellschaft als Ausgangssituation, also eine gesellschaftliche Erwartungshaltung. Nur unter diesem Aspekt sowie den Konsequenzen, die mit einem Coming-out verbunden sind, ist es plausibel, dass ein Coming-out überhaupt noch notwendig ist. Dazu trägt auch maßgeblich die katholische Kirche mit ihrer Sexualmoral bei. In der katholischen Kirche als eigenem, quasi-hermetischen und teilgesellschaftlichen Resonanz- und Anerkennungsraum werden homosexuelle Gläubige mit konkreten Konsequenzen konfrontiert.

---

5 Vgl. *J. Sautermeister*, Gelingende Identität als Zielperspektive theologischer Ethik, in: D. Bogner/M. Zimmermann (Hrsg.), Fundamente theologischer Ethik in postkonfessioneller Zeit, Basel 2019, 359–375, 372 f.

Die Sexualmoral, die von homosexuellen Menschen innerhalb der Kirche als Bürde empfunden wird, schränkt den Existenzvollzug im offenen Umgang mit Homosexualität deutlich ein. Für homosexuelle Menschen wird deswegen die Sexualmoral zu einer Prüfung des Glaubens: Lassen sich Glaube und Homosexualität gemeinsam integrieren oder muss man sich entscheiden: gelebte Homosexualität *oder* Teilhabe in der katholischen Kirche?

Eine Sexualmoral, die Homosexualität als nicht gottgewollt, widernatürlich und unfähig zur partnerschaftlichen Liebe bewertet, hat wesentliche psychodynamische Auswirkungen für die Selbstannahme der homosexuellen Orientierung und damit den (inneren) Coming-out-Prozess.[6] Theologisch muss zusätzlich problematisiert werden, dass homosexuellen Menschen mit dem Verbot der sexuellen Aktivität entscheidende Teilaspekte des Personseins und der Identitätsbildung abgesprochen werden. Schließlich kann, der Argumentationslinie einer solchen Sexualmoral folgend, nicht nur von fehlender Akzeptanz der homosexuellen Orientierung, sondern sogar von einer Aberkennung der vollumfänglichen Liebes- und Beziehungsfähigkeit gesprochen werden. Denn die Kirche spricht homosexuellen Menschen die Befähigung zur Partnerschaft ab und entzieht ihnen die Offenheit zur körperlich erfahrbaren Nähe – oder nur mit der Konsequenz, sich schwer zu versündigen. Diese Sexualmoral erschwert so den Prozess der persönlichen Integrität im Coming-out-Prozess in besonderem Maß und verschärft ihn als Lebenskrise.

Die Bedeutung dieser Herausforderung zeigt sich in der Konsequenz der Lebensentwürfe, die homosexuelle Menschen in der katholischen Kirche vollziehen. Die Auswirkungen sind in vielen Fällen dysfunktional für eine gesunde Persönlichkeitsentwicklung und das Selbstkonzept. Je nach Grad der Integration der homosexuellen Orientierung in den Lebensentwurf kann dies zur unfreiwillig unterdrückten Sexualität, Ich-Dystonie, (Selbst-)Verleugnung der

---

6   Vgl. dazu den Beitrag von Prof. Dr. Udo Rauchfleisch in diesem Buch.

sexuellen Bedürfnisse und Empfindungen, Heuchelei sowie Bigotterie und vielfachen Verheimlichungen im sozialen Umfeld führen. Wird die homosexuelle Orientierung aber in das eigene Lebenskonzept voll integriert und gelebt, muss der Verpflichtungs- und Wahrheitsanspruch diesbezüglicher sexualmoralischer Aussagen und damit einhergehend auch die Zugehörigkeit zu der Institution katholische Kirche infrage gestellt werden. Für viele homosexuelle Menschen ist die katholische Kirche deshalb schon lange nicht mehr die richtige Ansprechpartnerin für existenzielle Fragen oder den Zugang zum Glauben.

Die katholische Kirche als Arbeitgeberin muss noch eine eigene kritische Würdigung erhalten. In leitenden Funktionen sowie in pastoralen, katechetischen oder pädagogischen Arbeitsfeldern können eine offene Homosexualität, ein *going public* und insbesondere eine Partnerschaft ausdrücklich zu einem Problem für das Arbeitsverhältnis werden oder es können sich berufliche Entwicklungsmöglichkeiten dauerhaft verschließen. Eine Zivilehe ist als Lebensform unvereinbar und führt als Loyalitätsverstoß in der persönlichen Lebensführung zur Kündigung.[7] Erschwerend kommt hinzu, dass Menschen mit »tief sitzenden homosexuellen Tendenzen« offiziell nicht zur Priesterweihe zugelassen werden können.[8]

Die Diskrepanz in der Bewertung der Homosexualität durch die Lehre der Kirche einerseits und durch humanwissenschaftliche Erkenntnisse andererseits stellt ferner für viele (nicht nur) homosexuelle Menschen eine zusätzliche Belastungsprobe dar. Durch die Aufrechterhaltung der ablehnenden Haltung zur Homosexualität ist die katholische Kirche gesellschaftlich und auch wissenschaftlich

---

7   Vgl. Sekretariat der Deutschen Bischofskonferenz (Hrsg.), Grundordnung des kirchlichen Dienstes, Bonn ⁴2015 (= Die deutschen Bischöfe 95A), 22–25.

8   Vgl. Kongregation für das Katholische Bildungswesen, Instruktion über Kriterien zur Berufungserklärung von Personen mit homosexuellen Tendenzen im Hinblick auf ihre Zulassung für das Priesterseminar und zu den heiligen Weihen, in: AAS 97 (2005), 1007–1013 (dt. Übersetzung: Verlautbarungen des Apostolischen Stuhls 170, hrsg. vom Sekretariat der Deutschen Bischofskonferenz, Bonn 2005).

zunehmend isoliert und entrückt sich damit in intolerante, homofeindliche Kreise.

Der Aspekt einer Befreiung findet innerhalb des katholischen Resonanzraumes demnach kaum Beachtung.[9] Viele homosexuelle Menschen empfinden es daher als Befreiung, aus der Kirche ausgetreten zu sein. Innerhalb der katholischen Kirche kann eher von einem Arrangement der beiden Komponenten (Glaube und Homosexualität) als von einer Befreiung gesprochen werden, sodass ein Coming-out auch durch ein *going public* nicht unbedingt eine befreiende Funktion hat. Eine funktionale Solidarisierung mit homosexuellen Gläubigen ist möglicherweise als Begriff zutreffender.

Möchte die katholische Kirche homosexuelle Menschen in Zukunft noch willkommen heißen und bei ihrer Krise des Coming-out aufrichtig unterstützen, benötigt sie dringend einen Wandel im grundsätzlichen Umgang mit Homosexualität und homosexuellen Menschen. Anhand des Coming-out-Prozesses wird deutlich, dass hierfür ein Umbruch in individuell-pastoralen, aber insbesondere systemisch-strukturellen Grundvoraussetzungen notwendig ist. Der Vorrang von Liebe vor Generativität in Form einer verantwortlich gelebten Sexualität mit gegenseitiger Achtung und Anerkennung in Beziehungen muss Ausdruck einer christlichen Sexualethik sein. Nur dann kann die katholische Kirche als ein Resonanz- und Anerkennungsraum für gelingende Lebensentwürfe mit Möglichkeit zu einem sinnerfüllten und glücklichen Leben für homosexuelle Menschen gelten. Ein Coming-out wird durch eine neue Sexualmoral womöglich noch nicht überflüssig. Der Zwang zur Entscheidung zwischen aufrichtig katholischer Lebensführung auf der einen und persönlicher, auch die (Homo-)Sexualität einschließender Integrität auf der anderen Seite ist ethisch jedenfalls unhaltbar und muss dringend aufgehoben werden.

---

9 Eine sexuelle oder queere Befreiungstheologie gibt es im deutschen Sprachraum mit Ausnahmen aus der Ökumenischen Arbeitsgruppe Homosexuelle und Kirche (HuK) e.V. auch nahezu nicht. Die wissenschaftliche Auseinandersetzung an den katholischen Fakultäten und in der pastoralen Ausbildung ist unzulänglich. Im amerikanischen Raum ist der Diskurs schon fortgeschrittener, sodass man dort von einer Auseinandersetzung unter dem Namen *queer theology* sprechen kann.

2. Pastoralpsychologische Perspektiven

Die unheilvollen Folgen der Verheimlichung der sexuellen Orientierung und der Geschlechtsidentität – Ein Beitrag aus psychodynamischer Perspektive

Udo Rauchfleisch

Es ist eine weithin bekannte Tatsache, dass sich unter den Ordensangehörigen und im Klerus der katholischen Kirche eine nicht geringe Zahl von LGBTIQ+-Personen findet. Als Gründe dafür lassen sich die folgenden identifizieren[1]:

- Es ist die Hoffnung der Betreffenden, ihre nicht heterosexuelle Orientierung und die nicht Cis-Geschlechtlichkeit in einer zölibatären Lebensform besser beherrschen zu können. Da ihnen die Forderungen der katholischen Kirche und damit auch die der kirchlichen Sexualmoral wichtig sind, stehen sie im Kampf mit ihrer »abweichenden« Sexualität und hoffen, sie in einem kirchlichen Amt »sublimieren« zu können.
- Sie hoffen, in der gleichgeschlechtlichen Gemeinschaft eines Ordens neben der Spiritualität auch ein Stück weit ihre gleichgeschlechtliche Orientierung leben zu können.
- Zum Teil fühlen sich Frauen und Männer, die durch die von früh an bestehende Auseinandersetzung mit ihrer vom Main-

---

1   *U. Rauchfleisch*, Schwule. Lesben. Bisexuelle. Lebensweisen, Vorurteile, Einsichten, Göttingen 2011.

stream abweichenden Orientierung und Identität eine besondere Sensibilität erlangt haben, stark zu einem geistlichen Amt hingezogen. Sie möchten ihre daraus resultierenden Fähigkeiten, z. B. sich in andere Menschen einzufühlen oder besonders sensibel für Ausgrenzungen und Benachteiligungen anderer zu sein, in einer kirchlichen Tätigkeit einsetzen.

Dies sind einige der möglichen Gründe dafür, dass sich eine im Verhältnis zur Gesamtgesellschaft größere Anzahl von LGBTIQ+-Personen im Dienst der katholischen Kirche befindet. Da die offizielle Lehrmeinung jedoch nach wie vor nicht heterosexuelle und nicht cis[2] Lebensweisen scharf verurteilt, stehen die betreffenden Mitarbeiter*innen der katholischen Kirche in einem permanenten Kampf gegen sich selbst. Hinzu kommen die Angst vor der Entdeckung der geheim gehaltenen Orientierung und Identität sowie das Wissen, dass ein Coming-out verhängnisvolle Folgen (z. B. Entlassung aus dem Amt) haben könnte. Die betreffenden LGBTIQ+-Personen stehen deshalb oft unter einer extremen Spannung, da sie auf der einen Seite unter dem inneren Kampf gegen ihre sexuelle Orientierung und/oder ihre geschlechtliche Identität leiden und auf der anderen Seite zugleich mit massiven existenziellen Ängsten und Gefahren konfrontiert sind, falls sie sich outen oder ihre Orientierung oder Identität von anderen Personen entdeckt wird.

Verheimlichung

In einer Umgebung zu leben, welche die eigene sexuelle Orientierung und Geschlechtsidentität ablehnt, setzt den betreffenden Menschen unter erheblichen Druck. Muss diese Person mit negativen Konsequenzen, etwa mit tätlichen Angriffen, Diskriminierungen, beruflichen Benachteiligungen, Mobbing oder anderen negativen Reaktionen rechnen, wird sie sich nicht outen, sondern ihre

---

2   Cis-Identität: das erlebte Geschlecht entspricht dem gesellschaftlich zugewiesenen Geschlecht.

sexuelle Orientierung oder geschlechtliche Identität verheimlichen. Auf diese Weise kommt es zu einem Verheimlichungsstress[3], der ungeheuer belastend werden kann. Je homo- oder transfeindlicher eine Umgebung ist, desto stärker muss sich diese Person bemühen, auch nicht den geringsten Zweifel an ihrer Heterosexualität oder Cis-Identität aufkommen zu lassen. Die Folge sind diverse psychische und körperliche Probleme.

Da unsere Gesellschaft stark von der Vorstellung der Binarität der Geschlechter geprägt ist (es gibt nur Frauen oder Männer), löst die Auflösung der Geschlechtergrenzen in weiten Teilen unserer Gesellschaft große Irritation und Ängste aus. Aus diesem Grund sind transidente Personen einer nochmals ausgeprägteren Ablehnung ausgesetzt als homo- und bisexuelle Personen. Noch schwieriger wird es im Allgemeinen für die Menschen, die eine nichtbinäre, genderfluide oder agender Identität besitzen und dadurch in ihrem Umfeld noch größere Irritation auslösen. Alle diese queeren, vom Mainstream der Cis-Identität abweichenden Menschen sehen sich oft über eine längere Zeit ihres Lebens, mitunter sogar lebenslang gezwungen, ihre Identität zu verheimlichen. Auch bei ihnen hat der daraus resultierende Verheimlichungsstress in körperlicher wie psychischer Hinsicht verhängnisvolle Konsequenzen.

Der innere Kampf

Ist oft schon die Auseinandersetzung mit Ablehnung und von der Umgebung ausgehenden Forderungen aufreibend und kräftezehrend, so ist eine solche Situation nochmals schwieriger zu ertragen, wenn es um einen Kampf gegen die eigene Person geht. Dies ist eine Erfahrung, die LGBTIQ+-Personen generell in unserer Gesellschaft machen, in der die Cis-Identität und die Heterosexualität als Norm deklariert werden. Wer etwa transgender, nichtbinär, genderfluid,

---

3   Vgl. *I. H. Meyer*, Identity, Stress, and Resilience in Lesbians, Gay Men, and Bisexuals of Color, in: The Counseling Psychologist (38) 2010, 442–454; *U. Rauchfleisch*, Sexuelle Orientierungen und Geschlechtsentwicklungen im Kindes- und Jugendalter, Stuttgart 2021.

agender oder pangender ist (d. h. eine von der Cis-Identität abweichende Identität aufweist), hat es in unserer Gesellschaft schwer, akzeptiert zu werden. Ebenso geht es Menschen, die bisexuell, lesbisch, schwul oder asexuell sind, um nur die bekanntesten sexuellen Orientierungen zu nennen.

Dies ist ein übereinstimmender Befund von etlichen Studien zur Situation von LGBTIQ+-Jugendlichen, die – verglichen mit heterosexuellen und cis Jugendlichen – häufiger unter psychischen Störungen wie Angst und Depressionen sowie unter Scham- und Schuldgefühlen bis hin zu erhöhter Suizidalität leiden[4]. Obwohl heute Homosexualität und Transidentität in der Gesamtgesellschaft wesentlich akzeptierter sind als etwa in den 60er-Jahren des vergangenen Jahrhunderts (eine entscheidende Wende war Stonewall im Jahr 1969), fällt Jugendlichen das Coming-out immer noch sehr schwer und löst häufig große Ängste in ihnen aus.[5]

Bei der Frage, wie es zu einem Kampf gegen die eigene Identität und Orientierung kommt, müssen wir uns vor Augen halten, dass alle Menschen, und so auch LGBTIQ+-Personen, im Verlauf ihrer Entwicklung die Normen ihrer Umgebung, und zwar insbesondere diejenigen, die von ihnen wichtigen Personen und Gemeinschaften ausgehen, verinnerlichen. Diese verinnerlichten Vorstellungen prägen dann das Norm- und Wertsystem der betreffenden Person und werden dadurch zu wichtigen Teilen ihrer Persönlichkeit. Verstöße gegen dieses Wertsystem lösen Scham- und Schuldgefühle aus.

Das Aufwachsen in einer Familie, die von den Norm- und Wertvorstellungen der katholischen Kirche geprägt ist, hat zur Folge, dass damit auch die katholische Sexualmoral und die verurteilenden kirchlichen Vorstellungen von nicht heterosexuellen Orientierungen

---

4   Vgl. *M. Plöderl*, Suizidrisiko bei LSBTI*, in: S. Timmermanns/M. Böhm (Hrsg.), Sexuelle und geschlechtliche Vielfalt, Weinheim 2020, 291–306; *A. Pfister*, Schwule Jugendliche im Blick der Sozialwissenschaften, Marburg 2006.

5   Vgl. *C. Krell/K. Oldemeier*, Coming-out – und dann ...? Coming-out-Verläufe und Diskriminierungserfahrungen von lesbischen, schwulen, bisexuellen, trans* und queeren Jugendlichen und jungen Erwachsenen in Deutschland, Opladen 2017; *K. Oldemeier*, Coming-out-Verläufe und Freizeiterfahrungen von jungen lesbischen, schwulen, bisexuellen, trans* und divers* geschlechtlichen Menschen, in: S. Timmermanns/M. Böhm (Hrsg.), Sexuelle und geschlechtliche Vielfalt, Weinheim 2020, 55–72.

und nicht cis Identitäten übernommen werden und das Wertsystem der Heranwachsenden und späteren Erwachsenen maßgeblich beeinflussen. Wir sprechen in diesem Fall von »verinnerlichter Homonegativität« bzw. »verinnerlichter Transnegativität«[6]. Die Wahrnehmung, diesen Normvorstellungen nicht zu entsprechen, löst zwangsläufig innere Konflikte aus. Dies umso mehr, wenn die betreffende Person spürt, dass sie die sexuelle Orientierung oder geschlechtliche Identität nicht einfach beiseiteschieben und übergehen kann, sondern dass es hier um zentrale Dimensionen der eigenen Persönlichkeit geht. Es ist das Erleben eines existenziellen Konflikts zwischen dem Wissen »So bin ich, dies ist meine Identität« einerseits und der verinnerlichten Verurteilung dieser Realität.

Dies ist eine Erfahrung, die LGBTIQ+-Personen generell in unserer cis-heteronormativen Gesellschaft machen. Besonders brisant wird dieser innerseelische Konflikt aber für Menschen, die in traditionell katholisch geprägten Familien aufwachsen, und vor allem für diejenigen, die sich zu einem kirchlichen Amt berufen fühlen und »mit Herz und Seele« im Rahmen der Kirche tätig sind. Sie werden durch die offizielle negative Haltung der katholischen Kirche gegenüber nicht heterosexuellen Orientierungen und nicht cis Identitäten und durch die daraus resultierende verinnerlichte Homo- oder Transnegativität in schwere Konflikte gestürzt.

Die Folgen der Verheimlichung und des Kampfes gegen sich selbst

Wie beschrieben haben die Verheimlichung der eigenen sexuellen Orientierung und der Geschlechtsidentität sowie der vehemente Kampf dagegen verheerende Folgen. Dauernd auf der Flucht vor Entdeckung zu sein und in sozialen Beziehungen permanent einen – und zwar wichtigen – Bereich der eigenen Persönlichkeit ver-

---

6 *U. Rauchfleisch*, Schwule; ders., Sexuelle Orientierung, in: *M. Günther/K. Teren/G. Wolf* (Hrsg.), Psychotherapeutische Arbeit mit trans* Personen, München 2019.

deckt zu halten, führt zu dem erwähnten Verheimlichungsstress, der sowohl körperliche Symptome in Form psychosomatischer Erkrankungen, welche die verschiedensten Organsysteme betreffen können, als auch psychische Störungen wie Depressionen, Ängste, Verachtung der eigenen Person mit dem daraus resultierenden Verlust an Selbstwertgefühl sowie quälende Scham- und Schuldgefühle bis hin zur Suizidalität zur Folge haben. Die Geheimhaltung der eigenen Orientierung und Identität führt zudem häufig zu ausgeprägten Beziehungsstörungen, da jedes Näherkommen eines anderen Menschen für die verheimlichende Person die Gefahr erhöht, »erkannt« und beschämt zu werden, aber auch mit unter Umständen massiven negativen Konsequenzen – im Bereich der katholischen Kirche beispielsweise mit einer Entlassung – rechnen zu müssen.

Ist schon der Kampf in der Außenwelt gegen die eigene nicht heterosexuelle Orientierung und die nicht cis Identität äußerst belastend und führt zu den beschriebenen somatischen und psychischen Folgen, so stellt der innerseelisch ausgefochtene Kampf gegen die verinnerlichte Homo- und Transnegativität eine weitere schwere Belastung dar. Das Verhängnisvolle ist, dass hier nicht nur die eigene Person leidet, sondern die Selbstablehnung sich auf der einen Seite in von Klerikern ausgeübter sexualisierter Gewalt Bahn bricht[7] und sich auf der anderen Seite in einem oft vehementen Kampf gegen Lesben, Schwule und Transidente präsentiert. In diesem Fall wird der Kampf gegen die eigene Orientierung und Identität nach außen verlegt und das abgelehnte Eigene heimlich ausgelebt und zugleich am anderen bekämpft.

Wir kennen diese Art der Externalisierung des inneren Konflikts in die Außenwelt gerade im Bereich der katholischen Kirche in der oft geradezu sadistische Züge annehmenden Entwertung und Diskriminierung von Lesben und Schwulen durch kirchliche

---

7 *M. Wirth/I. Noth/S. Schroer* (Hrsg.), Sexualisierte Gewalt in kirchlichen Kontexten, Berlin 2021; *U. Rauchfleisch*, Psychologische Aspekte der sexualisierten Gewalt im kirchlichen Kontext und ihre Folgen, in: M. Wirth/I. Noth/S. Schroer (Hrsg.): Sexualisierte Gewalt in kirchlichen Kontexten, Berlin 2021, 147–158.

Amtsträger, die selbst eine gleichgeschlechtliche Orientierung haben und sie mitunter in destruktiver Weise ausleben. Fast regelhaft ist festzustellen, dass diejenigen, die am vehementesten Lesben, Schwule und Transidente entwerten und verunglimpfen, gegen ihre eigene Homosexualität kämpfen und sich beinahe verzweifelt von dem inneren Konflikt zu befreien versuchen, indem sie ihre Wut gegen andere Menschen richten, welche die gleiche – von ihnen selbst abgelehnte – Orientierung haben.

Eine unheilvolle Ausdrucksform dieses nach außen verlegten Kampfes gegen die eigene Homosexualität ist beispielsweise auch die Rolle, die fundamentalistische kirchliche Kreise bei den sogenannten Konversions-»Therapien« spielen. Diese Aktivitäten, mit denen Menschen von ihrer gleichgeschlechtlichen Orientierung »geheilt« werden sollen, haben indes nichts mit Therapien zu tun, weil Homosexualität und Transidentität keine Krankheiten sind und es deshalb nichts zu heilen gibt. Diese Konversionsmaßnahmen, von denen sich die großen internationalen Fachverbände der Psychiatrie, Psychotherapie und Psychologie heute strikt distanzieren, stellen Menschenrechtsverletzungen dar und hinterlassen häufig schwere Schäden bei denen, die diesen Umpolungsversuchen ausgesetzt waren.

Fazit

Das Fazit meiner Betrachtung lautet: In Anbetracht der schwerwiegenden Folgen, welche die offiziell in der katholischen Kirche geltende negative Beurteilung – die eine durch nichts zu rechtfertigende Verurteilung und Diskriminierung von LGBTIQ+-Personen ist – darstellt, sollte dringend eine Neubeurteilung stattfinden. Diese muss den aktuellen Kenntnissen der Humanwissenschaften Rechnung tragen und Menschen jedweder sexuellen Orientierung und Identität mit Respekt und Akzeptanz begegnen. Dann kann es gelingen, die katholische Kirche zu einer Kirche ohne Angst und zu einem Ort der gelebten frohen und befreienden Botschaft des Evangeliums werden zu lassen.

Seelische Zerstörung von Menschenleben – Die psychischen Folgen der kirchlichen Lehre für LGBTIQ+-Personen

Ruben Maximilian Schneider

Dieser Aufsatz[1] behandelt die psychischen und körperlichen Folgen der Diskriminierung von LGBTIQ+-Personen: *LGBTIQ+-Minoritätenstress* und *internalisierte LGBTIQ+-Negativität*. Als betroffener schwuler Mann beschränke ich mich dabei auf die LG(B)-Aspekte wie internalisierte Homonegativität. Das vorgestellte Forschungsmodell (*Minority Stress Model*) lässt sich jedoch auch auf andere sexuelle und geschlechtliche Minderheiten in der LGBTIQ+-Community übertragen.[2]

Diskriminierung und chronischer Minoritätenstress

Die empirische Psychologie und Soziologie beschreiben die extensiv erforschten psychosozialen Folgen der religiösen und säkularen Verurteilung von Homosexualität im sogenannten Minoritätenstressmodell (*Minority Stress Model*).[3] Damit wird der

---

1 Vgl. dazu meinen Beitrag https://www.feinschwarz.net/seelischer-missbrauch-an-homosexuellen-die-psychischen-folgen-der-kirchlichen-lehre/.

2 Vgl. *G. Remafedi et al.*, The Relationship between Suicide Risk and Sexual Orientation. Results of a Population-Based Study, in: American Journal of Public Health 88/1 (1998), 57–60; *D. M. Frost et al.*, Minority Stress and Physical Health among Sexual Minority Individuals, in: Journal of Behavioral Medicine 38/1 (2015), 1–8; *K. Saha et al.*, The Language of LGBTIQ+ Minority Stress Experiences on Social Media, in: Proceedings of the ACM on Human-Computer Interaction (PACM HCI) (3), No. CSCW (2019) Art. 89; für Trans*personen explizit: *M. L. Hendricks/R. Testa*, A Conceptual Framework for Clinical Work with Transgender and Gender Nonconforming Clients. An Adaptation of the Minority Stress Model, in: Professional Psychology: Research and Practice 43/5 (2012), 460–467; *E. A. Tebbe/B. Moradi*, Suicide Risk in Trans Populations. An Application of Minority Stress Theory, in: Journal of Counseling Psychology 63/5 (2016), 520–533.

3 *I. H. Meyer*, Minority Stress and Mental Health in Gay Men, in: Journal of Health and Social Behaviour 36 (1995), 38–56; *I. H. Meyer*, Prejudice, Social Stress, and Mental Health in Lesbian, Gay, and Bisexual Populations. Conceptual Issues and Research Evidence, in: Psychological Bulletin 129/5 (2003), 674–697; *M. L. Hatzenbuehler*, How Does Sexual Minority Stigma ›Get Under the Skin‹? A Psychological Mediation Framework, in: Psychological Bulletin 135/5 (2009), 707–730; *D. M. Frost et al.*, Minority Stress; *K. Saha et al.*, Language; *L. Timmins et al.*, Minority Stressors, Rumination, and Psychological Distress in Lesbian, Gay, and Bisexual Individuals, in: Archives of Sexual Behavior 49 (2020), 661–680.

chronische Stress erfasst, dem Homosexuelle meist ihr Leben lang signifikant ausgesetzt sind. »Stress« ist hierbei nicht im alltäglichen Sinn zu verstehen, sondern es handelt sich um eine ernsthafte körperliche Auswirkung auf das Nervensystem (chronischer *Distress*) mit dramatischen Folgen für die Gesundheit.

Diese Folgen werden von sogenannten minoritätenspezifischen äußeren und inneren Stressfaktoren bzw. Stressoren (*stressors*) verursacht. Zu den äußeren Stressoren (*distal stressors*) gehören Vorurteilserfahrungen (*prejudice events*) wie rechtliche und strukturelle Diskriminierung, Stigmatisierung und Marginalisierung, sozialer Ausschluss, religiöse und moralische Verdammung sowie körperliche und psychische Gewalt. Diese äußeren Stressoren wirken bereits auf homosexuell veranlagte Pubertierende, bevor ihre Homosexualität erwacht. Sie verinnerlichen unhinterfragt die Vorurteile, noch bevor sie sich dagegen wehren können.[4]

(Selbstbezogene) Internalisierte Homonegativität (SIHN)

Diese Verinnerlichungs- bzw. Internalisierungsprozesse führen zu sogenannten inneren Stressoren (*proximal stressors*)[5]. Der erste innere Stressfakor ist das von Weinberg (1972) erstmals beschriebene Phänomen der *internalisierten Homophobie* bzw. *selbstbezogenen internalisierten Homonegativität* (IH bzw. SIHN).[6] Es handelt sich dabei teils um ein unbewusstes Introjekt und teils um eine bewusste Aneignung der heteronormativen Antihomosexualität. Sie wird zu einem tief sitzenden Teil des eigenen Selbstverständnisses. Die eigene Sexualität wird von uns selbst verdammt und stigmatisiert (*self-stigma*), und an die Stelle von Liebe und Selbstliebe treten

---

4   L. A. *Parra et al.*, Minority Stress Predicts Depression in Lesbian, Gay, and Bisexual Emerging Adults via Elevated Diurnal Cortisol, in: Emerging Adulthood 4/5 (2016), 365–372.

5   L. *Timmins et al.*, Minority Stressors, 661 f.

6   G. *Weinberg*, Society and the Healthy Homosexual, Boston 1972; G. M. *Herek*, Heterosexuals' Attitudes toward Lesbians and Gay Men. Correlates and Gender Differences, in: *Journal of Sex Research*, 25/4 (1988), 451–477; S. *Arnold*, Internalisierte Homonegativität. Konzeptuelle Begriffsbestimmung und diagnostische Erfassung, BA Univ. Trier 2011, 4, 14, 27.

Selbstabscheu, toxischer Selbsthass sowie Schuld- und Schamgefühle. Homosexuelle verbannen durch diese psychischen Mechanismen ihre sexuelle Identität aus ihrem Ich und entwickeln zu Überlebenszwecken eine deviante Fake-Persönlichkeit. Dabei gilt: Je religiöser und traditioneller das Umfeld der primären Sozialisation ist und je stärker dessen heteronormative Werte internalisiert werden, desto ausgeprägter entwickelt sich IH/SIHN. Der zweite innere Stressor ist *Stigma-Wahrnehmung* (*perceived stigma*). Damit ist die konstante Sensibilisierung für Diskriminierung und Stigmatisierung gemeint. Homosexuelle befinden sich in einem ihre kognitiven Ressourcen verbrauchenden Zustand ständiger Hyperwachsamkeit, der sozialen Unsicherheit und chronischen Angst vor Ereignissen, die ihr innerstes Selbst angreifen könnten.[7]

Selbstbezogene internalisierte Homonegativität (IH/SIHN) ist eine Form von sogenannter konflikthafter unbewusster Introjektion (*self-infiltration*).[8] Sie führt zu einem Konflikt zwischen der impliziten homosexuellen Identität bzw. den impliziten homosexuellen Bedürfnissen und dem expliziten Ziel, keine homosexuelle Person sein zu wollen. Im Gehirn sind implizite Bedürfnisse neuropsychologisch im parallelverarbeitenden System des rechten präfrontalen Cortex (*integrated Self*) lokalisiert. Die expliziten Ziele hingegen haben ihre neuropsychologische Basis in der linken Gehirnhemisphäre, die der Sitz des analytischen »Ego« ist.[9] Ein authentisches Selbst reift, wenn beide neuropsychologischen Systeme in Harmonie gebracht werden. Durch SIHN entsteht hingegen eine dauerhafte, tiefe kognitive Dissonanz zwischen Ego

---

7 Vgl. *A. K. Malyon*, Psychotherapeutic Implications of Internalized Homophobia in Gay Men, in: Journal of Homosexuality 7/2–3 (1982), 59–69, 60f.; *I. H. Meyer*, Minority Stress, 40f.; *R. C. Berg et al.*, Internalized Homonegativity: A Systematic Mapping Review of Empirical Research, in: Journal of Homosexuality 63/4 (2016), 541–588; *K. Saha et al.*, Language, 6f.; *M. Pierrard*, Internalisierte Homonegativität. Eine empirische Studie zur sozialen Realität einer selbstverachtenden Identität, Saarbrücken 2014, 26, 53. Vgl. hierzu und zum Folgenden: *S. Arnold*, Internalisierte Homonegativität.

8 *N. Baumann et al.*, Left-Hemispheric Activation and Self-Infiltration. Testing a Neuropsychological Model of Internalization, in: Motivation and Emotion 29/3 (2005), 135–163.

9 *J. Kuhl et al.*, Being Someone. The Integrated Self as a Neuropsychological System, in: Social and Personality Psychology Compass 9/3 (2015), 115–132.

und Selbst, die nicht ohne konkrete körperliche Folgen bleibt. Unser eigentliches Selbst bleibt zu lange unterdrückt und verleugnet, die homosexuelle Identitätsformung (*Homosexual Identity Formation*, HIF) ist gebrochen. In der entscheidenden Entwicklungsphase der Jugend entsteht daher kein gesundes und authentisches Selbstverhältnis. Abwehrmechanismen, Erkenntnismuster, psychische Integrität und Objektbeziehungen bleiben unterentwickelt und sind gestört.[10] Dieses gebrochene Selbstverhältnis kann die Form eines Traumas annehmen, das sich tief in Nervenbahnen und Körpergedächtnis einschreibt. Die meisten homosexuellen Jugendlichen haben nie authentische Liebe erfahren. Alle Liebe, selbst die der Eltern, erreicht nicht ihr authentisches Selbst. Viele Homosexuelle bleiben daher ihr Leben lang seelisch tief verwundete Menschen.[11]

Die psychophysischen Langzeitfolgen von SIHN

Die psychischen Langzeitfolgen dieses Traumas beinhalten Angststörungen, Coping-Fatigue, ADHS, Körper-Dysphorie, Posttraumatische Belastungsstörung (PTBS), Depression, Psychosen, Persönlichkeitsstörungen und eine hohe Suizidalität.[12] Die körperlichen Folgen umfassen u. a. Herz-Kreislauf-Erkrankungen, Essstörungen, Störungen im Hormonhaushalt, Alkoholismus und Drogensucht. Mehrere Studien zeigen einen signifikanten Zusammenhang zwischen internalisierter Homophobie und Depression. Es wurde empirisch nachgewiesen, dass homosexuelle Menschen

---

10 A. K. *Malyon*, Psychotherapeutic Implications, 60; C. J. *Rowen/J. P. Malcolm*, Correlates of Internalized Homophobia and Homosexual Identity Formation in a Sample of Gay Men, in: Journal of Homosexuality 43/2 (2003), 77–92; W. A. *Jellison/A. R. McConnell*, The Mediating Effects of Attitudes Toward Homosexuality Between Secure Attachment and Disclosure Outcomes Among Gay Men, in: Journal of Homosexuality 46/1–2 (2003), 159–177.

11 A. *Downs*, The Velvet Rage. Overcoming The Pain of Growing up Gay in a Straight Man's World, Boston ²2012, 19–29.

12 I. H. *Meyer*, Minority Stress; D. J. *Lick et al.*, Minority Stress and Physical Health among Sexual Minorities, in: Perspectives on Psychological Science 8/5 (2013), 521–548; F. *Sattler*, Minderheitenstress und psychische Gesundheit von Lesben, Schwulen und Bisexuellen, Diss. Philipps-Universität Marburg 2018, 5f.

weniger des stressregulierenden Hormons Cortisol produzieren als Heterosexuelle (*Allostatic-Load-Modell*).[13] Andere Studien belegen, dass Homosexuelle bereits ab dem Teenageralter ein höheres Risiko für kardiovaskuläre Erkrankungen aufweisen.[14] Die gesundheitlichen Auswirkungen von Minoritätenstress konnten bis auf die Ebene der Gen-Expression nachverfolgt werden.[15] Der allgemeine Gesundheitszustand von LGBTIQ+-Personen wird im Vergleich zu Heterosexuellen zunehmend labiler, und insgesamt ist aufgrund von höherem Krankheitsrisiko und höherer Selbstmordrate die Lebenserwartung deutlich geringer als die Heterosexueller.[16] In etlichen Ländern ist die Suizidrate Homosexueller um ein Vielfaches höher als bei Heterosexuellen.[17]

Globale internalisierte Homonegativität (GIHN) und *intra-minority stress*

Internalisierte Homonegativität wird in der Forschung als ein persistenter Begleiter von Homosexuellen beschrieben (d. h. als ein *Trait* statt einem *State*). Zur selbstbezogenen internalisierten Homonegativität (SIHN) kann die sogenannte gruppenbezogene globale internalisierte Homonegativität (GIHN) hinzukommen, die sich gegen andere Homosexuelle bzw. die LGBTIQ+-Community richtet. Aus SIHN folgt nicht GIHN, doch geht GIHN mit *Distress* einher, der durch negative Mechanismen innerhalb der LGBTIQ+-Community mitverursacht wird.[18]

13 *L. A. Parra et al.*, Minority Stress; *F. Sattler*, Minderheitenstress, 11.

14 Vgl. *M. L. Hatzenbuehler*, Sexual Minority Stigma.

15 *A. Flentje et al.*, Minority Stress and Leukocyte Gene Expression in Sexual Minority Men Living with Treated HIV Infection, in: Brain, Behaviour, and Immunity 70 (2018), 335–343.

16 *IOM (Institute of Medicine)*, The Health of Lesbian, Gay, Bisexual, and Transgender People. Building a Foundation for Better Understanding, Washington, DC 2011; *F. Sattler*, Minderheitenstress, 9.

17 *S. Aggarwal/R. Gerrets*, Exploring a Dutch Paradox. An Ethnographic Investigation of Gay Men's Mental Health, in: Culture, Health and Sexuality 16/2 (2014), 105–119; *C. Björkenstam et al.*, Suicide in Married Couples in Sweden: Is the Risk Greater in Same-Sex Couples?, in: European Journal of Epidemiology 31/7 (2016), 685–690; *M. Hobbes*, Together Alone. The Epidemic of Gay Loneliness, 2017, https://highline.huffingtonpost.com/articles/en/gay-loneliness/.

18 *S. Arnold*, Internalisierte Homonegativität, 14 f.

Denn wegen der durch SIHN verursachten Entwicklungsstörungen im Jugendalter bestehen die eigenen Probleme auch nach dem Coming-out weiter und verstärken sich sogar, wenn in der Gay-Community gebrochene Menschen aufeinandertreffen: Der *extra-minority stress* wandelt sich in einen *intra-minority stress*.[19] Dieser besteht u. a. in gegenseitiger Diskriminierung wegen Aussehen und Status, in Körper-Dysphorie und enormer Ablehnungssensitivität (*rejection sensitivity*). Wenn einen die »eigenen« Leute ablehnen, wird dies als schlimmer empfunden als die Ablehnung durch die heterosexuelle Mehrheitsgesellschaft.[20] *Intra-minority stress* kann zu sozialängstlichen Symptomen führen, die tiefe Einsamkeit (*gay loneliness*), konstante Re-Traumatisierung und Verstärkung von Depression und Angst zur Folge haben.[21] Selbsthass und Depression sind dabei nichts anderes als gegen sich selbst gerichtete internalisierte Wut (*internalized rage*) darüber, seines authentischen Selbst beraubt worden zu sein.[22]

Minority stress als psychischer Missbrauch

Das römische Lehramt trägt mit seiner Doktrin, dass die homosexuelle Orientierung eine Hinordnung zu einem intrinsischen Übel sei,[23] zu dieser Beraubung des authentischen Selbst bei. Diese moralische Verdammung und ihre dramatischen psychophysischen Folgen sind eine »Form von Missbrauch«.[24] Es geht bei LGBTIQ+-Inklusion nicht um irgendwelche progressiven Ideologien, sondern es geht um Menschenleben. Durch gelingende

19 *N. Kumar*, The Gay Community's Obsession with Status and Looks has Huge Mental Health Costs, 2020, https://www.them.us/story/gay-bi-racism-looks-grindr-anxiety-depression.

20 *J. E. Pachankis et al.*, Extension of the Rejection Sensitivity Construct to the Interpersonal Functioning of Gay Men, in: Journal of Consulting and Clinical Psychology 76/2 (2008), 306–317.

21 *J. E. Pachankis et al.*, The Mental Health of Sexual Minority Adults in and out of the Closet. A Population-Based Study, in: Journal of Consulting and Clinical Psychology 83/5 (2015), 890–901; *M. Hobbes*, Together Alone.

22 *A. Downs*, Velvet Rage, 33–38.

23 Homosexualitatis problema, Nr. 3.

24 *M. Remenyi/T. Schärtl*, Einleitung, in: Dies. (Hrsg.), Nicht ausweichen. Theologie angesichts der Missbrauchskrise, Regensburg 2019, 9–15, hier 13.

innere und äußere Emanzipation lässt sich internalisierte Homonegativität zwar nie restlos besiegen, jedoch nach und nach in Homopositivität umwandeln (selbstbezogene internalisierte Homopositivität, SIHP, und entsprechend globale internalisierte Homopositivität, GIHP).

3. Kirchenrechtliche Perspektiven

LGBTIQ+-Personen im Dienst der Kirche

Georg Bier

Nach der Lehre der römisch-katholischen Kirche ist der Mensch als Abbild Gottes entweder Mann oder Frau. Als komplementäre Wesen sind Mann und Frau aufeinander hingeordnet und dazu bestimmt, »ein Fleisch zu werden« (Gen 2,24). In dieser Schöpfungsordnung und der daraus abgeleiteten Geschlechteranthropologie ist nach lehramtlichem Selbstverständnis kein Raum für homo- oder bisexuelle Orientierung, Transgender oder ein drittes Geschlecht.[1] Das kirchliche Lehramt nimmt zur Kenntnis, dass manche Menschen sich als homosexuell, transgender oder nichtbinär verstehen, sieht darin aber den Ausdruck einer pathologischen Veranlagung oder der ideologisch motivierten irrigen Annahme, das »Geschlecht« sei wählbar und die verschiedenen Elemente, die das Geschlecht ausmachen, könnten getrennt oder einander entgegengesetzt werden.[2] Im Ausnahmefall »sexueller Unbestimmtheit« – also bei Intergeschlechtlichkeit – müsse die Medizin therapeutisch eingreifen. Keinesfalls dürften Betroffene, deren Eltern oder gar die Gesellschaft eine »willkürliche Wahl« treffen.[3]

---

1   Zur Entfaltung der lehramtlichen Geschlechteranthropologie vgl. exemplarisch: Heilige Kongregation für die Glaubenslehre, Erklärung zu einigen Fragen der Sexualethik *Persona Humana* v. 29.12.1975, hrsg. v. Sekretariat der DBK (Verlautbarungen des Apostolischen Stuhls 1), Bonn 1975; Kongregation für die Glaubenslehre, Schreiben über die Zusammenarbeit von Mann und Frau in der Kirche und in der Welt v. 31.05.2004, hrsg. v. Sekretariat der DBK (Verlautbarungen des Apostolischen Stuhls 166), Bonn 2004; Kongregation für das Katholische Bildungswesen, »Als Mann und Frau schuf er sie«. Für einen Weg des Dialogs zur Gender-Frage im Bildungswesen v. 02.02.2019, hrsg. v. Sekretariat der DBK (Verlautbarungen des Apostolischen Stuhls 230), Bonn 2021.

2   Vgl. Kongregation für das Katholische Bildungswesen, Mann und Frau, Nr. 11.

3   Vgl. ebd., Nr. 24.

Unabhängig von sexueller Orientierung und Geschlechtsidentität besteht unter allen Gläubigen wahre Gleichheit in Würde und Tätigkeit (can. 208). Homosexuellen »ist mit Achtung, Mitleid und Takt zu begegnen. Man hüte sich, sie in irgendeiner Weise ungerecht zurückzusetzen« (KKK 2358).[4] Transgender sind – wie alle Gläubigen – »geliebte Kinder« Gottes, die von der christlichen Gemeinschaft »zu begleiten und in das Leben der kirchlichen Gemeinschaft zu integrieren« sind.[5] Insoweit sind sexuelle Orientierung und Geschlechtsidentität für die kirchliche Rechtsstellung der Gläubigen ohne Bedeutung.

Dies gilt grundsätzlich auch für das in Deutschland geltende kirchliche Dienst- und Arbeitsrecht. Nach der »Grundordnung des kirchlichen Dienstes im Rahmen kirchlicher Arbeitsverhältnisse« (GO)[6] wird von katholischen Beschäftigten erwartet, »dass sie die Grundsätze der katholischen Glaubens- und Sittenlehre anerkennen und beachten« und – sofern sie pastoral, katechetisch oder anderweitig hervorgehoben tätig sind – ein persönliches Lebenszeugnis im Sinn dieser Grundsätze ablegen (Art. 4 Abs. 1). Solange LGBTIQ+-Personen sich unauffällig verhalten, steht mithin nichts entgegen, sie im kirchlichen Dienst zu beschäftigen.

Arbeitsrechtliche Konsequenzen drohen, wenn das persönliche Lebenszeugnis in Konflikt gerät mit der lehramtlichen Geschlechteranthropologie. Angreifbar machen sich schwule oder lesbische Beschäftigte, die in einer gleichgeschlechtlichen Beziehung leben oder mit einer Person des gleichen Geschlechts eine Ehe gemäß § 1353 BGB eingehen. In solchen Paarbeziehungen kommt es mutmaßlich zu »homosexuellen Handlungen«, die »in sich nicht in Ordnung sind und keinesfalls in irgendeiner Weise

---

4 Die Formulierung impliziert: Es gibt auch eine als zulässig anzusehende »gerechte« Zurücksetzung.

5 Kongregation für die Glaubenslehre, Vertrauliche Note zu einigen kirchenrechtlichen Fragen im Zusammenhang mit Transsexualismus v. 21.12.2018 (*sub secreto pontificio*), nicht amtlich publiziert, Nr. 1.

6 Die GO wurde am 27.04.2015 von der Vollversammlung des Verbandes der Diözesen Deutschlands beschlossen und anschließend von den Diözesanbischöfen jeweils für ihre Diözese in Kraft gesetzt; sie ist abgedruckt in: Kirchliches Arbeitsrecht, hrsg. v. Sekretariat der DBK (Die deutschen Bischöfe 95), Bonn ²2015, 20–30.

gutgeheißen werden können«[7]. Folgerichtig galt das Eingehen einer eingetragenen Lebenspartnerschaft bis 2015 als schwerwiegender Verstoß gegen die Loyalitätspflichten kirchlicher Bediensteter.[8] Eine Kündigung kam grundsätzlich in Betracht; für pastoral, katechetisch oder andere hervorgehoben tätige Personen war die Weiterbeschäftigung nur ausnahmsweise möglich. Nach der im Jahr 2015 novellierten GO wird »das Eingehen einer eingetragenen Lebenspartnerschaft« nur noch für katholische Beschäftigte als schwerwiegende Loyalitätsverletzung genannt (Art. 5 Abs. 2 Ziff. 2 Bst. d). Dass der kirchliche Gesetzgeber es bislang nicht für nötig gehalten hat, die GO an geltendes Recht anzupassen (die »eingetragene Lebenspartnerschaft« ist seit dem 1. Oktober 2017 durch die Ehe zwischen Personen gleichen Geschlechts ersetzt), könnte als schwindendes Interesse am Sachverhalt gedeutet werden. Zudem wird für einen schwerwiegenden Loyalitätsverstoß ein zusätzliches Tatbestandsmerkmal gefordert: Das Eingehen der Lebenspartnerschaft muss »nach den konkreten Umständen objektiv geeignet« sein, »ein erhebliches Ärgernis in der Dienstgemeinschaft oder im beruflichen Wirkungskreis zu erregen und die Glaubwürdigkeit der Kirche zu beeinträchtigen« (ebd. Bst. c). Wann indes die »Glaubwürdigkeit der Kirche« beeinträchtigt ist oder ein »erhebliches Ärgernis« vorliegt und ob das Eingehen der Partnerschaft »objektiv geeignet« ist, diese Wirkungen hervorzurufen – all dies entscheidet souverän der kirchliche Dienstgeber. Rechtssicherheit für Beschäftigte besteht nicht. Bei hauptamtlich im pastoralen Dienst tätigen Personen und anderen Beschäftigten mit besonderem Tätigkeitsprofil wird die Ärgernis-Eignung einer gleichgeschlechtlichen Ehe zudem »unwiderlegbar vermutet« (Art. 5 Abs. 2 Ziff. 2 Bst. c), was eine Weiterbeschäftigung im Regelfall ausschließt (Art. 5 Abs. 3).

---

7 Heilige Kongregation für die Glaubenslehre, Persona Humana (Anm. 1), Nr. 8; vgl. auch KKK 2357.

8 Ständiger Rat der DBK, Erklärung zur Unvereinbarkeit von Lebenspartnerschaften nach dem Lebenspartnerschaftsgesetz mit den Loyalitätsobliegenheiten nach der Grundordnung des kirchlichen Dienstes im Rahmen kirchlicher Arbeitsverhältnisse v. 24.06.2002, in: Kirchliches Arbeitsrecht, hrsg. v. Sekretariat der DBK (Die deutschen Bischöfe 95), Bonn 2011, 29.

Aber auch alle anderen Beschäftigten sollten sich gründlich überlegen, ob sie ihre gleichgeschlechtliche Beziehung öffentlich machen – oder dafür gar um eine kirchliche Segensfeier bitten. Die Kongregation für die Glaubenslehre hat solche Segnungen jüngst für unzulässig erklärt – mit ausdrücklicher Gutheißung durch Papst Franziskus.[9] In Deutschland haben zahlreiche Priester und auch Bischöfe mit Unverständnis, einige sogar mit Zuwiderhandeln reagiert. Daraus auf einen liberaleren Umgang mit arbeitsrechtlichen Vorgaben zu schließen, erscheint riskant. Kirchliche Dienstgeber könnten durch diese Segensfeiern die Glaubwürdigkeit der Kirche beeinträchtigt sehen. Beschäftigte im pastoralen Dienst, die dies mittragen oder gar initiieren, könnten – auch wenn sie selbst nicht homosexuell sind – ebenfalls arbeitsrechtliche Probleme bekommen. Ihr Ungehorsam gegen Anordnungen des Apostolischen Stuhls kann als Missachtung der kirchlichen Glaubens- und Sittenlehre gedeutet werden.

Weniger eindeutig ist die Situation für andere Beschäftigte aus dem LGBTIQ+-Spektrum. Die geschlechtliche Selbstwahrnehmung von Transgender und nichtbinären Personen kollidiert zwar mit der lehramtlich vorgegebenen Heteronormativität, verstößt als solche aber nicht gegen Loyalitätspflichten. Dies gilt erst recht für intergeschlechtliche Personen. Ein Loyalitätsverstoß könnte aus Dienstgebersicht vorliegen, wenn von trans* und nichtbinären Beschäftigten die Auffassung propagiert wird, jede Person könne autonom »ein ›Geschlecht‹ wählen, das nicht mit ihrem biologischen Geschlecht übereinstimmt und also nicht damit, wie die anderen sie sehen«[10]. Insbesondere eine Transition[11] könnte als tätige Bestreitung der kirchlichen Lehre verstanden werden. Da präzise rechtliche Vorgaben fehlen, hängt die arbeitsrechtliche

---

9   Kongregation für die Glaubenslehre, *Responsum ad dubium* – Über die Segnung von Verbindungen von Personen gleichen Geschlechts v. 22.02.2021, zugänglich über: https://www.vatican.va/roman_curia/congregations/cfaith/documents/rc_con_cfaith_doc_20210222_responsum-dubium-unioni_ge.html.

10   Kongregation für das Katholische Bildungswesen, Mann und Frau, (Anm. 1) Nr. 11.

11   Vgl. dazu den Beitrag von Bernhard Sven Anuth in diesem Buch.

Entscheidung im Einzelfall vom Ermessen und vom Wohlwollen des jeweiligen Dienstgebers ab.

Loyalitätskonflikte, die schon bei der Einstellung absehbar waren, können später nicht ohne Weiteres als Kündigungsgründe geltend gemacht werden. Kirchliche Dienstgeber könnten deshalb dazu tendieren, LGBTIQ+-Personen vorsichtshalber gar nicht erst einzustellen. Sexuelle Orientierung, trans* oder nichtbinäre Identität dürfen dabei offiziell zwar nicht den Ausschlag geben – der Europäische Gerichtshof und der Europäische Gerichtshof für Menschenrechte fordern in ihrer Rechtsprechung die strikte Beachtung der Europäischen Gleichbehandlungsrichtlinie (2000/78/EG) und stellen die bisherige weite Auslegung des kirchlichen Selbstbestimmungsrechts (Art. 140 GG i. V. m. Art. 137 Abs. 3 WRV) durch das Bundesverfassungsgericht zunehmend infrage.[12] Es dürfte kirchlichen Dienstgebern aber nicht schwerfallen, dies zu berücksichtigen und Einstellungsverfahren antidiskriminierungskonform auszugestalten.

Mit der Erteilung der *Missio canonica* für Religionslehrkräfte an staatlichen Schulen nimmt die katholische Kirche auch Einfluss auf Anstellungsverhältnisse außerhalb des kirchlichen Dienstes. Diözesane *Missio*-Ordnungen fordern von der Lehrkraft die Bereitschaft, in der persönlichen Lebensführung die Grundsätze der Lehre der katholischen Kirche zu beachten – und konkret »bei Verheirateten das Leben in einer aus Sicht der katholischen Kirche gültigen Ehe«[13]. Das Leben in einer gleichgeschlechtlichen Ehe kann daher zur Nichterteilung oder zum Entzug der *Missio canonica* führen. Transgender und Transition werden in diözesanen

---

12 Vgl. zuletzt die Entscheidung des Europäischen Gerichtshofs v. 17.04.2018 in der Rechtssache C-414/16 (Egenberger) sowie für die bisherige Linie des Bundesverfassungsgerichts den Beschluss des Zweiten Senats vom 22.10.2014, 2 BvR 661/12, in: BVerfGE 137, 273–345. Das Bundesarbeitsgericht folgte in der Causa Egenberger der Entscheidung des Europäischen Gerichtshofs; über die dagegen eingelegte Verfassungsbeschwerde hat das Bundesverfassungsgericht noch nicht entschieden.

13 So exemplarisch Art. 3 der Ordnung für die Verleihung, die Rückgabe und den Entzug der *Missio canonica* für Lehrkräfte des Faches Katholische Religionslehre in der Erzdiözese Freiburg, in: Amtsblatt der Erzdiözese Freiburg, 2005, 13–15.

Missio-Ordnungen bisher nicht berücksichtigt. Eine von Papst Franziskus approbierte »Vertrauliche Note der Kongregation für die Glaubenslehre« von 2019[14] legt fest: »Personen, die eine Geschlechtsumwandlung versucht haben oder transsexuell sind«, könne der Diözesanbischof als Religionslehrkräfte nur zulassen, wenn er sich sorgfältig überzeugt hat, »dass sie kein Verhalten zeigen, das der katholischen Moral entgegensteht«. Da auf eine Zulassung »kein Rechtsanspruch besteht, muss im Fall der Gefahr eines Ärgernisses, einer unangebrachten Legitimierung gewisser Verhaltensweisen oder einer eventuellen Verwirrung der kirchlichen Gemeinschaft [...] eine ablehnende Antwort gegeben werden« (Art. 13).

Ein – im weitesten Sinne »arbeitsrechtlicher« – Sonderfall betrifft die Zulassung homosexueller Männer zum Weihesakrament. Nach einer Instruktion der Kongregation für das Katholische Bildungswesen kann die Kirche jene nicht zu den heiligen Weihen zulassen, »die Homosexualität praktizieren, tief sitzende homosexuelle Tendenzen haben oder eine sogenannte homosexuelle Kultur unterstützen«. Diese Männer »befinden sich nämlich in einer Situation, die in schwerwiegender Weise daran hindert, korrekte Beziehungen zu Männern und Frauen aufzubauen. Die negativen Folgen, die aus der Weihe von Personen mit tief sitzenden homosexuellen Tendenzen erwachsen können, sind nicht zu übersehen«[15]. Die Kongregation erklärt nicht, was sie unter »korrekten Beziehungen« versteht oder warum homosexuelle Priester dazu weniger geeignet wären als heterosexuelle Priester (die in beachtlicher Zahl an der Zölibatsverpflichtung scheitern). Die angeblich unübersehbaren »negativen Folgen« werden weder belegt noch an Beispielen illustriert; humanwissenschaftliche – die Position der

---

14 Vgl. oben Anm. 5.

15 Kongregation für das Katholische Bildungswesen, Instruktion über Kriterien zur Berufungsklärung von Personen mit homosexuellen Tendenzen im Hinblick auf ihre Zulassung für das Priesterseminar v. 04.11.2005, hg. v. Sekretariat der DBK (Verlautbarungen des Apostolischen Stuhls 170), Bonn 2005, Nr. 2.

Kongregation überwiegend nicht stützende – Erkenntnisse werden nicht erkennbar rezipiert. Der Apostolische Stuhl hat auf solche Kritik bislang nicht reagiert.[16] Die für die Weihe zuständigen Diözesanbischöfe werden durch die Instruktion verpflichtet, homosexuelle Kandidaten wegen ihrer sexuellen Orientierung als ungeeignet auszusortieren. Ob sie sich daran halten, ist unbekannt. Skepsis erscheint geboten gegenüber Beteuerungen einzelner Bischöfe, in ihren Priesterseminaren gebe es keine homosexuellen Weiheaspiranten. Allerdings werden homosexuelle Bewerber ihre Orientierung geheim halten, anstatt sich den damit verbundenen Herausforderungen im Blick auf ein zölibatäres priesterliches Leben zu stellen – was nach der Weihe zu schwerwiegenden Problemen führen kann und scheinbar die These bestätigt, schwule Männer seien als Priester ungeeignet. Wem damit gedient sein könnte, ist nicht zu erkennen. Aber diese offene Frage schwebt grundsätzlich über dem Umgang der katholischen Kirche mit LGBTIQ+-Personen.

---

16 Die erneuerte Grundordnung für die Priesterausbildung schärft die Vorgabe erneut ein, vgl. Kongregation für den Klerus, Das Geschenk der Berufung zum Priestertum. Ratio Fundamentalis Institutionis Sacerdotalis v. 08.12.2016, hg. v. Sekretariat der DBK (Verlautbarungen des Apostolischen Stuhls 209), Bonn 2017, Nr. 199.

Transition: Lehramtliche Beurteilung und kirchenrechtliche Konsequenzen

Bernhard Sven Anuth

Wie bewertet die römisch-katholische Kirche die Transition von Menschen, die sich mit dem ihnen bei der Geburt zugewiesenen Geschlecht nicht identifizieren können, und welche innerkirchlichen Konsequenzen haben körperliche oder juristische Veränderungen zur Angleichung ihrer Geschlechtsidentität? Die Herausgeber*innen des vorliegenden Bandes haben eine kirchenrechtlich realistische Antwort auf diese Fragen erbeten. Dem tragen die nachfolgenden Ausführungen Rechnung.

Nach Lehre und Recht der römisch-katholischen Kirche kommt es allein dem kirchlichen Lehramt zu, die in Schrift oder Tradition überlieferte Offenbarung verbindlich auszulegen (DV 10; c. 747 § 1 CIC). Dabei sehen sich Papst und Bischöfe als Träger des Lehramts dem Wort Gottes nicht über-, sondern dienend untergeordnet, wenn sie es in göttlichem Auftrag und mit dem Beistand des Heiligen Geistes autoritativ interpretieren (DV 10; KKK 85 f.). Nach diesem Selbstverständnis sieht sich das Lehramt nicht an bibel- oder humanwissenschaftliche Erkenntnisse gebunden. Deshalb gilt in der katholischen Kirche mit Verweis auf den zweiten biblischen Schöpfungsbericht ein strikt heteronormatives Menschenbild: Gott habe den Menschen nach seinem Abbild in der dualen Geschlechterdifferenz und -komplementarität »als Mann und Frau« (Gen 1,27) geschaffen (KKK 396–373) und zugleich die Institution der Ehe gestiftet, zu der beide Geschlechter ihrer Natur nach berufen seien (KKK 1603). Gottes Schöpferplan habe von Beginn an vorgesehen, dass Mann und Frau sich nicht nur körperlich, sondern auch moralisch und geistig unterscheiden, auf gegenseitige Ergänzung angelegt und damit hingeordnet seien auf Ehe und Familie (KKK 2333).[1] Weil nicht nur dieses heteronormative Geschlechtermodell lehramtlich auf Gott selbst zurückgeführt wird, sondern auch jeder einzelne Mensch als von Gott gewollt gilt (KKK 362), fordert der Katechismus: »Jeder Mensch, ob Mann oder Frau, muss seine Geschlechtlichkeit anerkennen und annehmen« (KKK 2333).

Kriterien zur Bestimmung, wer »Mann« und wer »Frau« ist, enthält weder der Katechismus noch das kirchliche Gesetzbuch. Aber die Kongregation für die Glaubenslehre hat seit 1991 verschiedentlich und meist vertraulich für die Geschlechtszuweisung das biologische Geschlecht als maßgeblich erklärt, das bei der Geburt anhand der äußerlich feststellbaren körperlichen Merkmale festgestellt wird.[2] Eine spätere operative Veränderung des geschlechtlichen Phänotyps erkennt die Kirche ebenso wenig an wie einen zivilrechtlichen Wechsel der Geschlechtszugehörigkeit.[3] Sie nimmt beides nur zur Kenntnis: Der in den pfarrlichen Kirchenbüchern eingetragene geschlechtsspezifische Vorname darf nachträglich nicht geändert werden; die zivilrechtliche Anerkennung der Geschlechtsänderung ist seit 2002 aber am Rand der Taufbucheintragung zu vermerken.[4]

---

1 Vgl. ausführlich zur lehramtlichen Geschlechteranthropologie z. B. B. S. *Anuth*, Gottes Plan für Frau und Mann. Beobachtungen zur lehramtlichen Geschlechteranthropologie, in: M. Eckholt (Hrsg.), Gender studieren. Lernprozess für Theologie und Kirche, Ostfildern 2017, 171–188.

2 Vgl. Kongregation für die Glaubenslehre, Schreiben vom 28. Mai 1991 an den Vorsitzenden der Deutschen Bischofskonferenz zur Eheschließung von Transsexuellen (Prot.-N. 284/83), in: *De processibus matrimonialibus* 2 (1995), 315; dies., Schreiben vom 28. September 2002 an die Vorsitzenden der Bischofskonferenzen (Prot.-N. 442/54–15710) mit dies., Anmerkung zu kanonistischen Konsequenzen des Transsexualismus bezüglich Ehe und Weiheamt und dies., Anmerkung zu kanonistischen Konsequenzen des Transsexualismus bezüglich des Geweihten Lebens (beide undatiert) und aktuell dies., Vertrauliche Note vom 21. Dezember 2018 zu einigen kirchenrechtlichen Fragen im Zusammenhang mit Transsexualismus (*sub secreto pontifico*), Art. 1.

3 Vgl. hierzu für Deutschland z. B. L. *Adamietz*, Rechtliche Anerkennung von Transgeschlechtlichkeit und Antidiskriminierung auf nationaler Ebene – Zur Situation in Deutschland, in: G. Schreiber (Hrsg.), Transsexualität in Theologie und Neurowissenschaften. Ergebnisse, Kontroversen, Perspektiven, Berlin 2016, 357–371.

4 Vgl. Kongregation für die Glaubenslehre, Schreiben v. 28.09.2002 und aktuell dies., Vertrauliche Note v. 21.12.2018, Art. 14.

Die innerkirchliche Rechtsstellung von Menschen, die sich mit ihrem anatomischen Geburtsgeschlecht nicht identifizieren können, ändert sich jedoch nicht erst mit ihrer zivilrechtlichen und/oder operativen Geschlechtsanpassung, sondern zum Teil schon mit ihrem Coming-out. Eine aktuelle Zusammenfassung sowohl der lehramtlichen Sicht auf Transsexualität/Transgender/Transidentität wie auch der diesbezüglichen kirchenrechtlichen Konsequenzen bietet eine »Vertrauliche Note« der Glaubenskongregation »zu einigen kirchenrechtlichen Fragen im Zusammenhang mit Transsexualismus«, die Papst Franziskus Ende 2018 ausdrücklich approbiert hat.[5] Die Kongregation stellt sie interessierten Bischöfen auf Anfrage und unter der Auflage strikter Geheimhaltung (sogenanntes päpstliches Geheimnis) zur Verfügung. Die Inhalte der Note sind allerdings weder neu noch überraschend: Zunächst erklärt die Kongregation, auch transsexuelle Gläubige seien von Gott geliebt und dazu berufen, »den Willen Gottes in ihrem Leben zu erfüllen, indem sie die Leiden und die Schwierigkeiten, die sie aufgrund ihrer Verfassung möglicherweise erfahren, mit dem Opfer des Kreuzes vereinen« (Nr. 1). Das entspricht dem, was der Katechismus über Homosexuelle sagt (KKK 2358), wobei sich dahinter in beiden Fällen der lehramtliche Anspruch verbirgt, dass Betroffene nicht aktiv ihrer sexuellen Orientierung bzw. Identität entsprechend leben. Im gleichen Atemzug betont die Kongregation, dass alle »Bestrebungen, die [sogenannte] Gender-Ideologie zu verbreiten […,] eindeutig abzulehnen [sind], weil sie dem Gemeinwohl schweren Schaden zufügen, die Familie als Institution untergraben und die Erziehung der Kinder und Jugendlichen gefährden« (Nr. 1). Bei Gläubigen, die entgegen dem lehramtlichen Anspruch ihre »männliche oder weibliche Verfassung nicht in ihrer Gesamtheit zweifelsfrei angenommen haben«, sei zudem nach der Erlaubtheit bzw. Gültigkeit ihrer Ehe, Weihe oder Ordenszugehörigkeit

---

5   Vgl. Kongregation für die Glaubenslehre, Vertrauliche Note v. 21.12.2018, 12.

sowie nach ihrer Eignung u. a. für das Tauf- oder Firmpat(inn)en-amt zu fragen (Nr. 4).

Für die Taufe bzw. Aufnahme in die katholische Kirche ist eine Transition kein Hindernis, allerdings muss im Taufbuch das Geburtsgeschlecht eingetragen und gegebenenfalls ergänzend vermerkt werden, wenn dieses nicht mit dem aktuell angegebenen bzw. zivilrechtlichen Geschlecht übereinstimmt (Art. 12 § 1). Ebenfalls können transsexuelle Gläubige gemäß den allgemeinen kirchenrechtlichen Bedingungen grundsätzlich die Eucharistie, Buße und Krankensalbung empfangen; bei der Eucharistiezulassung von Personen nach einer Geschlechtsumwandlung muss allerdings sichergestellt sein, dass dies in der Gemeinde kein Ärgernis erregt (Art. 12 § 3). Gegebenenfalls müssen Betroffene deshalb damit rechnen, das Sakrament nicht in der Gemeinde empfangen zu dürfen, in der ihre Transition bekannt ist. Entsprechend sind Transpersonen auch für das Pat(inn)enamt, als Religionslehrer*in oder Katechet*in sowie für den Laiendienst als außerordentliche*r Kommunionhelfer*in abzulehnen, wenn der zuständige kirchliche Obere die »Gefahr eines Ärgernisses, einer unangebrachten Legitimierung gewisser Verhaltensweisen oder einer eventuellen Verwirrung der kirchlichen Gemeinschaft« sieht (Art. 13). Weil niemand einen Rechtsanspruch auf die Ausübung dieser Funktionen bzw. Ämter hat, können sich Betroffene gegen eine solche Ablehnung kirchenrechtlich auch nicht wehren.

Auf den ersten Blick anders verhält es sich bei der Ehe, denn alle Gläubigen haben ein im Naturrecht gründendes, bedingtes Recht auf Eheschließung, dessen Ausübung nur aus schwerwiegenden Gründen gesetzlich eingeschränkt werden darf (cc. 1058, 223 § 2 CIC). Allerdings ist die Ehe nach der lehramtlichen Auslegung von Gottes Plan für Mann und Frau eine exklusiv heterosexuelle Lebensgemeinschaft. Deshalb kann ein Frau-zu-Mann-Transsexueller auch nach einer Geschlechtsumwandlung nicht gültig eine Frau heiraten. Für die Kirche bleibt er eine Frau, sodass es sich um eine kirchlich nicht mögliche gleichgeschlechtliche

Eheschließung handeln würde.[6] Davon unabhängig gilt Transsexualität kirchlich als eine psychosexuelle Störung, die Betroffene unfähig macht, wesentliche Verpflichtungen der Ehe zu übernehmen (c. 1095 Nr. 3 CIC).[7] Bereits geschlossene Ehen können aus diesem Grund für ungültig erklärt werden (Art. 3). Geplante Eheschließungen muss der zuständige kirchliche Obere verbieten, wenn er begründete Hinweise auf die Transsexualität von Braut oder Bräutigam erhält. Er darf dieses Verbot erst wieder aufheben, wenn eine fachärztliche Untersuchung den Verdacht zerstreut oder zumindest begründete Zweifel an einer tatsächlichen Transsexualität erzeugt hat (Art. 4 f.). Das heißt aber im Umkehrschluss: Nach dem offenen Beginn einer Transition dürfen Betroffene nicht mehr kirchlich heiraten.

Weil zur Gültigkeit der Weihe das männliche (Geburts-)Geschlecht erforderlich ist (c. 1024 CIC), können Kandidaten mit Intersex-Syndromen und Frau-zu-Mann-Transsexuelle auch nach einer geschlechtsangleichenden Operation nicht gültig geweiht werden; bei Mann-zu-Frau-Transsexuellen liegt aus amtlicher Sicht in der Regel eine sogenannte Irregularität nach c. 1041 Nr. 1 CIC vor, sodass die Weihespendung verboten ist.[8] Diese Rechtslage hat die Glaubenskongregation 2018 ausdrücklich bekräftigt (Art. 6f.) und erklärt: »Die [...] reife und umfassende Annahme der eigenen Männlichkeit ist [...] eine notwendige anthropologische Bedingung, um Christus sakramental repräsentieren und die dem geweihten Dienst eigene geistliche Vaterschaft ausüben zu können« (Nr. 6). Einem bereits geweihten Kleriker, der sich als transsexuell outet, ist deshalb die Ausübung der Weihe zu

---

6 Vgl. Kongregation für die Glaubenslehre, Vertrauliche Note v. 21.12.2018, Art. 2 § 2 sowie zum Ganzen schon N. Lüdecke, Die rechtliche Ehefähigkeit und die Ehehindernisse, in: St. Haering/W. Rees/H. Schmitz (Hrsg.), Handbuch des katholischen Kirchenrechts. 3., vollst. neu bearb. Aufl., Regensburg 2015, 1282–1314, 1287–1289.

7 Vgl. ausführlich P. Förster, Transsexualität und ihre Auswirkungen auf die Ehefähigkeit (Kanonistische Reihe 24), St. Ottilien 2013.

8 Vgl. M. J. Bitterli, Wer darf zum Priester geweiht werden? Eine Untersuchung der kanonischen Normen zur Eignungsprüfung des Weihekandidaten (Münsterischer Kommentar zum CIC. Beiheft 58), Essen 2010, 70–76.

verbieten (Art. 8; vgl. c. 1044 § 2 Nr. 2 CIC); wer als Kleriker den Versuch einer Geschlechtsumwandlung unternimmt, wird kirchenrechtlich wegen Selbstverstümmelung für die Ausübung der empfangenen Weihe irregulär (Art. 9; vgl. c. 1044 § 2 Nr. 3 CIC i. V. m. c. 1041 Nr. 5 CIC).

Auch die Aufnahme in einen Orden ist zu verweigern, wenn der kirchliche Obere den begründeten Verdacht hat, ein*e Kandidat*in sei transsexuell, weil dies einen Mangel an »Gesundheit, Charakter und Reife« darstelle (Art. 10; cc. 642; 735 § 2 CIC). Jedes Ordensmitglied, das sein Geschlecht chirurgisch zu verändern versucht, muss entsprechend mit der Entlassung aus dem Orden rechnen (Art. 11).[9]

Das strikt heteronormative Menschenbild des kirchlichen Lehramts lässt keinen Raum für die positive Würdigung von Geschlechtsidentitäten, die nicht mit dem bei der Geburt zugewiesenen männlichen oder weiblichen Geschlecht übereinstimmen. Indem sich die Kirche für dieses Menschenbild amtlich auf die Offenbarung und Gott selbst beruft, markiert sie es als irreformabel und macht sich immun gegen Kritik. Wird diese dennoch vorgetragen, weist das kirchliche Lehramt sie daher konsequent als gefährliche »(Gender-)Ideologie« zurück.[10]

---

9   Zu etwaigen arbeitsrechtlichen Konsequenzen für kirchliche Mitarbeiter*innen, die offen eine Transition beginnen, vgl. den Beitrag von Georg Bier in diesem Buch.

10 Vgl. z. B. *Papst Franziskus*, Nachsynodales Apostolisches Schreiben *Amoris laetitia* vom 19. März 2016, hrsg. v. Sekretariat der DBK (Verlautbarungen des Apostolischen Stuhls 204), Bonn 2016, Nr. 56 sowie ausführlich das Dokument der Kongregation für das Katholische Bildungswesen, »Als Mann und Frau schuf er sie«. Für einen Weg des Dialogs zur Gender-Frage im Bildungswesen, 2. Februar 2019, hrsg. v. Sekretariat der DBK (Verlautbarungen des Apostolischen Stuhls 230), Bonn 2019.

4. Bildungszusammenhänge

Genderforschung in der Religionspädagogik

Judith Könemann

»*Our heritage is our power*« (Judy Chicago): Unter diesem Signet entfaltete sich die feministische Theologie in der zweiten Hälfte des 20. Jahrhunderts als eine kontextuelle, kritische und parteiliche Theologie, deren hermeneutischer Ausgangspunkt und Prinzipien in als Unterdrückung interpretierten Erlebnissen und in der Parteilichkeit mit Frauen liegen. Vergleichsweise spät, letztlich erst mit der (Weiter-)Entwicklung der feministischen Theologie zur (theologischen) Genderforschung zu Beginn der 1990er-Jahre wurden Erkenntnisse der feministischen Theologie und theologischen Genderforschung in der praktischen Theologie respektive der Religionspädagogik als theologischer Disziplin rezipiert. Monika Jakobs wies diesbezüglich allerdings zu Recht darauf hin, dass die Praxis der Theorie insofern vorauslag, als Lehrer*innen bereits viel früher nach Umsetzungsmöglichkeiten feministischer Theologie in religiösen Bildungsprozessen der Schule und an außerschulischen Orten suchten[1].

Entsprechend dem Primat der Praxis als Ausgangspunkt feministisch-theologischer Theoriebildung lag auch das religionspädagogische und religionsdidaktische Interesse darin, Frauen und Mädchen in Bildungsprozessen in den Mittelpunkt zu rücken und vor allem dadurch einen Beitrag zur Geschlechtergerechtigkeit zu

---

1   *M. Jakobs*, Religionspädagogische Entwicklungen zur Frauen- und Geschlechterforschung, in: A. Pithan/S. Arzt/M. Jakobs/Th. Kauth (Hrsg.), Gender – Religion – Bildung. Beiträge zu einer Religionspädagogik der Vielfalt, Gütersloh 2009, 47–71.

leisten, dass Mädchen und Frauen durch das Aufbrechen von Geschlechterstereotypien sichtbar gemacht wurden. Die Unterscheidung von *sex* und *gender* und das damit eng verbundene *doing gender* erwies sich dabei im wahrsten Sinne als *eye-opener* und führte zu einer ausgesprochen lebendigen Forschungstätigkeit in der Religionspädagogik. Dabei erwies es sich als großer Vorteil, dass die feministische Theologie – neben der systematischen Theologie – vor allem in der Exegese ihren Ausgang nahm und in der biblischen Didaktik auf die feministisch-exegetischen Erkenntnisse zurückgegriffen werden konnte. Damit lag über lange Zeit ein Schwerpunkt der religionspädagogischen Rezeption feministischer Theologie in der biblischen Theologie und ihrer Umsetzung in bibeldidaktische Entwürfe. Besonderes Augenmerk richtete sich dabei darauf, ganz im Sinn des Eingangszitats den Schüler*innen das vergessene und durch die feministische Exegese wiederentdeckte Erbe bekannter zu machen und sich z. B. mit biblischen Frauengestalten auseinanderzusetzen und darüber gerade auch Mädchen und jungen Frauen weibliche Identifikationsfiguren zur Verfügung zu stellen. Ebenfalls richtete es sich auf die Analyse der Auswahl biblischer Erzählungen in den Lehr- und Unterrichtsmaterialien und der jeweiligen Repräsentanz von Mädchen bzw. Jungen in diesen. Ein zweiter großer Schwerpunkt rezipierte die lebendige erziehungswissenschaftliche Forschung einer geschlechtsspezifischen Sozialisation und untersuchte in dieser Tradition die Frage nach einer spezifisch weiblichen oder männlichen Religiosität und danach, wie sich diese konturiert. Eng damit verbunden war und ist nach wie vor die Frage danach, ob und wenn ja, welche geschlechtsspezifischen Gottesvorstellungen existieren und welchen Ausdruck sie finden bzw. inwiefern sich darin Geschlechtsstereotype wiederfinden. Und nicht zuletzt lag ein dritter Schwerpunkt auf Untersuchungen zur Repräsentanz von Mädchen und Jungen in Schulbüchern und Unterrichtsmaterialien und den dort vorfindlichen Rollenbeschreibungen, was die Schulbucherstellung bis heute sensibilisiert hat.

Ausgesprochen belebend für diese Untersuchungen war die Unterscheidung von *sex* und *gender*, denn diese erlaubte nicht nur, zwischen dem biologischen und sozialen Geschlecht zu unterscheiden, sondern vor allem das *doing gender*, das Gewordensein und das Herstellen von Geschlechterrollen gerade auch in religiösen und kirchlichen Zusammenhängen zu analysieren. Von noch größerer Bedeutung jedoch wurde die damit eröffnete Möglichkeit, die lehramtlicherseits essentialistisch festgeschriebenen Geschlechterrollen ansatzhaft aufzubrechen, dadurch, dass das biologische Geschlecht unangetastet blieb, und so mittels des *doing gender* der sozialen Rolle größere Handlungsspielräume in der Gestaltung der eigenen Geschlechterrolle eröffnet wurden. Gerade Schüler*innen, die sich in ihrem Selbsterleben nicht »rollenkonform« wahrnehmen, erlaubte das *doing gender*, sich als nicht oder zumindest weniger abweichend erleben zu können.

Allerdings hat sich die Religionspädagogik bis heute nur wenig über diesen *state of the art* hinausbewegt. Die Infragestellung der Geschlechterbinarität durch poststrukturalistische und dekonstruktivistische Ansätze, allen voran durch Judith Butler zu Beginn der 1990er-Jahre, ist bisher in der Religionspädagogik nur sehr vereinzelt aufgegriffen und fruchtbar gemacht worden.[2] In religionsdidaktischen Lehrwerken und -materialien vermisst man diese Perspektive und Auseinandersetzung bisher gänzlich. Dies wundert angesichts der Position seitens des kirchlichen Lehramts auch nicht, hält dieses nach wie vor entschieden an der natürlich gegebenen, ganz in der Tradition der Substanzontologie stehenden unveränderlichen Zweigeschlechtlichkeit fest. Und da alle offiziellen Lehr- und Unterrichtswerke durch die Kirche genehmigt werden müssen, hätte vermutlich ein Lehrwerk, das offensiv

---

2   Vgl. *M. Jakobs*, Entwicklungen; *M. Jakobs*, Eine genderbewusste Religionspädagogik der Vielfalt, in: A. Pithan/S. Arzt/M. Jakobs/Th. Kauth (Hrsg.), Inklusive Religionspädagogik der Vielfalt. Konzeptionelle Grundlage und didaktische Konkretionen, Münster 2020, 213–223; *K. Söderblom*, Queere Theologie als Dimension einer inklusiven Religionspädagogik der Vielfalt, in: A. Pithan/S. Arzt/M. Jakobs/Th. Kauth (Hrsg.), Inklusive Religionspädagogik der Vielfalt. Konzeptionelle Grundlage und didaktische Konkretionen, Münster 2020, 147–157.

religionsdidaktisch die Geschlechterbinarität infrage stellt, nur wenig Chancen auf Genehmigung. So lässt sich festhalten, dass sich im Ringen um größere Geschlechtergerechtigkeit Religionspädagogik und -didaktik nach wie vor stark auf die Infragestellung von Geschlechterbildern und -stereotypen und deren Analyse konzentrieren. Geschlechterverhältnisse als solche, das Thema »Geschlecht als Identitätskategorie« inklusive einer Infragestellung der Binarität von Geschlecht wurde lange Zeit kaum in den Blick genommen. Zumindest in jüngster Zeit scheint sich daran etwas zu ändern.

Religiöse Bildungsprozesse als Auseinandersetzung mit dem Gegenstand »Religion« stellen aber – so die hier vertretene These – einen sehr geeigneten Ort für die Auseinandersetzung mit Geschlechterverhältnissen, der Verwobenheit von Geschlecht mit anderen sozialen Kategorien und der Frage nach Geschlecht als identitärer Kategorie bzw. der Infragestellung der Geschlechterbinarität dar. Dies vor allem dann, wenn es gelingt, Religion nicht nur als gewaltförmiges System, sondern auch als ein Potenzial des Widerstands und der Subjektformation zu analysieren,[3] wie dies etwa in Ansätzen der queeren Theologie[4] der Fall ist. Für eine solche Perspektive bietet sich deshalb die Auseinandersetzung mit queer-theologischen Entwürfen aus drei Gründen an: Erstens macht es die dekonstruktivistische Perspektive queer-theologischer Entwürfe möglich, gerade auch die Konstruktion der sozialen Kategorien zu dekonstruieren und die Mechanismen der Konstruktion offenzulegen. Zudem werden dabei epistemische Gehalte und Fragestellungen mitberücksichtigt. Zweitens haben queer-theologische Ansätze das Ziel, Hetero(-Normierungen), Dichotomien und Dualitäten wie z. B. die

---

3   Vgl. *U. Auga*, Geschlecht und Religion als interdependente Kategorien des Wissens. Intersektionalitätsdebatte, Dekonstruktion, Diskursanalyse und die Kritik antiker Texte, in: U. Eisen/C. Gerber/A. Standhartinger (Hrsg.), Doing Gender – Doing Religion. Fallstudien zur Intersektionalität im frühen Judentum, Christentum und Islam, Tübingen 2013, 37–74.

4   Z. B. Ansätze von Marcella Althaus-Reid, Patrick Cheng, Lisa Isherwood, Stefanie Knauss, Andreas Krebs, Gerald Loughlin, Elisabeth Stuart, Graham Ward, Daniel Boyarin u. a.

binäre Geschlechterkategorisierung zu dekonstruieren und so traditionelle Auslegungsweisen zu hinterfragen und zu erweitern. Drittens analysieren queer-theologische Entwürfe im Rekurs auf den Intersektionalitätsansatz die Verwobenheit zwischen Strukturen von Heteronormativität und binären Geschlechterkategorien mit den Kategorien *race, class, gender*, sodass sie auch Strukturen von Rassismus, Antisemitismus, Klasse und Sexismus aufdecken.[5] Auf diese Weise ist das Ziel queerer Analysen, andere, irritierende und infrage stellende Perspektiven auf Religion und auf gängige Interpretationen und Verständnisformen der materialen Gehalte sowie auf die wechselseitige Verwobenheit der sozialen Kategorien von *gender, race* oder *class* innerhalb religiöser Systeme zu gewinnen. Darüber hinaus kann »Religion« selbst als Exemplum dienen, um grundsätzlich etwas über Kategorisierungen, Essentialisierungen und Deessentialisierungen und über ihre wechselseitige Verwobenheit zu lernen. Damit können nicht zuletzt gängige Interpretationsmuster religiöser Überzeugungen und Praxen aufgebrochen werden.

Der Einbezug von poststrukturalistisch-dekonstruktivistisch motivierten queer-theologischen Entwürfen in den Religionsunterricht birgt also die Chance in sich, nicht nur den Konstruktionscharakter des sozialen Geschlechts zu entlarven, sondern darüber hinaus auch eine Auseinandersetzung mit den Wirkungen einer essentialistisch normierten Zweigeschlechtlichkeit, insbesondere auf der Ebene der heteronormativen und hegemonialen Ansprüche, zu motivieren. Dass queer-theologische Entwürfe es noch nicht in die offiziellen Lehr- und Unterrichtswerke des Religionsunterrichts geschafft haben, nimmt nicht weiter wunder, vielleicht sind sie aber bereits Gegenstand der ein oder anderen Praxis des Religionsunterrichts. Dann läge einmal mehr die Praxis der Theorie und die Orthopraxie der Orthodoxie voraus.

---

5   Vgl. *K. Söderblom*, Theologie, 154.

»Man würde sie sehen! Und noch dazu würden sie sowieso von selbst gehen« – Die Krise des »*placard ecclésial*«[1] und der Verleugnung innerhalb der französischen Priesterseminare

Josselin Tricou

2016. Im Rahmen meiner Dissertation über die Männlichkeit katholischer Priester verbringe ich eine Beobachtungswoche in einem der Hauptausbildungshäuser für zukünftige Priester in Frankreich. Jeden Tag führe ich ein Interview mit dem Leiter. Bei unserem zweiten Gespräch antwortet mir dieser auf meine fälschlicherweise naive Frage zum Verdacht der Homosexualität bei einigen katholischen Priestern das Folgende:

> *Er: Ja, die Kritik der Welt ... aber, pfff, weil Priester lange Zeit die Streber waren. Und bei Strebern gibt es einen Bezug zur Kraft, der nicht auf die gleiche Weise entwickelt ist, aber ...; ich weiß nicht, wie ich das sagen soll, aber ... letztendlich, ich stelle mir nicht die Frage nach der Homosexualität eines Burschen. Für mich das / Das, was schließlich zählt, ist das, was er ist ... dann das, was er wird.*

---

1   *Anmerkung der Übersetzung*: Die Redewendung *placard ecclésial* (wörtlich: Kirchenschrank) bezieht sich auf den französischen Ausdruck »être dans le placard« (wörtlich: im Schrank sein), was so viel bedeutet, wie nicht geoutet zu sein. Für den Prozess des Coming-out wird analog im Französischen die Wendung »sortir du placard« (wörtlich: aus dem Schrank herauskommen) verwendet. Der *placard ecclésial* bezeichnet den »Schutzraum«, welcher sich (vermeintlich) durch den Eintritt in den Klerus für nicht heterosexuelle Personen eröffnet, die ungeoutet bleiben möchten. Der Begriff wird mangels deutscher Entsprechung im Folgenden nicht übersetzt und bleibt im französischen Original stehen.

Ich: Aber nichtsdestotrotz seit 2005? ...²

Er: Ja, ja! Aber zunächst gibt es eine Aufrichtigkeit der Jungs ... Die wissen es ja! Kurz gesagt, dieses Dokument ... dieses Dokument aus Rom ... und dann danach, nun ... das ist alles ... Und dann, das ist klar, wenn man in einer gleich-geschlechtlichen [er trennt die beiden Wörter deutlich] Welt lebt wie in einem Seminar oder dem Ordensleben, nun ... Man muss darauf achtgeben, dass man dafür nicht zu sehr empfänglich wird! Daher diese Seite, die ein bisschen, ein bisschen ruppig ist³. Das ist unumgänglich ... Das bringt wieder in die Spur.

(Zweites Interview mit dem Regens)

Als würde die Ruppigkeit vor (homo-)sexuellem Verlangen schüt-zen und als würde die Homosexualität von einer zu laxen Homo-sozialität verursacht werden. Diese Verleugnung der möglichen Homosexualität der Seminaristen in Form eines Geständnis-ses (oder des Gegenteils) stützt sich hier auf eine Verwechslung von Sexualität und Geschlecht, genauer auf den Glauben an eine starre Verbindung: sichtbare Männlichkeit = Heterosexualität, ob-wohl die »sexuelle Orientierung« so, wie sie heute gesellschaft-lich konzipiert ist, »theoretisch weder einen Zusammenhang mit Geschlechtsausdruck noch anderen kulturellen Attributen«⁴ auf-weist. Diese Verwechslung tritt bei den Äußerungen im Interview

---

2 2005, als er noch Präfekt der Glaubenskongregation war, ließ Joseph Ratzinger zum ersten Mal in der Geschichte der katholischen Kirche das Verbot verlautbaren, Priester zu weihen, die homosexu-ell sind oder die »homosexuelle Kultur« unterstützen. Sechs Jahre später bestätigt derselbe, mittler-weile Papst geworden, in einem Interviewband seine Befürchtung, dass »das Zölibat der Priester mit einer homosexuellen Tendenz verbunden sei«. Vgl. *Benedikt XVI.*, Licht der Welt. Der Papst, die Kir-che und die Zeichen der Zeit. Ein Gespräch mit Peter Seewald, Freiburg i. Br. 2012.

3 Ich hatte mich ihm gegenüber über die Praktik des »Anbaggerns« (branchage) gewundert, die ich zur Mittagszeit beobachtet hatte. Es handelt sich um einen im Seminar spezifisch genutzten Begriff, der hier nicht anflirten im sexuellen Sinn wie in anderen Kontexten meint, sondern das Necken, He-runterputzen, Anschnauzen eines Seminaristen in der Öffentlichkeit durch den Leiter.

4 S. *Chauvin/A. Lerch*, »Hétéro/homo«, in: J. Rennes (Hrsg.), Encyclopédie critique du genre, Paris 2016, 306–320, 307.

der Seminaristen, die vom Seminarleiter ausgewählt wurden, noch deutlicher zutage: Der Geschlechtsausdruck würde automatisch die sexuelle Präferenz denunzieren, oder es zu glauben (oder glauben machen zu wollen), erleichtere das Problem.

Er: Was auf jeden Fall klar ist, dass das in diesem Haus überhaupt kein Problem ist, meiner Meinung nach. Wenn man homosexuell ist, kann man nicht Priester werden, das ist schließlich klar. Diese Einrichtung beachtet das und hat sich dem Gehorsam des Evangeliums verschrieben. Nun, ich weiß, dass es anderswo Einrichtungen gibt, in denen diese internen Regelungen der Kirche weniger beachtet werden.

Ich: Aber woran merkst du, dass das hier beachtet wird?

Er: Na ja, ich begegne hier keinem Einzigen. Das ist schließlich etwas, was man sieht. Das sogar sehr sichtbar ist.

(Interview mit einem Seminaristen aus dem 5. Jahr)

Man würde sie sehen! Und noch dazu würden sie sowieso von selbst gehen.

(Interview mit einem anderen Seminaristen aus dem 5. Jahr)

Es ist schwer zu erkennen, ob meine Gesprächspartner wirklich glauben, was sie mir sagen, oder ob sie nur wollen, dass ich glaube, dass sie es glauben. Unabhängig davon tragen solche Antworten zu einer organisierten Verleugnung der Homosexualität in diesem Seminar bei. Im Übrigen handelt es sich dort nicht um ein marginales Seminar, sondern um eine Priestergemeinschaft, die allein ein Drittel aller Seminaristen im ersten Jahr in Frankreich zusammenbringt und ausbildet. Daher offenbart dieser Ort sehr deutlich die Spannungen, um nicht zu sagen die moralische Panik, die aktuell den katholischen Klerus in den sogenannten alten katholischen Ländern in Bezug auf die Frage der Homosexualität durchzieht.

In Frankreich sorgte das Ausscheiden von Heterosexuellen aus dem Priesterdienst in den 1970er-Jahren, nach der Abweisung der Unterschichten für den Priesterstand während der 1960er-Jahre, für eine Erhöhung des Anteils der Homosexuellen im Klerus, die tendenziell aus dem konservativen Bürgertum kommen. Diese morphologische Veränderung bringt den *placard ecclésial* seit den 1990er-Jahren in eine Krise. Bis dahin auch für die Augen der Interessierten unsichtbar, wird die soziale Funktion des Klerus, ein Schutz für nicht heterosexuelle Personen zu sein, für sie selbst sichtbar. In Gesellschaften, in denen die *gayfriendliness* wächst, sind die massenhaft homosexuellen Kleriker tatsächlich mehr denn je versucht, sich durch Worte oder durch sichtbare Präsenz zu erkennen zu geben. Schlimmer, »die Umkehrung der homosexuellen Frage«[5], welche heute in der Verurteilung der Homophobie und der Schaffung von legalen Voraussetzungen für die Anerkennung homosexueller Ehen mündet, droht den letzten Mechanismus, der den Priesterstand in einer säkularen Gesellschaft attraktiv macht, zu blockieren. Dieses Risiko der Blockade zwingt den Vatikan, besonders im Pontifikat von Benedikt XVI., eine explizit homophobe Politik intern (durch die offizielle Entscheidung von 2005, die Weihe von Kandidaten zu verbieten, die »tief sitzende homosexuelle Tendenzen aufweisen und/oder eine sogenannte homosexuelle Kultur unterstützen«) wie auch extern (durch den Kampf gegen die »Gender-Ideologie«) zu etablieren, um die Notwendigkeit eines *placards* zu erhalten, die durch keine staatliche Homophobie mehr garantiert wird. Aber je mehr die Kirche ihre übertriebene Homophobie bejaht, desto mehr läuft sie

---

5   É. *Fassin*, L'inversion de la question homosexuelle, überarbeitete und erweiterte Auflage, Paris/ Amsterdam 2008.

Gefahr, die Aufmerksamkeit auf ihre innere Homophilie zu ziehen, insbesondere innerhalb alter religiöser Orden, wo sich eine lokale homotolerante Regelung etabliert hat.

Nun führt aber diese Verleugnung der Homosexualität innerhalb des jungen und konservativen Klerus paradoxerweise zu einer Art Homoerotisierung des Priestertums, wovon ein Ex-Seminarist im Gespräch berichtet, der zunächst Geistlicher und dann Schwulenaktivist wurde:

> *Die Kirche konstruiert nicht nur einen entsexualisierenden Blick auf die Kleriker, wie du sagst, sondern sie organisiert die interne Verleugnung: Die Anziehung wird im Modus der spirituellen Freundschaft gelebt, also einer möglichen Gabe des Heiligen Geistes. Im Rückblick kann ich sagen, dass die homoerotische Inszenierung des katholischen Klerus (das Gewand, die Liturgie etc.) mich körperlich beeindruckt hat. Das übte eine Form von Anziehung auf mich aus. Was denkst du, warum es die Gemeinschaften sind, die am meisten an dieser Inszenierung arbeiten, die die meisten Berufungen in Frankreich verzeichnen? Hahaha!*
>
> *(Guénolé, 40 Jahre, Ex-Seminarist, der Ordensgeistlicher wurde)*

Meine Untersuchung zeigt, dass im Anschluss an die Weihe vier mögliche Haltungen von schwulen Priestern angenommen werden, die es geschafft haben, Priester zu werden. Um welche Haltungen handelt es sich? Die zeitgenössische Gegensätzlichkeit von Scham und Stolz genügt nicht, um sie zu erläutern. Zunächst deckt diese Gegensätzlichkeit nur teilweise eine andere, ältere Hermeneutik der Homosexualität ab, welche mit der Schmach zu tun hat und die Proust'sche Gegensätzlichkeit von »unheilvoller Rasse« und »auserwähltem Volk« resümiert und sich im katholischen

Kontext in folgender Weise deklinieren lässt: Sich persönlich für das »auserwählte Volk« zu opfern, kann wie eine Art persönliche und kollektive Erlösung der »Unheilvollen« wirken, indem sie zu Auserwählten unter Auserwählten gemacht werden. Des Weiteren wirkt dieser Gegensatz zwischen Scham und Stolz zu wenig detailliert in Bezug auf die verschiedenen Relationen zum institutionellen Geheimnis und zum *placard ecclésial*, welche jeder Priester, den ich getroffen habe, konstruiert hat. Diese Relationen nehmen verschiedene Konstellationen ein, wie ihre ureigene Taxonomie auf signifikante Weise offenbart.

Es gibt zunächst diejenigen, welche es nicht mehr aushalten, die Tür des *placard ecclésial* geschlossen zu halten, wie die Institution es ihnen abverlangt. Sie verlassen sie schließlich, allerdings ohne sie anzuprangern, indem sie ihren Wunsch nach Radikalität an einen anderen Ort verlagern. Durch dieses Handeln schließen sie sich denen an, die das Seminar vor dem Ende verlassen haben. Sie haben den beschuldigenden Diskurs, der mit der Weisung von 2005 verbunden ist, internalisiert, sodass sie mit Schuldgefühlen überflutet sind. Ohne Zweifel ist dies allerdings eine Minderheit.

Die Mehrheit entspricht zweifelsohne eher dem Typ des »Maulwurfs«, ein Begriff, den ich bei meinen Interviews öfter gehört habe. Dieser Begriff bezeichnet einen Priester, der deutlich im *placard* ist und der seine Kollegen an die Regeln des *placard* erinnert – daher vielleicht dieses Vokabular aus dem Bereich der Spionage. Der »Maulwurf« profitiert dabei vom *catholic gaze* [katholischen Blick, *Anm. d. Übers.*], der die Priester in den Augen der Gläubigen entsexualisiert und asexualisiert, was mir ein anderer Priester besonders eindrücklich schildert. Er lebt mit einem Mann zusammen und berichtet mir im Interview von seinem immer neuen Staunen über die – gespielte? – Blindheit seiner Gemeindemitglieder, selbst der ihm am nächsten stehenden, gegenüber dem Kommen und Gehen seines Partners im Pfarrhaus. Der »Maulwurf« bleibt trotzdem immer auf der Hut und tendiert dazu, eine gewisse Männlichkeit auszustrahlen, aus Angst, dass sein Geheimnis ans Licht kommen könnte. Er baut seinen körperlichen Ausdruck auf dem Stereotyp auf, das besagt, dass Männlichkeit ein Zeichen von Heterosexualität sei. Und der »Maulwurf« fürchtet vor allem die Unterstützer*innen der LGBTIQ+-Anliegen.

Im Gegenteil dazu wissen andere, wie man, ohne explizit ein Bedürfnis nach Anerkennung durch die Institution oder die Gesellschaft geltend zu machen, mit dem *camp*[6] und der Zweideutigkeit einer in gewisser Weise »verrückten« Kultur [Orig.: *culture* »*folle*«][7] spielt. Dies erlaubt ihnen, andere an sich herankommen zu lassen, die bereits die Codes innerhalb des Klerus sowie darüber hinaus kennen. »Man erkennt sich leicht unter ›Homos unter dem Gewand‹, selbst wenn das Gewand nicht das gleiche ist«, sagt mir Bruder Alexandre im Interview. Diese Priester verkörpern dabei die Figur der »Sakristeitunte« [Orig.: »*grande folle de sacristie*«]. Nun ist dieser Ausdruck an sich bezeichnend: Die Sakristei entspricht hierbei so gut den Kulissen der liturgischen Bühne wie der *placard* der Bühne der Heteronormativität. Ein Raum außerhalb der Blicke des Publikums, auch wenn die Tür halb offen bleiben kann, der für Kleriker und ihnen am nächsten stehende Mitarbeiter*innen reserviert ist, wo man das Kostüm auszieht, das man auf der Bühne trug. Die Sakristei symbolisiert eine Gemeinschaft der *happy few*, die glaubt, von einer exklusiven Wissensmacht genussvoll zu profitieren, welche sie über die Laien stellt.

Einige verkörpern schließlich die Figur des »Pseudo«, welche homosexuelle Priester bezeichnet, die ihre Homosexualität vor

---

6   Vom Französischen »se camper" (Modell sitzen). Der englische Begriff »camp« verweist auf eine humoristische Sensibilität und auf eine Ästhetik, die gewollt unmännlich, überschwänglich, flamboyant und kitschig ist; entstanden in der schwulen Subkultur. Vgl. *S. Sontag*, Notes on »Camp≪ Partisan Review, Bd. 4, 1964, Herbst, 515–530. Im übertragenen Sinn bezeichnet *camp* nach Jack Babuscio jede kulturelle Praxis, die selbst Ausdruck einer »schwulen Sensibilität« ist oder als diese in der schwulen Subkultur interpretiert wird, ggf. ohne dies gewollt zu haben. Vgl. *J. Babuscio*, Camp and the Gay Sensibility, in: R. Dyer (Hrsg.), Gays and Film, New York 1977, 40–57.

7   *Anmerkung der Übersetzung*: Der französische Begriff *culture* »*folle*« spielt hier mit mehreren Bedeutungsebenen, die sich nicht eins zu eins ins Deutsche übersetzen lassen. Neben der vordergründigen Übersetzung der »verrückten« oder »närrischen« Kultur bezeichnet die *subculture* »*folle*« in teils von der Mehrheitsgesellschaft abwertender Weise eine *schwule* Subkultur, die auf einer stereotypisch femininen Performance basiert. So lässt sich auch *(grande) folle* [Slang und teils abwertend] am ehestens als *Tunte* oder *Queen* übersetzen.

sich selbst nicht verleugnen, genauso wie die »Sakristeitunten«; sie stehen sogar gegenüber manchen ihrer Mitbrüder oder Freunden dazu. »Nie gegen sich selbst sprechen«, wie mir ein »Pseudo« sagte, sondern vorsichtig für die »LGBTIQ-Anliegen« innerhalb der Kirche und/oder der Gesellschaft aktiv sein. Wie mir ein Pseudo, Bruder Martin (60 Jahre, Gemeindpfarrer, aber von seinem Bischof aufgrund seiner progressiven Ansichten geächtet), berichtet, geht es darum, »sich für ein Existenzrecht anzupassen«, und wenn »ich weiß, wer ich bin, geht das gut«. Das hindert ihn nicht daran, als »Erzieher zu Toleranz«, wie er sich selbst bezeichnet, seine Gemeindemitglieder herauszufordern, um ihre eventuell homophoben Konzepte ans Licht zu bringen. Dabei hütet er sich gleichzeitig davor, sich vor ihnen zu outen. In diesem Sinn sind die »Pseudos« weder komplett im *placard* – genau genommen haben sie sich teilweise geoutet –, noch gehen sie als Schwule komplett an die Öffentlichkeit, was ihnen irrelevant oder in der Kircheninstitution unmöglich erscheint (denn das, was zählt, ist der Respekt der Enthaltsamkeit).

Man findet in dieser »Typologie«, welche auf der Basis von Deutungsmustern geformt wurde, die an ein Triptychon erinnernde Unterscheidung wieder, die von Albert Hirschman[8] [für Verhalten gegenüber der eigenen Organisation, *Anm. d. Übers.*] angesichts harter Zeiten aufgestellt wurde: Abwendung, Ergreifen des Wortes – hier in zwei Formen: mit dem Körper und mit der Stimme – oder stillschweigende Loyalität. Besonders interessant erscheint der Fall der »Maulwürfe«, welche in ihrer Institution, von der sie – zu Recht oder Unrecht – annehmen, dass sie in ihrem negativen Verständnis von Homosexualität erstarrt wäre, die stillschweigende Loyalität zu verkörpern glauben. Diese »Maulwürfe«, die man unter den älteren Priestern antrifft, sind auch

---

8 Vgl. *A. Hirschman*, Abwanderung und Widerspruch. Reaktionen auf Leistungsabfall bei Unternehmungen, Organisationen und Staaten, Tübingen 1974 [orig. 1970].

sehr häufig in der Generation vertreten, die man nach Johannes Paul II. benennt. Sie gelten als Schlüsselgeneration in Bezug auf die »Neuformulierung des Priesterideals«[9]. Als Reaktion auf den »Katholizismus der Öffnung«, der während der 70er- und 80er-Jahre des letzten Jahrhunderts im Vordergrund der katholischen Bühne stand, verkörpern diese Priester mehrheitlich den »identitären Katholizismus«. Obwohl ein solcher Katholizismus sich in Wirklichkeit seit den 1970er-Jahren aufbaut, überschreitet er die Schwelle der Sichtbarkeit innerhalb der Kirche in den 1990er-Jahren mit dem Eintritt dieser jungen Priester in den ausgedünnten kirchlichen »Markt«. Diese beanspruchen gegenüber ihren Gläubigen eine Sonderstellung und Vorbildfunktion. Zu diesem Zweck tragen sie das Priestergewand oder die Soutane, üben offen Kritik an der vermeintlichen Laxheit der Älteren und führen den moralischen Diskurs von Rom kompromisslos weiter. Es ist auch dieser identitäre Katholizismus, der auf den Straßen von Paris, Lyon und Bordeaux bei der »Demo für alle« [*la manif pour tous*: Demonstration gegen die Ehe für alle und das Adoptionsrecht für gleichgeschlechtliche Paare, *Anm. d. Übers.*] triumphierte. Bei dieser Gelegenheit sah man sehr wohl auch schwule Priester, die gegen sich selbst demonstriert haben.

Aus dem Französischen übersetzt von Theo Schenkel und Thomas Spinrath.

---

9 C. *Béraud*, Prêtres de la génération Jean-Paul II. Recomposition de l'idéal sacerdotal et accomplissement de soi, in: Archives de sciences sociales des religions, Nr. 133, März 2006, 45–66.

Teil 4

Weitende Perspektiven und Solidarität

1. Kirchenpolitisches

Es ist Zeit, dass es Zukunft wird

Hille Haker

Exklusionserfahrungen gehören zu den schlimmsten Erfahrungen, die Menschen machen können. Sie reißen tiefe Wunden, wenn sie sich wiederholen. Die kontinuierlichen Ermahnungen der Kirchenhierarchie – etwa der Rückzug in ein zölibatäres Leben – und Problematisierungen wirken auf manche Katholik*innen wie ein Brandbeschleuniger für Ressentiments, häufig biblisch unterlegt mit Augustinus' Genesisauslegung. Aber Augustinus interessierte sich vor allem für die Unkontrollierbarkeit des *Begehrens*, dem der auf das Gute ausgerichtete *Wille* gegenübersteht. *Moralische Scham* betrifft in seiner Moraltheologie das eigene Unvermögen, moralisch zu handeln, und insofern auch die eigene moralische Integrität. Sie mag im schlimmsten Fall zu einer andauernden Zerrissenheit in der eigenen Identität führen oder das Gefühl verstärken, einen Teil von sich *vor sich selbst* verstecken zu müssen. Die *soziale Scham*, wie ich sie nennen will, besteht demgegenüber in dem Gefühl, der Beschämung durch andere ausgeliefert zu sein, ihr nichts entgegensetzen zu können und sozial »falsch« zu sein. Diese Scham meint nicht die Verzweiflung darüber, den eigenen moralischen Normen nicht genügen zu können, sondern besteht darin, gedemütigt zu werden. Für LGBTIQ+-Katholik*innen ist diese Art der sozialen Beschämung durch ihre Kirche nicht die Ausnahme, sondern die Regel. Sie hören wieder und wieder, dass sie »falsch« sind, »anders«, ihr Handeln »obszön«, und mit jeder neuen Erfahrung wird die Wunde der Verletzung tiefer, zuweilen so tief, dass das eigene Selbstbewusstsein daran zerbricht. So jedenfalls beschreibt es, stellvertretend für viele andere, Kate Henley Averett, die die Kirche verlassen musste, um wieder atmen zu können.[1]

Die kirchlichen Normen verdammen unzählige LGBTIQ+-Menschen dazu, sich in einem Schrank zu verstecken, wie es im Englischen heißt, und *in the closet* zu leben. Erwachsene Menschen werden auf diese Weise in ihrem sozialen Leben zum Stillschweigen über ihre sexuelle Orientierung oder geschlechtliche Identität verpflichtet. Häufig werden dadurch nicht nur sie selbst, sondern auch ihre Partner*innen in den »Schrank« geschickt, weil sie mit ihrer Existenz und Anwesenheit die berufliche Existenz der Partner*innen zerstören würden. Vielen nimmt die alltägliche systemische Diskriminierung in der Kirche auch deshalb den Atem, weil sie ihr nicht entkommen können, ohne die Kirche oder ihren Beruf aufzugeben. Die ihnen durchaus zuerkannte Würde, die ohne jede Auswirkung auf Rechte bleibt, ist eine Worthülse oder, schlimmer noch, ein Feigenblatt, das über die Verletzung von Menschenrechten hinwegtäuschen soll. Wie gut, dass es nun weggerissen wird! Wie notwendig – und doch auch: Wie mutig, gegen die Kirchen- und Lehrmacht aufzubegehren und mit der eigenen Stimme zu sprechen!

In den USA erklärte 1997 die bischöfliche Kommission für Ehe und Familie: »[T]he Church teaches that homogenital behavior is objectively immoral, while making the important distinction between this behavior and a homosexual orientation, which is not immoral in itself.«[2] Aber wie kann jemand sich als von Gott geliebt und bedingungslos angenommen erfahren, wenn die Bedingungen für die moralische Anerkennung immer gleich

---

1 *K. H. Averett*, The Stories we Tell, in: J. P. Hornbeck/Ch. Firer Hinze (Hrsg.), More than a Monologue. Sexual Diversity and the Catholic Church, Bd. I: Voices of Our Times, New York 2014, 143–149, 146.

2 U. S. Bishops' Committee on Marriage and Family, Always Our Children. A Pastoral Message to Parents of Homosexual Children and Suggestions for Pastoral Ministers, USCCB, 1997. https://www.usccb.orf/resources/always-our-children.

mitgeliefert werden? Wenn Päpste, Glaubenskongregation und Ortskirchen seit Jahrzehnten betonen, dass Gottes Plan nun einmal nicht vorsehe, dass Schwule oder Lesben einander leiblich lieben dürfen, sofern sie im Rahmen der kirchlichen Morallehre handeln wollen? 2006 verschärfte die amerikanische Bischofskommission den Ton eher noch. Sich gegen die göttlich vermittelte natürliche Moralordnung zu stellen, zerstöre die moralische Integrität und Würde, die authentische Humanität, und die letzte Erfüllung des Lebens sei nicht im Widerspruch zur naturrechtlichen Ordnung zu erreichen.[3] Auch wenn dies schwerfalle, gelte es, sich in der Tugend der Keuschheit zu üben. LGBTIQ+-Personen sollten sich nicht beschämt fühlen, sondern sich (im moralischen Sinn) schämen – und sich auf den Weg eines gottgewollten Lebens machen. Damit dies gelingen kann, mahnen die US-Bischöfe dabei aus einer generösen Machtposition heraus, dass die Gemeinden homosexuelle Menschen in Liebe willkommen heißen sollten: »A welcoming stance of Christian love by the leadership and the community as a whole is essential for this important work.«[4] Die Kirche will bis heute nicht erkennen, dass sie es ist, die Menschen ausschließt, wenn sie deren geschlechtliche Identität bzw. sexuelle Orientierung moralisiert.[5] Dagegen lehnt sich in den USA etwa die Organisation *Dignity USA* auf.[6] In ihrem Positionspapier heißt es: »We believe that gay, lesbian, bisexual, transgender, queer and intersex persons can express their sexuality and gender identities and expressions in a manner that is consonant with Christ's teaching.«[7]

---

3   U. S. Catholic Conference of Bishops, Ministry to Persons with a Homosexual Inclination. Guidelines for Pastoral Care, 2006. https://www.usccb.org/resources/ministry-to-persons-of-homosexual-iInclination_0.pdf.

4   Ebd.

5   Vgl. *M. Sepidoza Campos*, Embracing the Stranger. Reflections on the Ambivalent Hospitality of LGBTIQ Catholics, in: J. P. Hornbeck/M. A. Norko (Hrsg.), More than a Monologue. Sexual Diversity and the Catholic Church, Bd. II, Inquiry, Thought and Expression, New York 2014, 162–169.

6   Vgl. https://www.dignityusa.org/.

7   https://www.dignityusa.org/news/stub.

Niemand anderes als der Apostel Paulus, dessen Brief an die Gemeinde in Ephesus von den amerikanischen Bischöfen mit seinem Aufruf zur Einheit zitiert wird, beginnt seinen Brief mit der Erfahrung der Exklusion. Er erinnert die Gemeinde daran, dass auch sie einmal »ausgeschlossen vom Bürgerrecht Israels [waren] und Fremdlinge, nicht einbezogen in die Bundesschlüsse der Verheißung, ohne Hoffnung und ohne Gott in der Welt« (Eph 2,12). Paulus zeigt der Gemeinde einen Weg auf, wie die Identität des einen nicht auf Kosten der Entfremdung anderer entstehen kann. Dies ist die eigentliche Leistung der christlichen Gemeinschaft, die immer wieder neu eingeholt werden muss: »Ihr seid also jetzt nicht mehr Fremde und ohne Bürgerrecht, sondern Mitbürger*innen der Heiligen und Hausgenoss*innen Gottes. Ihr seid auf das Fundament der Apostel und Prophet*innen gebaut; der Eckstein ist Christus Jesus selbst.«[8]

Im deutschen Wort »Zukunft« schwingt mit, dass etwas Neues, Fremdes, nie Gesehenes – oder jemand Fremdes – auf uns zukommt. Dieses Zukommende muss als ein Wendepunkt für die existenzielle Identitätssuche und die christliche Identität erfahrbar sein – und zwar für alle. Dies ist der universale, katholische Anspruch der christlichen Kirche. Die Forderungen der LGBTIQ+-Theolog*innen sind daher nichts anderes als dies: die Erinnerung daran, dass auch sie die Hausgenossen*innen Gottes sind, dass auch sie die Arbeiter*innen im Weinberg sind und dass sie genauso Gastgeber*innen wie Gäste im Haus Gottes sind. Ihnen kommt wie allen anderen Menschen ein Anspruch auf menschenwürdige Behandlung in ihrem Privatleben wie auch im Berufsleben zu. Weil wechselseitige Anerkennung und die Übernahme von Verantwortung die Kernbotschaft der christlichen Morallehre ist[9], ist die Neujustierung der katholischen Ethik dringend

---

8 Den Briefen des Apostels Paulus tut es erstaunlich gut, wenn sie in geschlechtergerechter Sprache gelesen werden.

9 *H. Haker*, Recognition and Responsibility, in: *Religions* 12 (7), 2021, 467. https://doi.org/10.3390/rel12070467.

notwendig. Die Mahnung zur moralischen Scham sollte daher eher denjenigen gelten, die sich an der Demütigung von Menschen beteiligen, als denjenigen, die beschämt und ausgeschlossen werden. Diese Wende in der Perspektive steht aus, aber sie steht nun auch ganz oben auf der Agenda der Katholik*innen.

Daher kann ich mich dem Manifest nur anschließen.

Die »Kultur der Angst« überwinden

Klaus Pfeffer

»Wir sind's!« So outet sich eine große Zahl von Mitarbeitenden unserer Kirche mit ihrer »anderen« sexuellen Identität – »anders« im Sinn der Abweichung von dem, was die römisch-katholische Tradition für »normal« hält. »Wir sind's!« – mich erinnert dieses gemeinschaftliche Coming-out an meine erste Begegnung mit einem Menschen, der mir gegenüber seine Homosexualität offen bekannte. »Ich bin's«, rief er aus, als wir in einer kleinen Runde befreundeter Theologiestudierender in den 1980er-Jahren darüber spekulierten, wie sich das wohl anfühle, wenn jemand homosexuell sei. Urplötzlich platzte es aus ihm heraus: »Fragt mich doch einfach – ich bin's!« Für mich war das damals neu. Ich kam aus einer katholisch geprägten ländlichen Gegend im Sauerland. Über Sexualität wurde in meiner Familie nicht gesprochen, und Homosexualität war erst recht ein Tabu. Es gab sie schlichtweg nicht, weil es sie nicht geben durfte.

Das setzte sich fort, als ich mich für das Theologiestudium entschied und mich im sogenannten »Kasten«, dem Studienkolleg des Ruhrbistums, mit vielen anderen jungen Männern auf das Priesteramt vorbereitete. Sexualität war damals in der Priesterausbildung kaum ein Thema, auch nicht im Zusammenhang mit der Vorbereitung auf die zölibatäre Lebensform. Zwar gab es die eine oder andere Veranstaltung im Rahmen unserer Ausbildung – aber an eine offene und ernsthafte Auseinandersetzung mit Fragen zur Sexualität erinnere ich mich nicht.

Heute wissen wir, welche fatalen Folgen die Tabuisierung der Sexualität mit sich bringen kann. Wir wissen auch um die gefährliche und zerstörerische Wirkung der vielfältigen Abwertung der Sexualität und ihrer Verbindung mit ständiger Sündengefahr.

Damals durchschaute ich das nicht. Es war eben so in der katholischen Welt: Die überkommene Sexualmoral durfte nicht hinterfragt werden.

Umso befreiender wirkte der Ruf »Ich bin's« meines Studienkollegen – auch auf mich als heterosexuellen Menschen. Da sprach jemand offen über seine Sexualität und trug dazu bei, dass für andere und für mich selbst die Auseinandersetzung mit der Sexualität möglich wurde – ohne Angst und ohne ständige moralische Werturteile im Hinterkopf.

Mir wurde seither zunehmend deutlich, welches Leid eine Sexualmoral hervorbringt, die die menschliche Sexualität vor allem als Quelle von Sünde und Gefahr betrachtet. Der Theologe und Psychoanalytiker Dieter Funke spricht vom Ideal »der vollkommenen sexuellen jungfräulichen Enthaltsamkeit«, das in der katholischen Kirche im Dauerkonflikt zur gelebten Sexualität stehe[1]. Das Ideal der »Asexualität« sei »über die Jahrhunderte in die tieferen Seelenschichten der Gläubigen eingedrungen« und präge deren »unbewusstes christlich-kirchliches Selbstverständnis«[2]. Gelebte genitale Sexualität hat demnach ausschließlich Raum in einer kirchlich gültigen sakramentalen Ehe zwischen Frau und Mann. Alles andere ist »Sünde« und darf nicht sein. Viele Generationen sind von einer solchen Moral zutiefst geprägt worden – und verbanden ihre Sexualität meist mit Ängsten und Schuldgefühlen.

Die Folgen für Katholik*innen, die von einer Heteronormativität abweichen, sind besonders dramatisch. Die vertrauensvollen Gespräche, die dem »Ich bin's« meines Studienkollegen folgten, gaben mir damals einen erschütternden Einblick in den Weg eines jungen Mannes, der seine homosexuelle Identität erkennt. Mühsam musste er lernen, sich selbst zu verstehen und anzunehmen – und nicht den verbreiteten Urteilen zu erliegen, »anormal« zu sein. In den folgenden Jahrzehnten meines Lebens begegneten

---

1 *D. Funke*, Die Wunde, die nicht heilen kann, Oberursel 2010, 19.
2 Ebd., 28.

mir immer mehr Menschen mit homosexueller, bisexueller oder transidenter Identität. Ihre Lebensgeschichten, die oft auch Leidensgeschichten sind, bewegen und beeindrucken mich. Zugleich bin ich erschrocken und fassungslos, welches Leid eine rigide Sexualmoral verursacht, die die Lebensrealität und die Lebenserfahrungen der Menschen nicht wahrnimmt und humanwissenschaftliche Erkenntnisse völlig ausblendet.

Die katholische Sexualmoral ist geprägt vom »naturrechtlichen« Denken, das unmittelbar aus der Natur moralische Prinzipien ableitet und für unverrückbar erklärt. Über Jahrhunderte hat ein solches Denken die Menschheit geprägt. In alltagssprachlichen Redewendungen ist das heute noch zu erahnen, wenn dieses oder jenes Verhalten als »natürlich« oder »normal« bewertet wird. Moralische Prinzipien, Werte und Normen fallen aber nicht vom Himmel, um für jede Zeit und jede Situation klare Orientierungen geben zu können. Sie erwachsen aus menschlicher Erfahrung und Auseinandersetzung. Religiöse Grundüberzeugungen, kirchliche Tradition, Interpretation der Heiligen Schrift sind für Christen wichtige Quellen, aber genauso auch die konkreten menschlichen Erfahrungen, die Gefühle und Empfindungen von Liebe und Zuneigung sowie nicht zuletzt die humanwissenschaftlichen Erkenntnisse, die durch die Zeit immer weitergewachsen sind.

Heute wissen wir, dass die menschliche Sexualität weit komplexer, vielfältiger und widersprüchlicher ist, als es die kirchliche Sexualmoral in ihren Festlegungen annimmt. Eberhard Schockenhoff hat dies in seinem letzten, unvollendet gebliebenen Werk eindrucksvoll aufgezeigt. Sexualität ist eine »grundlegende Lebensenergie des Menschen«[3], die »polyvalente Grundfunktionen oder Sinndimensionen«[4] aufweist. Es gibt nicht nur einen einzigen »primären Naturzweck der Sexualität«[5]. Die homosexuelle

---

3   *E. Schockenhoff*, Die Kunst zu lieben. Unterwegs zu einer neuen Sexualethik, Freiburg i. Br./Basel/ Wien 2021, 307.
4   Ebd.
5   Ebd., 176, 254, 312.

Orientierung ist *eine* Variante der menschlichen Sexualität – von der es noch viele weitere Varianten gibt. Menschen suchen sich ihre sexuelle Orientierung nicht aus – sie sind heterosexuell, homosexuell, bisexuell, transident. Sie haben deshalb ein Recht darauf, ihre Identität zu leben. Ihnen dieses Recht abzusprechen und ihre sexuelle Identität moralisch zu entwerten, zu verurteilen oder gar zu pathologisieren und zu kriminalisieren, ist unmenschlich und verwerflich.

Viele persönliche Begegnungen haben mir gezeigt, welche menschlichen Tragödien sich gerade im kirchlichen Bereich ereignet haben und leider immer noch ereignen. Menschen, deren sexuelle Identität von der kirchlichen Norm abweicht, mussten ihre Empfindungen verbergen, sahen sich dem Vorwurf ausgesetzt, »falsch« zu sein. In manchen Familien spielten sich furchtbare Dramen ab, wenn Beziehungen zwischen Eltern und homosexuellen Töchtern oder Söhnen zerbrachen. Und nicht zuletzt standen und stehen homosexuelle oder transidente Menschen in der Kirche unter einem besonderen Druck, weil sie um ihre menschliche Akzeptanz und vor allem um ihren Arbeitsplatz fürchten.

Darum begrüße ich es, wenn sich Mitarbeitende im kirchlichen Dienst offen zu ihrer sexuellen Identität bekennen und von dem berichten, was sie empfinden, erfahren und vor allem erleiden. Sie sprechen für eine noch viel größere Zahl von Mitarbeitenden, die Betroffene einer »Kultur der Angst« sind, weil das kirchliche Arbeitsrecht mit seiner Grundordnung und den dazugehörigen »Loyalitätsobliegenheiten« das private Beziehungsleben und damit auch die sexuelle Orientierung zu einem entscheidenden Gradmesser der Zugehörigkeit zum kirchlichen Dienst macht. Die menschlichen Tragödien, die das kirchliche Arbeitsrecht hier verursacht hat, sind noch viel zu selten erzählt worden und brauchen dringend eine ehrliche Aufarbeitung. Diese »Kultur der Angst« muss überwunden werden – durch einen Perspektivenwechsel und eine Neuformulierung einer Grundordnung, die sich nicht mehr auf das private Leben von Mitarbeitenden fixiert. Vielmehr sollte sie zu einem inhaltlichen, werteorientierten Prozess beitragen, damit in jeder kirchlichen Organisation und Einrichtung differenziert und konkret danach gesucht werden kann, was es denn bedeutet, in einer Dienstgemeinschaft zu arbeiten und darin ein christliches Profil konkret zu leben.[6]

Das Manifest *#OutInChurch* verstehe ich als wichtigen Beitrag zu einer dringend notwendigen Debatte. Kirchliche Lehrentwicklung ist mühsam und konfliktbeladen – gerade in einer Weltkirche, in der sehr unterschiedliche Kulturen um eine Lehre ringen, die verbinden und weltweit Orientierung geben soll. Das braucht Zeit, vor allem aber viel Raum für einen offenen und angstfreien Diskurs. Große Veränderungen in der Lehre haben sich in der Kirchengeschichte meist erst nach langwierigen Auseinandersetzungen durchgesetzt. Zugleich ging solchen Veränderungen aber auch eine sich bereits Schritt für Schritt durchsetzende veränderte Praxis voraus. Das gilt gegenwärtig ebenfalls in vielen Fragen der Sexual- und Beziehungsmoral, denn manche Positionen in der kirchlichen Lehre werden schon jetzt kaum noch oder gar nicht mehr von den Gläubigen übernommen, rezipiert und praktiziert.

Im Rückblick auf meine eigene Lebensgeschichte stelle ich fest, dass mir das persönliche Gespräch und die Begegnung mit homosexuellen und transidenten Menschen die Augen geöffnet haben für ein großes Unrecht, das vielen von ihnen im kirchlichen Raum angetan wurde und wird. Die Liebe zwischen Menschen in partnerschaftlicher Verantwortung darf nicht länger als abstrakte und theoretische Frage eines »Naturrechts« betrachtet werden. Liebe hat mit tiefen inneren Gefühlen und Empfindungen zu tun, ist eine Frage des gegenseitigen Respektes, der Achtung – und nicht zuletzt ein Geschenk, das Menschen zufällt und von Außenstehenden nicht verurteilt, entwertet oder gar verboten werden darf.

---

6 Dazu habe ich mich in einem Vortrag bei der 23. Fachtagung zum kirchlichen Arbeitsrecht in Eichstätt im Jahr 2020 ausführlich geäußert: K. Pfeffer, Das notwendige Ende einer »Kultur der Angst« im kirchlichen Arbeitsrecht, in: R. Oxenknecht-Witzsch (Hrsg.), Kirchliches Arbeitsrecht – Motor oder Bremse? Köln 2020, 9–16.

Raus aus der Sackgasse! – Coming-out im kirchlichen Kontext als Chance

Peter Beer

Zeitsignaturen

Man braucht nicht lange zu überlegen, wenn einem die Frage nach einer Zeitsignatur für die Kirche von heute gestellt wird. Es ist der Umgang mit den Fällen sexuellen Missbrauchs im Verantwortungsbereich der Kirche und dem daraus resultierenden Vertrauensverlust. Auch wenn sich dabei mehr oder weniger alles immer wieder auf den einen Kristallisationspunkt der Diskrepanz zwischen Reden und Tun, Schein und Sein, Anspruch und Wirklichkeit zurückführen lässt, so darf eines nicht übersehen werden: Der Vertrauensverlust ist vielfältig und mehrschichtig. Er betrifft zuallererst die von sexuellem Missbrauch Betroffenen und ihnen nahestehende Personen. Sie haben darauf vertraut, dass die Kleinen und Schwachen entsprechend der Botschaft Jesu geschützt werden und sicher sind. Die Gesellschaft hat Vertrauen verloren in diejenigen, denen sie als Sozial- und Bildungspartner dahingehend vertraut hat, dass Sinn und Werte nicht nur verkündet, sondern auch gelebt werden, um den sozialen Zusammenhalt und Gerechtigkeit zu stärken. Vertrauen ging aber ebenso innerhalb der Kirche bei denen verloren, die sich haupt- und ehrenamtlich engagieren. Es ging das Vertrauen verloren, dass diejenigen, die etwas zu sagen haben, die entscheiden, kurz: dass die Mächtigen in der Kirche ihr Amt wirklich als Dienst verstehen, dass sie wirklich als apostolisches Fundament der Kirche klar in der Nachfolge Christi für Wahrheit, Verantwortung und Aufrichtigkeit stehen.

Der Verlust an Glaubwürdigkeit ist für die Kirche verheerend, desaströs, existenzgefährdend. Er ist es deshalb, weil die Kirche aufgrund des Vertrauensverlusts in der Gefahr steht, ihr Wesen und ihren Zweck zu verfehlen und damit in gewisser Weise auch ihre Berechtigung. Wer Glauben wirkmächtig verkünden will, der muss selbst – im wahrsten Sinne des Wortes – glaub-»würdig« sein; wem man nicht vertraut, nicht glaubt, der kann nicht wirklich über Glauben sprechen. Die Kirche existiert deshalb, um den Sendungsauftrag zu erfüllen, die Frohe Botschaft vom Reich Gottes zu verkünden und die Menschen zu einer lebendigen Beziehung zu Jesus Christus im Glauben hinzuführen. Wenn sie dies aufgrund des Vertrauensverlustes nicht kann, ist klar, was das bedeutet.

Der Verlust der Glaubwürdigkeit in diesem Feld ist aber nicht das einzige fundamentale Problem der Kirche. Hinzu kommt, dass oftmals unter den Bedingungen gegenwärtigen gesellschaftlichen Lebens Positionen, Haltungen und Verhalten der Kirche nicht mehr nachvollzogen und verstanden werden und genauso wenig auf Verständnis stoßen. Sicherlich mögen jetzt so manche einwenden, das sei ja wohl dann ein Problem der Gesellschaft und nicht der Kirche, aber eine solche Positionierung dürfte doch etwas unterkomplex sein. Dies wird deutlich, wenn man sich ins Gedächtnis ruft, dass sich die Kirche selbst als Sakrament, d. h. als Zeichen und Werkzeug der innigsten Vereinigung der Menschen untereinander und der Menschen mit Gott, definiert (vgl. LG 1). Was nun aber, wenn die Kirche so wahrgenommen wird, dass sie eher spaltet und trennt, als diese besagte Vereinigung, Gemeinschaft und Einheit für die Welt exemplarisch als Zeichen darzustellen und in dieser Welt als Werkzeug zu bewirken?

Zeichen und Werkzeug kann man nicht ohne Bezug zu denjenigen und Eingehen auf diejenigen sein, denen ein Zeichen gegeben und mit denen zusammen etwas bewirkt werden soll. Fehlt dieser Bezug, funktionieren weder Zeichen noch Werkzeug. Man kann dann auch selbstverschuldet nicht auf Verstehen und Verständnis hoffen und eng damit zusammenhängend für sich Glaubwürdigkeit beanspruchen. Deutlich wird dies auch und gerade im Kontext des kirchlichen Umgangs mit LGBTIQ+-Personen. Mag diesen Umgang verstehen, wer will, aber nach dem Empfinden und der Überzeugung eines Großteils unserer Gesellschaft gibt es an dieser Stelle zu viele Widersprüchlichkeiten, die Verstehen, Verständnis und Glaubwürdigkeit im Blick auf die Kirche erschweren oder sogar verunmöglichen. Zum einen wird von der nötigen katechismusgemäßen Toleranz gegenüber LGBTIQ+-Personen gesprochen, zum anderen haben diese aber mit ernstlichen Konsequenzen (zum Beispiel Kündigung vom kirchlichen Arbeitgeber) zu rechnen, wenn sie ihre Sexualität als ein wesentliches Merkmal ihrer Person/Persönlichkeit leben. Zum einen wird auf die Verbundenheit von Glauben und Vernunft hingewiesen und zum anderen haben neuere Erkenntnisse aus Humanwissenschaften und Theologie nahezu keinen Einfluss auf die offiziellen kirchlichen Verlautbarungen beziehungsweise Positionen. Zum einen wird das Einheitsstiftende der Kirche hervorgehoben und zum anderen hat man zum Beispiel für homosexuelle Paare, die dauerhaft füreinander Verantwortung übernehmen wollen, kein gutes Wort, das ihnen im Namen Gottes durch die Kirche zugesprochen werden könnte. Zum einen unterliegen zum Beispiel homosexuelle Personen im kirchlichen Umfeld signifikanten Einschränkungen, zum anderen aber nimmt man die fachlichen Qualifikationen, ihre Einsatzbereitschaft, ihre Kreativität etc. gerne in Anspruch – solange sie ihre sexuelle Orientierung offiziell verleugnen, verschweigen, unterdrücken und keinesfalls in irgendeiner Weise wahrnehmbar leben.

Coming-out als Chance

In diesen Widersprüchlichkeiten und den damit nahezu notwendigerweise verbundenen Unaufrichtigkeiten in intellektueller wie moralischer Hinsicht hat sich die katholische Kirche schon lange Zeit verfangen und zeigt sich als *lame duck* in Sachen Sexualität sowie der darauf bezogenen Morallehre. Es ist höchste Zeit, aus der selbst gebauten Sackgasse herauszukommen. Aber wie soll das gehen? Argumentativ läuft es zäh, und das schon seit Jahren. Vor diesem Hintergrund erscheint das Coming-out von LGBTIQ+-Personen, die im Kirchendienst tätig sind, eine angemessene Ergänzung zu all den fachlich-inhaltlichen Diskussionen zu sein. Wieso?

Weil damit deutlich wird, wie viele Menschen von der für sie schwierigen Positionierung der Kirche betroffen sind und wie viele bzw. welche Kompetenzen die Kirche verlieren würde, wären LGBTIQ+-Personen nicht Teil von ihr und/oder würden sich diese Personen eben genau wegen der kirchlichen Positionierung aus ihr verabschieden. Es wird deutlich, welche Bereicherung LGBTIQ+-Personen für die Kirche sind und in welcher Spannung dies zur wahrgenommenen mangelnden Wertschätzung und Anerkennung von ihrer Seite steht.

Des Weiteren wird mit dem Coming-out ganz konkret, worüber bislang mehr oder weniger abstrakt und damit auch mit Distanz diskutiert wird. Das Leiden und die Nöte von LGBTIQ+-Personen an und in der Kirche wird fassbarer und macht eindrücklicher als vieles andere deutlich, wie notwendig es ist, dass sie zu Veränderungen bereit ist. Darüber hinaus dürfte dann auch klar sein: Jede Konkretion ist die Grundlage für den tatsächlichen persönlichen Austausch, die persönliche direkte Begegnung. Bleibt man in der Abstraktion ohne die konkreten Lebensgeschichten und Lebenswege derer, die sich outen, verbleibt immer auch ein gewisser Rest an Möglichkeit der Verdrängung, des Verschweigens und der Vermeidung.

Alles in allem sollte also Kirche das Coming-out einiger zu ihrem eigenen machen, indem sie sich zu ihren Mitgliedern und Mitarbeitenden, die LGBTIQ+-Personen sind, bekennt, zu ihnen steht und die Chance zu mehr Ehrlichkeit, mehr Offenheit, mehr Glaubwürdigkeit nutzt.

Mit Coming-out fair umgehen

Ein erster Schritt in diese Richtung bestünde darin, mit denen, die sich jetzt outen, fair umzugehen. Konkret heißt das:

Erstens nicht bestrafen, sondern wertschätzen. Es ist ein Geschenk, dass sich LGBTIQ+-Personen trotz ihrer schwierigen Lage in der Kirche auch innerhalb der Kirche engagieren und als Glieder dieser Kirche in ihr um einen guten Weg in die Zukunft streiten.

Zweitens nicht ignorieren, sondern zeitnah agieren. Es braucht jetzt akzeptable Lösungen. Das Hoffen auf kirchlicher Seite, dass die Angelegenheit im Sand verläuft, sitzt man sie nur lange genug reaktionslos aus, ist inakzeptabel. Es geht um das Leben und das Glück von Menschen. Das verträgt keinen Aufschub.

Drittens nicht marginalisieren, sondern akzeptieren. Es wäre ein Fehler, das Coming-out als Problem weniger Einzelner zu framen. An dieser Stelle sei nochmals daran erinnert: Es geht hier um die Glaubwürdigkeit der Kirche als Ganzes. Nicht die LGBTIQ+-Personen im Kirchendienst machen die Kirche unglaubwürdig, sondern ihr Umgang mit ihnen rückt die Kirche in den Augen der Öffentlichkeit in die Nähe von Unglaubwürdigkeit.

Viertens nicht isolieren, sondern integrieren. Bisherige Standardformulierungen und theologische Floskeln mantraartig zu wiederholen, führt zu keinem echten Dialog. Es braucht das vertiefte Hören und tatsächliche Eingehen auf das, was LGBTIQ+-Personen betrifft und bewegt.

Von Gott geschaffen und geliebt

Birgit Mock

Am 10. Mai 2021 um 18 Uhr besuchte ich den Gottesdienst in der Kirche St. Agnes in Hamm. Pfarrer Bernd Mönkebüscher hatte mich zu dieser Segnungsfeier eingeladen, die zeitgleich in 100 katholischen Gemeinden in Deutschland im Rahmen der Aktion *#Liebegewinnt* gefeiert wurde. In St. Agnes waren über 40 Paare zugegen, alte und junge und viele sehr alte Paare, einige Männer-, einige Frauenpaare, manche Paare in zweiter Ehe verheiratet. Einige Frauen hatten einen kleinen Blumenstrauß dabei, andere waren besonders festlich gekleidet. Zu allen wurden Segensworte gesprochen. Viele hatten danach Tränen in den Augen. Einige Paare hörten diese Segensworte sicher das erste Mal im Rahmen einer Feier in einer offenen Kirche. Hier ist wirklich etwas passiert, etwas sehr Schönes, etwas Heilsames – eine Gottesbegegnung.[1]

Als Vorsitzende des Synodal-Forums »Leben in gelingenden Beziehungen – Liebe leben in Sexualität und Partnerschaft« denke ich oft an diesen Abend, wenn wir im Forum unsere Beschlusstexte für die Synodalversammlung vorbereiten. Wir haben den Auftrag, systemische Reformen auf den Weg zu bringen.

Wir, das sind 30 Persönlichkeiten, die im Forum mitarbeiten. Wir sind Vertreter*innen aus dem ZdK, Bischöfe, Verbandsfachleute, Wissenschaftler*innen, Gemeinde- und Pastoralreferent*innen, Personen mit Beratungserfahrung und Expert*innen aus der LGBTIQ+-Community. Seit Dezember 2019 treffen wir uns regelmäßig und haben in die zweite Synodalversammlung

---

1   Vgl. *B. Mock*, Segen schenken, in: M. Gräve/H. Johannemann/M. Klein (Hrsg.), Katholisch und Queer. Eine Einladung zum Hinsehen, Verstehen und Handeln, Paderborn 2021, 239–245, 243 f.

(30. September bis 2. Oktober 2021) in Frankfurt einen Grundlagentext eingebracht.[2]

Wenn ich im Rahmen dieses Buchbeitrages gefragt werde, welche (Wachstums-)Chance ich sehe, wenn sich engagierte queere Menschen in der Kirche outen und sich mit ihren Begabungen und ihrer queeren Identität in der Kirche einbringen, kann ich nur sagen: »Gott sei Dank, dass sie es tun, es geht nicht ohne sie.« Für uns im Forum ist die Mitwirkung von queeren Persönlichkeiten ein großer Glücksfall. Wir sprechen miteinander, nicht übereinander, wir hören von sehr persönlichen Erfahrungen, was dazu führt, dass auch viele andere persönlicher sprechen, wir äußern uns (ganz überwiegend) in einer sensiblen Sprache, wir ringen gemeinsam um den richtigen Weg. Ähnliche Erfahrungen hatten wir schon in den Jahren 2015 bis 2019 im ZdK gemacht, mit unserer divers besetzten Arbeitsgruppe zu Segensfeiern, die mit großer Fachkompetenz ein theologisches Positionspapier zur Einführung von Segensfeiern konzipierte, das am 23. November 2019 mit überwältigender Mehrheit in der ZdK-Vollversammlung beschlossen wurde.[3]

Ich glaube daran, dass alle Menschen die gleiche unverfügbare Würde haben. Dass sie von Gott geschaffen und geliebt sind, auch mit ihrer Sexualität. Und dass Sexualität zum Leben dazugehört.[4] Sie ist ein wichtiger Teil unserer Identität und untrennbar mit ihr verbunden.[5] Eberhard Schockenhoff schreibt von einer »lebensgeschichtlichen Aufgabe des Aufbaus einer Welt der Geborgenheit, Intimität und Nähe«, in der sich der Mensch »in seinem

---

2 Vgl. https://www.synodalerweg.de/dokumente-reden-und-beitraege.

3 Segen schenken – Segensfeiern für gleichgeschlechtliche Paare, Erklärung des Zentralkomitees der Deutschen Katholiken, 23. November 2019.

4 Vgl. *B. Mock*, Segen, 239.

5 *J. Sautermeister*, Sexualität und Identität. Theologisch-ethische und moralanthropologische Reflexionen, in: K. Hilpert (Hrsg.), Zukunftshorizonte katholischer Sexualethik, Freiburg i. Br. 2011, 112–133.

individuellen So-Sein als unbedingt bejaht und angenommen erleben kann«[6].

Reformen auf der Grundlage dieser Grundannahmen haben wir als Forum in unserem Grundtext der Synodalversammlung in einer ersten Lesung vorgestellt und dafür viel Rückenwind bekommen. Wir streben – mehrheitlich – eine positive Bewertung von Sexualität an, eine Änderung des kirchlichen Arbeitsrechts, eine Änderung im Katechismus, die Etablierung von Ansprechpersonen für LGBTIQ+ in allen Bistümern und die Ermöglichung von Segensfeiern für Paare, die sich lieben. Wir wollen als Kirche Paare in ihren Beziehungen begleiten, sie in ihrer Liebe bestärken und ihnen Zuspruch für die Herausforderungen des Lebens zusagen. Was ein Segen hier Wertvolles bedeuten kann, durfte ich in St. Agnes erleben.

In der derzeitigen kirchlichen Realität stellen wir leider immer noch fest, dass die sexuelle Identität zu Ausgrenzung und Diskriminierung führt. Auch disziplinarische Konsequenzen werden gezogen oder in Aussicht gestellt, wenn Seelsorgende der Bitte eines gleichgeschlechtlichen Paares nach einem Segen folgen. Ja, das kirchliche Lehramt bewertet eine solche Beziehung, die auch in Sexualität gelebt wird, (noch) als schwere Sünde. Aber während wir mitten im Synodalen Weg nach Lösungen suchen, sind in meinen Augen solche Disziplinierungen trotzdem wenig hilfreich. Umso weniger, da Bischof Helmut Dieser und ich im März dieses Jahres von Pfarrer Burkhard Hose 2.600 Unterschriften von Seelsorgenden entgegengenommen haben, die sich öffentlich dazu bekannt haben, Segensfeiern für liebende Paare durchzuführen. Im September auf der Synodalversammlung in Frankfurt wurden uns von »Publik Forum« weitere 13.617 Unterschriften mit diesem Bekenntnis übergeben.

---

6   *E. Schockenhoff*, Die Kunst zu lieben. Unterwegs zu einer neuen Sexualethik, Freiburg i. Br. 2021, 306.

Berührt hat mich unlängst auch die Erzählung eines*r jungen queeren Theolog*in mit großer Berufung zum Dienst, der*-die sich gegen ein Lehramtsstudium entschieden hat, weil er*sie die *Missio canonica* nach derzeitiger Auslegung wohl nicht erhalten wird und er*sie sich dieser Ablehnung nicht aussetzen möchte.

Die kirchliche Anerkennung von queerer Identität ist eine Frage, die uns alle angeht. Sie ist eine Frage unseres Grundverständnisses als Glaubende. Und sie ist für mich auch eine Frage der Menschenwürde. Gerade wenn wir feststellen, dass sich niemand seine Sexualität aussucht, sondern dass sie Ergebnis eines Reifungsprozesses ist, und wenn wir feststellen, dass Sexualität und Identität untrennbar miteinander verbunden sind – wie können wir dann als Kirche Personen auferlegen, ihre Identität zu leugnen, ihrer Berufung nicht zu folgen oder eine Paarbeziehung ohne gelebte Sexualität zu führen? Das ist nicht zeitgemäß, und das entspricht auch nicht meinem Gottesbild.

Wir sollten uns als Gläubige vielmehr dafür einsetzen, dass auch in anderen Nationen menschenrechtliche Verletzungen aufgrund von sexueller Identität, Leugnungen von sexuellen Identitäten und politische Verfolgungen endlich aufhören.

Vielen Menschen und Paaren wurde großes Leid angetan. Das müssen wir als Kirche endlich anerkennen. Daher braucht es sicher Mut, sich als queere Person zu outen, und diesen Mut bewundere ich! Ich unterstütze das Grundanliegen und die Kampagne. Und ich unterstütze das Manifest in allen seinen Punkten.

Kraft, Besonnenheit und Gottes Segen

Kerstin Söderblom

Ich freue mich mit meinen römisch-katholischen Geschwistern, dass sich so viele trauen, öffentlich zu sagen, was eigentlich schon lange klar ist: Auch die Menschen in der römisch-katholischen Kirche sind vielfältig. Sie leben verheiratet oder allein. Sie sind getrennt, geschieden oder wieder verheiratet, homo oder hetero. Sie leben mit und ohne Trauschein, mit und ohne Kinder. Sie sind lesbisch, schwul oder bisexuell, leben als Paar, in Regenbogenfamilien oder in generationsübergreifenden Wohngemeinschaften oder in anderen Wohnprojekten zusammen. Sie sind schwarz oder weiß, transident oder intergeschlechtlich, jung oder alt, gesund oder krank. Und ihnen allen ist gemeinsam, dass sie nicht in enge normierte Schubladen hineinpassen. Was für ein Glück!

Denn Kirchen und christliche Gemeinschaften formen zwar den einen Leib Christi, aber der ist vielfältig. Die Glieder am Leib sind verschieden. Sie haben ganz unterschiedliche Fähigkeiten und Potenziale. Das schrieb schon der Apostel Paulus in seinen Briefen (1 Kor 12 und Röm 12). Christliche Gemeinschaften sind bunt und lebendig wie die Menschen, die dort haupt- und ehrenamtlich arbeiten, Gottesdienste und Feste miteinander feiern. Sie gestalten Zusammenleben alltagsnah und gastfreundlich und tragen den Geist von Respekt und Wertschätzung auch aus den Kirchenmauern hinaus in die Welt.

Wenn es um die Vielfalt von Lebensformen und Geschlechtsidentitäten geht, konnte davon in der römisch-katholischen Kirche bisher allerdings kaum öffentlich erzählt werden. Ausgrenzung, moralische Anfeindung bis hin zu dienstrechtlichen Schritten oder (Androhung von) Kündigung waren die Folge. Auch aktuell ist nicht klar, welche Konsequenzen denjenigen drohen, die ihr

Gesicht zeigen und sich hinter die Forderung nach einer vielfältigen Kirche ohne Angst stellen. Das ist beunruhigend und beschämend. Denn ein Klima von Angst, Druck und Bedrohung ist einer Weltkirche nicht würdig.

Dabei sind im biblischen Verständnis alle Menschen nach Gottes Ebenbild geschaffen, unabhängig von Herkunft, Hautfarbe, Alter, körperlicher Befähigung, Geschlechtsidentität und sexueller Orientierung. Jeder Mensch ist einzigartig vor Gott und von Gott wunderbar gemacht (Psalm 139). Diese Einzigartigkeit und Vielfalt der Menschen spiegeln den Reichtum und die Diversität der gesamten Schöpfung wider, die Menschen bewahren sollen und nicht einengen und bevormunden.

Ich selbst habe mein Coming-out als lesbische Frau und evangelische Theologin in den 80er-Jahren des 20. Jahrhunderts durchlebt, als es auch in den evangelischen Landeskirchen noch nicht klar war, wie Kirchenleitungen reagieren würden. Es war befreiend für mich, endlich öffentlich so leben zu können, wie ich mich fühlte, ohne Versteckspiel und Angst vor Entdeckung. Ich bin meinem Arbeitgeber, der Evangelischen Kirche in Hessen und Nassau (EKHN), immer noch dankbar, dass die damalige Personalabteilung mir zwar Schwierigkeiten und Leiderfahrungen prophezeite, aber mir auch deutlich vermittelte: »Sie werden wegen ihrer Qualifikationen als Theologin eingestellt und nicht wegen oder trotz ihrer Lebensform!« Das waren klare Worte, die mir damals geholfen haben, in meinem beruflichen Umfeld zu mir zu stehen. Ich wünsche mir, dass meine katholischen Geschwister diese Worte endlich auch von ihren Vorgesetzten und leitenden geistlichen Ämtern hören!

Seit meinem Coming-out in den 1980er-Jahren sind zahlreiche ökumenische Netzwerke für christliche Lesben, Schwule und queere Menschen gegründet worden oder haben sich weiterentwickelt, wie z. B. Lesben und Kirche (LuK), Homosexuelle und Kirche (HuK), Netzwerk katholischer Lesben (NkaL), European Forum of LGBT Christian Groups oder das Global Network of

Rainbow Catholics. In diesen internationalen und überkonfessionellen Netzwerken wurden sichere und inklusive Orte geschaffen, an denen der Zusammenhang von Glaube und Queersein nicht mehr hinterfragt wird. Niemand muss sich dort rechtfertigen, weder für das eine noch für das andere. Mithilfe dieser Netzwerke gibt es mittlerweile im deutschsprachigen Raum und weltweit eine breite Vielfalt an inklusiven Regenbogengottesdiensten und Liturgien, bei denen sich alle Beteiligten sicher und willkommen fühlen. Das müsste aber auch in ganz herkömmlichen Gottesdiensten und Angeboten der römisch-katholischen Kirche gelten.

Als offen lesbisch lebende Seelsorgerin kommen viele Menschen ganz unterschiedlicher Konfessionen zu mir in die Sprechstunde. Viele von ihnen sind katholisch. Sie leiden darunter, dass ihnen eingeredet wird, sie könnten nicht gleichzeitig gläubig und queer sein, dass sie als sündig oder nicht gottgewollt bezeichnet werden. In säkularen Beratungseinrichtungen werden sie dagegen oftmals dafür kritisiert, dass sie überhaupt noch mit »so einem homo- und transfeindlichen Verein wie der Kirche zu tun haben«. Entweder ihr Glaube oder ihre Lebensform/Geschlechtsidentität wird ihnen abgesprochen. Die Folgen sind teilweise dramatisch: Scham- und Schuldgefühle, Verstecken und Doppelleben, Schlafstörungen, Stress bis hin zu internalisierter Homo- oder Transfeindlichkeit. Es sind handfeste spirituelle Diskriminierungs- und Gewalterfahrungen, die nicht wenige in kirchlichen Kontexten erlebt haben. Der Psychotherapeut und Professor Ilan H. Meyer nannte diese Symptome bereits in den 90er-Jahren des 20. Jahrhunderts »Minderheitenstress«. Dieser kann auch durch religiös legitimierte Androhung von Hölle und Verdammnis ausgelöst werden.

Solche Erfahrungen widersprechen diametral meinem Verständnis von christlichen Kirchen, egal welcher Konfession. Christliche Kirchen sind für mich sichere Orte, an denen darauf geachtet wird, dass Menschen respektvoll miteinander umgehen und sich gegenseitig Gesundheit, Lebensfreude und Schalom (ganzheitliches Wohlbefinden) wünschen. So wie es Jesus im Doppelgebot der Liebe als höchstem Gebot auf den Punkt gebracht hat: Liebe Gott und deinen Nächsten wie dich selbst! Dabei geht es nicht um romantische Liebe zwischen zwei Menschen, sondern um die Grundhaltung von Wertschätzung und Respekt gegenüber allen Menschen.

Ich bin davon überzeugt, dass die Entscheidung meiner römisch-katholischen Geschwister, an die Öffentlichkeit zu gehen, einen wichtigen Beitrag dazu leistet, dass auch die römisch-katholische Kirche vielfältiger und ehrlicher wird. Dafür wünsche ich allen Beteiligten Kraft, Besonnenheit und Gottes Segen. Ganz ohne Angst.

2. Queere Netzwerke und LSBTIQ+-Pastoral

Ein Jahrzehnt queerer kirchenpolitischer Aktivismus für eine Kirche ohne Angst – Die Arbeit des Katholischen LSBT+ Komitees

Veronika Gräwe und Michael Brinkschröder

Das Katholische LSBT+ Komitee ist ein kirchenpolitisches Arbeitsbündnis verschiedener christlicher LGBTIQ+-Gruppen und engagierter Einzelpersonen. Seit 2011 bündeln wir die Expertise unserer Mitgliedsgruppen und setzen kirchenpolitische Schwerpunkte, die wir längerfristig verfolgen. Zu unseren Mitgliedsgruppen zählen aktuell die Ökumenische Arbeitsgruppe Homosexuelle und Kirche (HuK) e. V., das Netzwerk Katholischer Lesben (NkaL) e. V., die AG Schwule Theologie e. V., die Katholischen Schwulen Priestergruppen Deutschlands (KSPD), die KjGay der KjG (Katholische junge Gemeinde), die Lesbischwulen Gottesdienstgemeinschaften (LSGG) und die Initiative Queer Cusanus. Bei uns aktiv sind Menschen, die für die Kirche arbeiten oder gearbeitet haben, sowie Menschen, die sich ehrenamtlich in der Kirche engagieren und denen ihre Kirche am Herzen liegt.

Aktivismus mit Ausdauer

Kernziel unseres Aktivismus ist die Gleichberechtigung von LGB-TIQ+-Personen in der katholischen Kirche. Dabei stehen wir auf den Schultern jener Katholik*innen, die bereits zuvor für ihre Rechte aufgestanden sind. Theologisch profitieren wir von der Arbeit der Zeitschrift »Werkstatt Schwule Theologie«, die in den 1990er-Jahren und Nullerjahren wichtige Meilensteine für die Auseinandersetzung mit Kirche und Homosexualität legte, und vom Arbeitskreis Katholische Kirchenpolitik der HuK, von dem 2011 der Anstoß zur Gründung des Katholischen LSBT+ Komitees kam.

Die Segnung für gleichgeschlechtliche Paare ist ein Anliegen, das bereits seit Langem auf unserer Agenda steht. Die HuK hat dazu beim Katholikentag in Leipzig 2016 eine Postkartenaktion gestartet unter dem Motto: »Meinen Segen habt ihr!« Mit der »Segnung des geschlossenen Bundes« hat Georg Trettin ein eigenes theologisches Konzept entwickelt, für das wir uns einsetzen. Einen Einblick in die aktuelle Praxis von Segensfeiern im deutschsprachigen Raum bietet die Publikation »Paare. Riten. Kirche« im Bonifatius Verlag, die u. a. von unserem Mitglied Stefan Diefenbach herausgegeben wurde.

Weitere Themen, an denen wir langfristig arbeiten, ist die Einrichtung von LSBTI*-Pastoral in allen Diözesen, die Qualifizierung von Seelsorger*innen für die Begleitung von trans und inter Personen und die Verbesserung des kirchlichen Arbeitsrechts.

Im Dialog

Unsere Mitglieder und Mitgliedsgruppen suchen den Dialog mit Bischöfen auf Bistumsebene sowie überregional. Dabei ist vor allem der über mehrere Jahre gepflegte Austausch mit Bischof Bode als Vorsitzendem der Pastoralkommission der Deutschen Bischofskonferenz hervorzuheben. Dieser hat u. a. dazu beigetragen, die Frage nach der Einführung von LSBTI*-Pastoral in den Diözesen und die Frage nach Segnungsfeiern für gleichgeschlechtliche Paare auf die Tagesordnung zu setzen. Als Meilenstein der Diskussion, aber auch für die Vernetzung kann man die Tagung »Gleichgeschlechtliche Partnerschaften im Fokus der Pastoral« betrachten, die 2018 in der Katholischen Akademie Hamburg stattfand.

Im ständigen produktiven Austausch stehen wir seit mehreren Jahren mit der »Arbeitsgemeinschaft der Beauftragten für LSBTI*-Pastoral in den deutschen Diözesen« der Deutschen Bischofskonferenz. Gemeinsam erarbeiten wir Konzepte und Tagungen zu spezifischen Themen und treffen uns jährlich, um uns zu vernetzen. In den Bistümern, die aktuell bereits Beauftragte für LSBTI*-Pastoral benannt haben, arbeiten wir eng mit diesen zusammen.

Vernetzt mit Vertreter*innen des Laienkatholizismus

Seit 2021 sind wir als Katholisches LSBT+ Komitee Mitglied in der Arbeitsgemeinschaft katholischer Organisationen Deutschlands (AGKOD). Damit knüpfen wir an unsere bisherige Zusammenarbeit mit Vertreter*innen des Laienkatholizismus in Deutschland an. Mitglieder des Komitees und seiner Mitgliedsgruppen pflegen den Dialog mit Reformbewegungen wie beispielsweise *Wir sind Kirche* oder auch mit Vertreter*innen des Zentralkomitees der deutschen Katholiken. Im Februar 2021 haben wir uns mit der Reformbewegung Maria 2.0 solidarisiert. Ein wichtiger Ort des Austausches sind die Katholikentage, bei denen wir an Podiumsdiskussionen mitwirken und Formate zu katholischen LGBTIQ+-Themen gestalten. Mit Mirjam Gräve, Mara Klein und Hendrik Johannemann bringen drei Mitglieder des Katholischen LSBT+ Komitees beim Synodalen Weg im Forum IV ihre Expertise als queere katholische Personen ein. Im Dezember 2021 haben sie im Bonifatius Verlag das Buch »Katholisch und Queer« herausgegeben, das die Zeugnisse queerer Katholik*innen und ihrer Angehörigen sowie ihrer Unterstützer*innen bündelt.

Europäisch und global vernetzt

Auf europäischer Ebene arbeiten wir in der römisch-katholischen Arbeitsgruppe des European Forum of LGBT Christian Groups mit, und auf globaler Ebene sind wir mit dem Global Network of Rainbow Catholics (GNRC) vernetzt, das seine zweite Versammlung in Dachau hatte. Daher freut es uns besonders, dass dieser Band nicht nur den queer-katholischen Kampf für Gleichberechtigung im deutschsprachigen Raum abbildet, sondern u. a. mit den Beiträgen von Cris Serra, Janet Rozzano und James Alison auch einigen Geschwistern in der Weltkirche eine Stimme verleiht.

Ein besonderes Anliegen ist es dabei, unsere Geschwister im globalen Süden in ihrem Kampf für Menschenrechte zu unterstützen. Die Ausstellung »Verschaff mir Recht«, die die HuK in Kooperation mit dem GNRC erstellt hat, porträtiert zehn queere Aktivist*innen, die sich unter den Bedingungen der Kriminalisierung von Homosexualität und Transgeschlechtlichkeit mit der katholischen Kirche auseinandersetzen. Wir nutzten die Ausstellung auch, um den Kontakt mit den kirchlichen Organisationen der Entwicklungszusammenarbeit zu intensivieren. Die Begegnungen mit unseren Geschwistern, besonders, wo diese – wie aktuell in Ghana – in ihren Menschenrechten bedroht sind, verdeutlichen uns, wie essenziell es ist, dass die römisch-katholische Kirche auch global bereit ist, nicht nur an einer Kirche ohne Angst, sondern auch an einer Gesellschaft ohne Angst für LGBTIQ+-Personen mitzuwirken.

Im interreligiösen Austausch

Auch auf nationaler Ebene bringen wir uns als queere Katholik*innen gesellschaftlich ein. So arbeiten wir gemeinsam mit dem Liberal-Islamischen Bund und Keshet Deutschland in einer Arbeitsgruppe der Initiative »Grundgesetz für alle« mit. Denn wir sind uns sicher, dass es auch gerade als Katholik*innen unser Auftrag ist, an einer Gesellschaft mitzuwirken, in der LGBTIQ+-Personen selbstverständlich und ohne Angst ihren Platz haben.

2021

2021 war für das Katholische LSBT+ Komitee wie wahrscheinlich für die meisten LGBTIQ+-Katholik*innen in Deutschland ein besonderes Jahr. Der pastorale Ungehorsam vieler Priester, Theolog*innen und kirchlicher Mitarbeitenden anlässlich des Neins der Glaubenskongregation hat uns den Rücken gestärkt. Die Äußerungen einiger Bischöfe stimmen uns hoffnungsvoll. Die Segensfeiern um den 10. Mai 2021 und das Meer der Regenbogenfahnen an den Kirchtürmen und auf den Social-Media-Kanälen katholischer Verbände sind zugleich Ansporn für und Vorgeschmack auf eine Kirche, in der LGBTIQ+-Personen gleichberechtigt sind.

#OutInChurch – Für eine Kirche ohne Angst

Die Kampagne *#OutInChurch – Für eine Kirche ohne Angst* kanalisiert die Kämpfe vieler LGBTIQ+-Katholik*innen. Unser besonderer Respekt gilt jenen, besonders den Hauptamtlichen im pastoralen Dienst, die stellvertretend für viele ins Licht treten und signalisieren: Wir sind da und akzeptieren unsere Unterdrückung nicht länger. Unsere Gedanken sind bei jenen, für die dieser Schritt aus den unterschiedlichsten Gründen (noch) nicht möglich ist. Unser Dank gilt der breiten Allianz der Unterstützer*innen aus dem Laienkatholizismus, aus den Frauen- und Jugendverbänden. Gunda Werner verweist in ihrem Beitrag auf den feministischen Ausruf: »Bildet Banden!«. In diesem Sinn lasst uns 2022 und darüber hinaus Banden bilden – für eine Kirche ohne Angst.

Arbeitsgemeinschaft der Beauftragten für LSBTI*-Pastoral in den deutschen Diözesen – Eine Standortbestimmung

Aurica Jax und Andreas Heek

Die Arbeitsgemeinschaft

In den letzten Jahren haben 15 Diözesen in Deutschland bischöfliche Beauftragte für LSBTI*-Pastoral ernannt. Diese kommen derzeit zweimal jährlich als Arbeitsgemeinschaft LSBTI*-Pastoral (AG) zusammen, einmal als Konferenz der beauftragten Personen der (Erz-)Diözesen, das andere Mal gemeinsam mit LSBTI*-Verbänden, -Gruppierungen und engagierten Einzelpersonen.

Die AG wird koordiniert und moderiert von den Leitungen der Arbeitsstellen für Frauen- bzw. Männerseelsorge der Deutschen Bischofskonferenz (Dr. Aurica Jax und Dr. Andreas Heek). Grundlegender Auftrag der AG ist, pastorale Handlungsfelder zu identifizieren und Diskriminierungen von LSBTI*-Personen vorzubeugen bzw. abzubauen.

Die AG tagt auf Wunsch der Pastoralkommission der Deutschen Bischofskonferenz und im Auftrag der Konferenz der Seelsorgeamtsleiter*innen. Erstere entsendet ein Mitglied für die Arbeitssitzungen in die AG (derzeit Weihbischof Ludger Schepers, Bistum Essen). Weitere Mitglieder in der AG sind die Arbeitsgemeinschaft für Familienbildung (AKF), das Katholische LSBT+ Komitee als Zusammenschluss der Vereine und Basisgruppen sowie die Regenbogenpastoral der Diözese Linz, Österreich.

Pastorale Ausgangssituation für die Arbeitsgemeinschaft

Homosexuelle, bisexuelle, trans- und intergeschlechtliche Menschen werden immer noch als gesellschaftliche Randerscheinungen wahrgenommen und sind in einem erhöhten Maß Diskriminierungen und Vorurteilen bis hin zu physischer Gewalt ausgesetzt. Ihr Minderheitenstatus und ihre Marginalisierung haben mitunter gravierende Auswirkungen auf die psychische Gesundheit. Zugleich hat sich gesellschaftlich eine eigene Kultur queerer Lebensformen etabliert. Das Selbstbewusstsein von LSBTI*-Menschen und ihre Akzeptanz durch andere haben in den letzten Jahrzehnten zugenommen. Die gesetzlichen Rahmenbedingungen für homosexuelle Paare, für trans- und für intergeschlechtliche Menschen haben sich deutlich verbessert.

Auch innerhalb der katholischen Kirche engagieren sich immer mehr Diözesen in der LSBTI*-Pastoral. Gleichzeitig gibt es ein klares lehramtliches Verbot für LSBTI*-Menschen, sexuelle Beziehungen einzugehen. Das führt für die betreffenden Menschen mindestens zur Verunsicherung, oftmals jedoch kehren sie der römisch-katholischen Kirche ganz den Rücken. Manche hadern nicht nur mit der Kirche als Raum glaubensbezogener Gemeinschaft, sondern sehen sich auch mit ihrem Glauben in einem Konflikt. Diesen Konflikt erleben auch viele Seelsorger*innen. Sie wünschen sich hier mehr Glaubwürdigkeit von ihrer Kirche.

Pastoraler Erfahrungshintergrund der bischöflich beauftragten Personen

Humanwissenschaftliche Erkenntnisse in Bezug auf andere als die heterosexuelle Orientierung liegen seit Langem vor und sind in der Wissenschaft unumstritten. Die genannten sexuellen Identitäten sind weder Krankheiten, die geheilt werden könnten, noch Modeerscheinungen, die lediglich dem Zeitgeist entspringen. Auch sind sie keine Perversionen, denen sich irgendjemand moralisch entgegenstellen müsste.

Die Beauftragten für LSBTI*-Pastoral haben zum Teil seit vielen Jahren und trotz der Ambivalenz kirchlicher Positionierungen gute seelsorgliche Kontakte zu LSBTI*-Personen aufbauen und Vertrauensverhältnisse zu örtlichen Gruppen herstellen können. Gleichzeitig wird ihnen gegenüber viel Enttäuschung, Frustration, Wut, aber auch spirituelle Not geäußert, auch durch gläubige Familienangehörige. Gern würden sich LSBTI*-Personen vollständig zur Kirche zugehörig fühlen und ihren Glauben uneingeschränkt leben. Sie spüren aber deutlich die Ablehnung ihrer Partnerschaften seitens der lehramtlichen Verkündigung, teilweise auch sehr konkret im Kontakt mit kirchlich Verantwortlichen in einer Diözese oder in einer Pfarrei. Besonders ältere queere Personen wurden in der Vergangenheit gesellschaftlich und kirchlich geächtet, was tiefe Spuren in ihren Biografien hinterlassen hat.

Queere Personen als hauptamtlich Tätige in der Kirche

Der derzeitige Stand der Diskussion um Homosexualität dreht sich allgemein um die Frage, ob gleichgeschlechtlich zu lieben qualitativ von heterosexuell zu lieben unterscheidbar ist. Die lebhafte Diskussion um die Möglichkeit, gleichgeschlechtliche Paare zu segnen, kann aus seelsorglicher Perspektive nur befürwortet werden. Die AG hat sich flankierend zum Synodalen Weg eindeutig positioniert.

Eine weitere wichtige Frage ist die nach der rechtlichen Stellung von LSBTI*-Personen im kirchlichen Dienst. Auch für diese nicht kleine Personengruppe sind die diözesanen Beauftragten zuständig. Es gibt vorsichtige Signale aus einigen Diözesen, dass das kirchliche Arbeitsrecht zugunsten von queeren Menschen ausgelegt wird und beispielsweise eine Kündigung nicht erfolgt, wenn ein*e hauptamtlich Mitarbeitende*r beim Standesamt seinen*ihren gleichgeschlechtliche*n Partner*in heiratet. Wie dies aber bei Neueinstellungen aussieht, ist weder eindeutig geregelt noch transparent. Rechtssicherheit gibt es bisher deshalb leider nicht. Die AG sieht eindeutigen Handlungsbedarf und bereitet derzeit konkrete Vorschläge vor.

Nicht zuletzt wenden sich auch homosexuell fühlende Priester an die bischöflich Beauftragten. Das römische Verbot, Männer mit »tief sitzenden homosexuellen Tendenzen« zu Priestern zu weihen, führt dazu, dass sich viele Priester gezwungen sehen, ihre Identität zu verleugnen und zu verstecken. Die Folgen sind nicht selten fatal. Auch hier besteht Handlungsbedarf im Interesse einer glaubwürdigen Pastoral.

Zum Schluss

Viele der genannten Fragen werden derzeit im Rahmen des Synodalen Weges konstruktiv diskutiert, was begrüßenswert ist. Menschenfreundliche Lösungen für die genannten Themenkomplexe in der Nachfolge Jesu Christi zu finden, ist auch der Auftrag der AG. Sie freut sich über die bereits erfolgte breite Unterstützung der Arbeit durch viele Diözesen und hofft – gemeinsam mit vielen betroffenen Menschen – auf noch mehr Rückhalt in der Kirche.

Römisch-katholische LGBTIQ+-Organisationen in Brasilien

Cris Serra

Die erste lateinamerikanische römisch-katholische LGBTIQ+-Gruppe entstand 2007 in Rio de Janeiro, Brasilien. Im spanischsprachigen Teil Lateinamerikas kam Ende 2010 die in Santiago gegründete Gruppe »Padis+ Chile« hinzu. Ein wesentlicher Grund dafür, dass römisch-katholische LGBTIQ+-Gruppen in Lateinamerika erst seit den 2000er-Jahren in Erscheinung treten, liegt in der Besonderheit lateinamerikanischer Bewegungen, die sich für sexuelle und geschlechtliche Vielfalt einsetzen. Im globalen Norden blühte die Lesben- und Schwulenbewegung bereits in den 1970er-Jahren infolge der Bürgerrechtsbewegungen der 1960er-Jahre auf. In den meisten Regionen Lateinamerikas hingegen herrschten in den 1970er- und 1980er-Jahren konservative und rechtsgerichtete Regierungen, welche in einigen Fällen in gewalttätige Diktaturen ausarteten. Erschwerend kam der Ausbruch der AIDS-Epidemie hinzu. Kombiniert mit den kulturellen Eigenheiten jedes Landes führte dies dazu, dass sich Bewegungen für sexuelle und geschlechtliche Vielfalt mit unterschiedlicher Geschwindigkeit und unterschiedlichen Merkmalen organisierten.

Zusätzlich sollte im lateinamerikanischen politisch-religiösen Kontext das Gewicht christlicher Individuen und Gruppen nicht außer Acht gelassen werden. Neben der historischen Rolle der katholischen Kirche als zentrale politische Kraft in der gesamten Region seit der Kolonialzeit ist die öffentliche Bedeutung christlicher Akteur*innen seit den 1980er-Jahren zunehmend gestiegen, vor allem in Brasilien. Die Rolle, die der Widerstand gegen Feminismus und sexuelle sowie geschlechtliche Vielfalt für diese

Akteur*innen als Quelle ihrer öffentlich-politischen kollektiven Identität spielte, kann dabei nicht genug hervorgehoben werden.

In diesem vor allem im Hinblick auf sexuelle und geschlechtliche Vielfalt hochkomplexen, heterogenen und widersprüchlichen Kontext kirchlicher Moral und Sexuallehre begann sich ab 2005 eine kleine Gruppe von Menschen in Begleitung eines Jesuitenpriesters zu treffen, um zu beten, zu studieren und zu diskutieren, wie sie ihre »doppelte Identität« – gleichzeitig römisch-katholisch und queer zu sein – in Einklang bringen können. Ihre ursprüngliche Idee war die Gestaltung einer Internetseite, die theologische Quellen liefert, um sexuelle und geschlechtliche Vielfalt mit dem christlichen und hier insbesondere römisch-katholischen Glauben in Einklang zu bringen. Aber auch nachdem am 14. Juli 2007 die Webseite www.diversidadecatolica.com.br endlich online ging, bestand weiterhin die Nachfrage nach persönlichem Austausch. So wurde »Diversidade Católica« (»Katholische Vielfalt«) zur ersten organisierten Gruppe von katholischen LGBTIQ+ in Brasilien, was den Startpunkt für die christliche LGBTIQ+-Bewegung im Land darstellte. Im Anschluss an »Diversidade Católica Rio de Janeiro« (DC-RJ) entstanden zwischen 2010 und Anfang 2014 in mehreren Städten im gesamten Land ähnliche Initiativen. Am 26. Juli 2014 war DC-RJ Gastgeber der ersten nationalen Versammlung von LGBT-Katholik*innen. Bei dieser Gelegenheit gründeten Delegierte von fünf Gruppen das Netzwerk »Rede Nacional de Grupos Católicos LGBT« (RNGC, »Nationales Netzwerk von katholischen LGBT-Gruppen«). Sie veröffentlichten ein Manifest, welches wie folgt begann: »Wir katholische LGBT-Christ*innen […] sind die Töchter und Söhne Gottes und der Kirche«[1].

Das RNGC blieb weitgehend inaktiv, bis 2017 einige Personen, die 2014 an der ersten nationalen Versammlung teilgenommen

---

1   Rede Nacional de Grupos Católicos LGBT, Manifesto de grupos católicos LGBT do Brasil, in: Website von Diversidade Católica (2014). Verfügbar unter: https://bit.ly/3DbCmIe.

hatten, entschieden, ein neues Treffen zu organisieren. Im Juni 2018 veranstaltete die 2010 gegründete Gruppe »Grupo de Ação Pastoral da Diversidade« (GAPD, »Gruppe seelsorgliche Aktion für Vielfalt«) in São Paulo die zweite nationale Versammlung von LGBTIQ+-Katholik*innen. Bei dieser Gelegenheit schlossen sich rund 60 Teilnehmende aus 15 verschiedenen Kollektiven zusammen, um eine Satzung und einen Rat für das Netzwerk zu schaffen. Dem RNGC war es dadurch nun möglich, eine effizientere Rolle bei der Unterstützung und Einbindung von Mitgliedsgemeinschaften, der Organisation von Aktivitäten sowie bei der Netzwerkbildung mit anderen Organisationen zu übernehmen. Im November 2021 sind die Kollektive von RNGC für das dritte nationale Treffen der LGBTQIAP+ Katholik*innen zusammengekommen. Obwohl das Treffen aufgrund der Corona-Pandemie online stattfinden musste, haben 140 RNGC-Mitglieder an dem Treffen teilgenommen, in dessen Rahmen ein neuer Vorstand gewählt wurde und 7 Arbeitsgruppen die strategischen Ziele von RNGC für 2021 bis 2023 erarbeiteten.

Die römisch-katholischen LGBTIQ+-Gruppen in Brasilien sind sehr verschieden. In den meisten Fällen gründeten katholische Lai*innen, die sich als LGBTIQ+ identifizieren, solche Gruppen, weil sie das Bedürfnis nach *safe spaces* für ihre Zusammenkünfte hatten. Die meisten von ihnen werden von Geistlichen begleitet, die ihnen Orte für Gottesdienste und den Kommunionempfang bieten. Die Geistlichen gehören in der Regel Orden an (vor allem Jesuiten sowie im Norden Brasiliens Redemptoristen), welche meistens unabhängiger sind und weniger unter dem direkten Druck lokaler Bischöfe leiden.

Eine signifikante Anzahl von Mitgliedern der brasilianisch-katholischen LGBTIQ+-Kollektive hält eine gewisse Verbindung zu ihren Heimatgemeinden aufrecht oder leitet dort sogar Aktivitäten als pastorale Mitarbeiter*innen, Jugendgruppenleiter*innen, Katechet*innen, Ministrant*innen, Lai*innen im liturgischen Dienst oder Lektor*innen. Einige sind als Engagierte in der Firmvorbereitung, Liturgiegestaltung und Kirchenmusik aktiv. Die meisten sind weiße, schwule cis Männer aus der Mittelschicht mit Zugang zu höherer Bildung, weshalb Intersektionalität einen wesentlichen Diskussionspunkt im RNGC darstellt.

Trotz ihrer verschieden ausgeprägten Profile, Geschichten, Talente und Charismen, die eine breite Erfahrungsvielfalt widerspiegeln, verbinden die brasilianischen römisch-katholischen LGBTIQ+-Gemeinschaften einige wesentliche Elemente. In den Worten des RNGC Rates: »Dies sind Lai*innenkollektive, welche sich aus dem Bedürfnis heraus selbst organisieren, *safe spaces* für alle jene zu schaffen, welche ihre römisch-katholische Zugehörigkeit mit ihren LGBTIQ+-Identitäten in Einklang bringen möchten. Sie organisieren sich, um *safe spaces* zu ermöglichen, wo Menschen respektvoll willkommen geheißen werden, ihre Erfahrungen teilen und ihren christlichen Glauben in Gemeinschaft leben können. Dies sind Treffpunkte zum Austausch, Nachdenken und Zuhören, um unseren Glauben und unsere Spiritualität gemeinsam zu vertiefen.«[2]

Die brasilianisch-katholischen LGBTIQ+-Gemeinschaften haben in der Regel ihre lokale (Erz-)Diözese als auch die brasilianische Bischofskonferenz über ihre regionalen und nationalen Treffen informiert. Ihre Absicht dabei ist, die Bischöfe im Voraus über ihre Treffen in Kenntnis zu setzen, jedoch nicht, sie um Erlaubnis für ihre Zusammenkunft zu bitten. Bisher gab es keine einzige offizielle Antwort. Es scheint, dass die brasilianischen Bischöfe die Existenz einer organisierten römisch-katholischen LGBTIQ+-Bewegung nicht anerkennen wollen. Tatsächlich erscheint es angesichts der Radikalisierung der Anti-Gender-Feldzüge in Lateinamerika sehr unwahrscheinlich,

---

2 *C. Serra/J. Silva/M. Araújo* (Hrsg.), Testemunhos da Diversidade: Histórias de fé, amor e comunhão. Autorale, Rio de Janeiro 2020, 50. Verfügbar unter: https://bit.ly/testemunhosdadiversidade.

dass brasilianische Bischöfe willens sind, sich an der von Papst Franziskus geforderten seelsorglichen Zuwendung zu sexueller und geschlechtlicher Vielfalt zu beteiligen – zumindest nicht in offizieller, institutioneller Weise.

Aus dem Englischen übersetzt von Rainer Teuber und Thomas Spinrath

Die Unterschriftenaktion *#mehrSegen* und die Macht der Solidarisierung

Burkhard Hose und Bernd Mönkebüscher

Als wir uns am 15. März 2021 dazu entschieden, das Nein Roms zu Segensfeiern für queere Paare nicht schweigend hinzunehmen, war uns noch nicht klar, welche Ausmaße unsere spontane Unterschriftenaktion #mehrSegen annehmen sollte. Am Anfang stand eine kurze Stellungnahme, die wir über unsere privaten E-Mail-Verteiler an Kolleg*innen im pastoralen Dienst verschickten, mit der Bitte, den Text namentlich zu unterstützen. Mit ihrer Unterschrift erklärten die Unterstützer*innen, dass sie entgegen der römischen Anordnung auch weiterhin gleichgeschlechtlich liebende Paare segnen wollten. Viele, die das in der Vergangenheit schon getan hatten, hatten deshalb dienstrechtliche Konsequenzen zu tragen. Wir wollten erreichen, dass die Einzelnen durch eine größere Anzahl von Unterzeichner*innen besser geschützt werden, Segensfeiern nicht länger in »Hinterzimmern« stattfinden müssen und segnende Kolleg*innen in ihrem Tun nicht davon abhängig sind, ob ihre Bischöfe und Generalvikare »halt mal ein Auge zudrücken«. Wer segnet, darf dafür nicht bestraft werden! Es ist absurd, dass sich Hauptamtliche in der Kirche immer noch dafür rechtfertigen müssen, dass sie Liebende segnen, während die Verweigerung des Segens und die Fortschreibung einer diskriminierenden Lehre kirchliche Normalität bleiben soll.

Unser Ziel war es, mindestens hundert Kolleg*innen für diese Solidarisierungsaktion zu gewinnen. Die Resonanz hat uns überwältigt. Bereits nach wenigen Tagen konnten wir mehr als 2.600 Unterschriften an den Vorsitzenden der Deutschen Bischofskonferenz und an die Vorsitzenden des Synodalforums »Leben in gelingenden Beziehungen – Liebe leben in Sexualität und

Partnerschaft« übergeben. Wir formulierten unsere Erwartung, dass gleichgeschlechtliche liebende Paare künftig nicht nur die Möglichkeit einer kirchlichen Segnung erhalten, sondern volle Anerkennung erfahren. Wir fordern an dieser Stelle nicht weniger als die Änderung der kirchlichen Lehre. Dafür braucht es aus unserer Sicht ein deutliches Votum durch die Gremien des Synodalen Weges und eine entsprechende Initiative der deutschen Bischöfe in Rom.

Das starke Echo, das unsere Aktion unter Hauptamtlichen in der katholischen Kirche hervorgerufen hat, ist einmal mehr Beleg für den Leidensdruck, unter dem viele von ihnen stehen. In unzähligen E-Mails bekräftigen Unterzeichnende, dass sie diskriminierende Äußerungen wie die der Römischen Glaubenskongregation zur Frage der Segnung gleichgeschlechtlicher Partnerschaften nicht mehr hinnehmen wollen. Mehr noch: Sie bekannten sich in der gemeinsamen Unterschriftenaktion zum Instrument des »pastoralen Ungehorsams«. In ihrer seelsorglichen Praxis wollten sie von nun an bewusst öffentlich und nicht länger heimlich von der römischen Doktrin abweichen.

Die Unterschriftenaktion zeigt damit vor allem eines: wie wichtig und gleichzeitig empowernd die Solidarisierung unter kirchlichen Hauptamtlichen an der Basis ist, wenn es darum geht, eine diskriminierende kirchliche Praxis zu beenden.

Um die Lehre zu ändern, braucht es aber noch weit mehr Solidarität. Es braucht den sichtbaren Zusammenhalt von Menschen, die von Diskriminierung betroffen sind. Genauso wichtig ist aber, dass auch diejenigen aufstehen und Gesicht zeigen, die diese Diskriminierung nicht am eigenen Leib erfahren, aber dafür eintreten, dass die Kirche endlich ohne Einschränkungen die Anerkennung der Würde aller Menschen lehrt und praktiziert.

Unconditional Love

Ursula Hahmann und Klaus Nelißen

2021: Was für ein Jahr der Entscheidung für die LGBTIQ-Community! Denn: Endlich streamte Netflix die lang ersehnte finale Staffel von »Pose«, die erste Serie, deren Haupt-Cast komplett aus transidenten, schwulen und lesbischen Darsteller*innen bestand. Kein »Käfig voller Narren« mehr, sondern das echte Leben. »Pose« erzählt die Geschichte dieser Community in der Stadt, in der begann, dass sie »out« wurde: New York. Hier findet sich nicht nur die Christopher Street, sondern finden sich eben auch die Piers, wo Schwule wie Transidente in den 1970ern, 1980ern, 1990ern anschaffen gingen. Und damit perpetuierten sie das Bild, das die Gesellschaft von ihnen hatte: übersexualisiert, drogenaffin, oberflächlich, krank – potenziell: Opfer. Nicht zuletzt wegen einer Krankheit, die von New York aus als »Schwulenpest« die Welt verunsicherte: HIV und AIDS. All dies ist auch Thema in »Pose«. Aber die Serie zeigt diese Community in ihrem »Heiligtum«. Die Kathedrale von »Pose« ist der Ballroom. Die Wahlfamilie, deren Geschichte erzählt wird, heißt »House of Evangelista«. Vordergründig entlehnt vom Supermodel Linda Evangelista, aber die »Evangelistin« scheint dennoch durch und durch die »Mutter« dieses Hauses: Blanca wird zur Trägerin der zentralen Botschaft. Diese schiebt sich im Serienfinale nach vorn, durch allen Glitter, Tüll und alle Exzesse. Worum es geht? Um *unconditional love*, um Liebe, die keine Voraussetzung kennt. Eine Liebe, die das ermöglicht, was jeder Mensch braucht – aber jedes Wesen mit einem Regenbogen in seiner DNA um ein Vielfaches mehr: die Sicherheit, dazuzugehören: *belonging*.

2021 – was für ein Jahr der Entscheidung für die LGBTIQ-Community! Denn neben »Pose« gab es auch eine Entscheidung aus Rom, die aber im Grunde keine war. Was am 15. März veröf-

fentlicht wurde, war die Wiederholung dessen, was kirchlich zuvor mehrfach lehramtlich repetiert wurde. Die Kurzfassung der
Entscheidung: Ihr gehört nicht dazu.

Die katholische Kirche offenbarte damit einmal mehr, dass
unconditional love eben nicht zu ihrem Markenkern gehört. Das
Nein aus Rom klang für die Community einmal mehr wie »Stadi-
onverbot vom Lieblingsverein«.

Als Mitte März von Rom das Nein kam auf die Frage zur Segnung Homosexueller, da ahnten viele in dieser Kirche, dass dies
ihrer »Mutter Kirche« das Genick brechen könnte, weil die LGB-
TIQ+-Thematik mittlerweile selbstverständlicher Teil der jungen
Kultur ist. Seit den 1990er-Jahren fand hier eine popkulturelle und
paradigmatische Emanzipation statt. Der Regenbogen ist mittlerweile Mainstream. Die Frage der sexuellen Orientierung ist in der
jungen Generation mehrheitlich unhinterfragt regenbogenoffen;
unhinterfragt wie der Satz: »Zucker ist süß.«

Der Zucker-Satz fiel im allerersten Telefonat, das wir beide, Ursula Hahmann und Klaus Nelißen, zu #Liebegewinnt führten – am
Ende jener Märzwoche, die mit dem Nein aus Rom begann und
auf das das Hissen von Regenbogenfahnen an Kirchen folgte.

Wir kennen uns seit Jugendtagen in den 1990ern. Während in
New York der Ballroom »vogue« wurde, wuchsen wir in dem nieder-
rheinischen Kleinstädtchen Kempen auf; genauer: am Rand, in der
Neubausiedlung Kamperlings. Und daher war auch unsere Kirche ein Neubau – Weihedatum 1990. So sind nicht nur wir beide
1090er-Kinder, sondern auch das Kirchenbild, das uns geprägt hat.
Eine Gemeinde, in der es z. B. selbstverständlich war, dass die Pfarr-
gemeinderatsvorsitzende Teil des Dienstgespräches war und in der
der Pfarrer befürwortete, dass die Gottesdienste für die Musical-Pro-
ben unseres Jugendchores für drei Wochen von der frisch gebauten
Kirche in das ebenso frisch gebaute Pfarrzentrum verlegt wurden.

Jahrelang waren unsere Wege getrennt: Die eine ging nach
Aachen, wurde zunächst Ökonomin, dann Marketing-Expertin,

dann mit »Zeitfenster« auch zur Gemeindemitgründerin und schließlich zur Beraterin in Sachen Kirchenentwicklung und Innovation. Der andere lebte in Israel, studierte Theologie in Münster und Berkeley, wurde Journalist, dann Pastoralreferent und dann Kirchenbeauftragter beim WDR. Die Wiederannäherung geschah durch die Gottesdienste der erwähnten »Zeitfenster«-Gemeinde.

Und als es in jener Märzwoche darum ging, ad hoc einen Kreis von Initiator*innen für eine Graswurzel-Segnungsaktion in der Kirche zu finden, die sich sichtbar und geballt über das Nein aus Rom hinwegsetzt, da wurde auch »Zeitfenster« von mir, Klaus, angefragt. Und ich, Ursula, lehnte zunächst ab – mit dem »Zucker«-Argument. Die Frage der sexuellen Orientierung spielt bei »Zeitfenster« eigentlich keine Rolle, weil das Thema im Mainstream auch »durch« ist. Zudem fand ich es seltsam übergriffig, als heterosexuelle Frau Initiatorin zu werden. Doch dann kamen deutliche Signale aus der schwul-lesbischen Subkultur Aachens: Wir sollten uns doch bitteschön engagieren.

Und dann erinnerten wir – Klaus und Ursula – uns an unsere gemeinsame Kirchensozialisation in Kempen. Uns dämmerte, dass das Regenbogenthema dort, damals in den 1990ern, ebenfalls präsent war. Aber verhuscht und verschämt wie so oft in der Kirche: Der Sohn der Küsterin war schwul, ein Sohn der Pfarrgemeinderatsvorsitzenden outete sich später. Das fiel uns jetzt erst auf. Und uns wurde klar: Das Thema Homosexualität in der Kirche ist nicht nur ein Thema für queere Menschen, sondern für alle, die das System der Diskriminierung nicht durch ihr Nichtstun aufrechterhalten wollen. Das gilt umso mehr für die, die queeren Menschen besonders nahestehen – etwa ihre Eltern. Eine der hyperengagierten wie gläubigen Mütter aus unserer einstigen Pfarrgemeinde, die lange mit dem Coming-out ihres Sohnes rang, brachte es später im Zug von #Liebegewinnt auf den Punkt: »Jahrelang habe ich mich für meinen Sohn geschämt. Mittlerweile schäme ich mich nur noch für meine Kirche.«

3. Solidarität

Für eine Kirche ohne Angst

Bundesvorstand der kfd

»Fürchte dich nicht, denn ich bin mit dir; hab keine Angst, denn ich bin dein Gott! Ich habe dich stark gemacht« (Jes 41,10).

In den Schriften des Ersten und Zweiten Testamentes gibt es zahlreiche Zusprüche und Aufforderungen, ohne Furcht zu sein, ohne Angst zu leben, auf die Liebe zu vertrauen, auf Gott. Unzählige Menschen kennen die tröstenden Worte der Psalmen, zu vertrauen, angstfrei zu leben. Auch der direkte Zuspruch von Jesus selbst: »Fürchte dich nicht! Hab keine Angst!« ermutigt zu einem Leben in Liebe und Vertrauen.

Es ist ein großes Paradoxon in sich: Die Kirche, die diese frohe Botschaft verkündet, die die Einzigartigkeit eines jeden Menschen, dessen Angenommensein und Gottebenbildlichkeit betont, wird als Angstraum erfahren. Genau in dieser Kirche gelten Verbote und Einschränkungen, herrschen Angst und Furcht, müssen Menschen schweigen und stumm werden und bleiben. Menschen, die nicht der heterosexuellen Norm entsprechen (Schwule, Lesben, Transgender, Bi-, Inter-, Transsexuelle), aber auch Geschiedene, Geschieden-Wiederverheirate, Alleinerziehende und Singles tragen über Jahrzehnte hinweg eine oft noch nicht erzählte Angstgeschichte in und mit der Kirche in sich. Das hat bei vielen Menschen Spuren hinterlassen.

Die kfd als größter katholischer Frauenverband hat sich aus der Perspektive von Frauen immer wieder mit Fragen zu Ehe, Familie, Trennung, Scheidung, Wiederheirat, gleichgeschlechtlichen

Lebensformen, Sexualität und Körperlichkeit auseinandergesetzt. Sie stellt dabei das konkrete Leben von Frauen in den Mittelpunkt. Frauen wissen, wie vielfältig Frauenleben ist und sein kann. Frauen leben als Single, als Ehefrau, als Ordensfrau, in Gemeinschaft oder allein. Frauen sind verheiratet, geschieden, verwitwet, leben mit Kindern, alleinerziehend oder ohne Kinder. Frauen sind erwerbstätig und/oder Familienfrau. Frauen sind heterosexuell, lesbisch, bisexuell, intersexuell oder transsexuell. In der kfd ist jede* willkommen, unabhängig von ihrer jeweiligen Lebensform. So steht es in einem aktuellen Diskussionspapier der kfd »Frauenleben sind vielfältig«.[1]

1999 ist die kfd selbst in die Mühlen von (Kirchen-)Macht, Kontrolle und Angst geraten. In ihren programmatischen »Leitlinien 99« forderte sie neben der Zulassung von Frauen zu allen Diensten und Ämtern in der Kirche u. a. auch die Gleichwertigkeit der Lebensformen, erwähnte dabei explizit auch lesbische Lebensformen und gab der Sexualität insgesamt eine positive Bedeutung. Aufgrund innerverbandlicher Fragen und massiver Druckausübung durch die Deutsche Bischofskonferenz und einige Diözesanbischöfe, die das Katholischsein der kfd infrage stellten und mit Kündigungen und Streichung von Geldern drohten, sah sich die kfd genötigt, die Forderungen aus dem Grundsatzpapier heraus-, jedoch nicht zurückzunehmen. Sie initiierte einen innerverbandlichen Diskussionsprozess mit knapp 100 Projekten, in denen die Vielfalt von Frauenleben mit allen Facetten im Mittelpunkt stand. Das Ergebnis war, dass die kfd ausdrücklich alle Frauen willkommen heißt, unabhängig von ihrer Lebensform.

Heute, mehr als 20 Jahre später, sind viele Lebenswirklichkeiten gesellschaftlich anerkannter und sprechfähiger geworden. Im Raum der Kirche herrscht zwar weniger, aber immer noch zu viel Angst. Der kfd-Bundesvorstand begrüßt daher die Initiative »#OutInChurch – Für eine Kirche ohne Angst« und unterstützt

---

1   Vgl. https://www.kfd.de/ehe-und-lebensformen/.

ausdrücklich deren Forderungen. Es ist an der Zeit, auch im Sinn der frohmachenden Botschaft Jesu Christi, dass Menschen unabhängig von ihrer Lebensform und sexuellen Orientierung einen diskriminierungsfreien Zugang zu allen Handlungs- und Berufsfeldern der Kirche erhalten.

Das kirchliche Arbeitsrecht muss daher entsprechend geändert werden. Alle Liebenden müssen den Segen Gottes empfangen können. Die lange institutionelle Schuldgeschichte muss aufgearbeitet werden.

Die kfd spricht sich für eine Kirche ohne Angst aus und trägt mit ihren Möglichkeiten dazu bei.

Kirche lebt in und durch Beziehungen

Maria Flachsbarth, Präsidentin des KDFB

Menschen sind soziale Wesen. Sie brauchen, leben und gestalten Beziehungen: als Liebespaare, Verwandte, Bekannte, Freund*innen, Familien, Geschiedene, (Wieder-)Verheiratete, Alleinlebende, Kolleg*innen, Mitglieder in der Kirche, einer Organisation oder einem Verband – und tun dies unabhängig von Alter, Beruf oder sexueller Orientierung. Beziehungen sind für viele Menschen der zentrale Lebensinhalt. Dies gilt selbstverständlich gleichermaßen für das private und berufliche Leben in Gesellschaft und Kirche.

Deshalb wird der zum Teil gravierende Unterschied im Umgang mit Beziehungen in den Lebenswirklichkeiten von Gesellschaft und Kirche als Parallelwelt und entsprechend verstörend erfahren. Das, was im gesellschaftlichen Leben möglich ist und sich sehr wohl an christlichen Werten orientiert, erfährt im Raum der Kirche eine Tabuisierung oder gar Geheimhaltung. Die kirchliche Sexualmoral, der Umgang mit wieder verheiratet geschiedenen Paaren und Familien, mit homosexuellen oder diversen Menschen entspricht häufig nicht einem vor dem Gewissen verantworteten, selbstbestimmten Leben in Freiheit, Offenheit und Weite.

Der Katholische Deutsche Frauenbund e. V. (KDFB) wendet sich seit vielen Jahren gegen ein Denken in der katholischen Kirche, das Geschlechtergerechtigkeit ausblendet. Christ*innen wollen und sollen sich grundsätzlich gleichwertig, gleichberechtigt und in ihrer Einmaligkeit wertgeschätzt fühlen. Als engagierter Frauenverband mit einer fast 120-jährigen Geschichte verstehen wir uns als Teil der Gemeinschaft der Glaubenden und sind davon überzeugt, dass Gott jede und jeden, unabhängig von der geschlechtlichen Identität, vorbehaltlos liebt und annimmt. Aus diesem Selbstverständnis heraus gestalten wir Kirche mit und engagieren uns für ein partnerschaftliches Miteinander aller Menschen, das geprägt ist von Akzeptanz und Würde. Für uns ist eine glaubwürdige Kirche einladend, dialogisch, vorurteilsfrei. Sie eröffnet Räume, damit die frohe Botschaft Jesu verkündet und angstfrei gelebt werden kann. Wir setzen uns dafür ein, dass alle Christ*innen, die sich zum Dienst am Nächsten und in der Kirche berufen fühlen, in ihrer Vielfalt und mit allen Charismen willkommen sind.

In einem offenen Brief an die Glaubenskongregation (31. März 2021) fordern wir gemeinsam mit anderen deutschsprachigen katholischen Frauenverbänden eine Erneuerung der Sexual- und Beziehungsethik der katholischen Kirche. Es braucht auch die Anerkennung der Lebenswirklichkeit von Menschen in gleichgeschlechtlichen Beziehungen und die Vielfalt des Menschseins, die nicht auf Frauen und Männer reduzierbar ist. Daher rufen wir die Verantwortlichen in der Kirche auf, in einen offenen Dialog über eine Reform der kirchlichen Lehre zu treten, die sich an der Liebe Gottes zu dem ihm ebenbildlichen Menschen orientiert.

Wir halten es für notwendig, jetzt entschieden neue Wege zu gehen und dabei die vielfältigen Charismen und Begabungen aller Menschen, die sich in der Kirche engagieren, hier ihre Heimat im Glauben und in der Gemeinschaft haben, als Geschenk Gottes zu betrachten. Das betrifft ausnahmslos das ganze »Volk Gottes«.

Kein Geschlecht, kein Lebensbereich und keine Lebensform dürfen dabei ausgeblendet, abgewertet und ausgegrenzt werden. Wir erwarten, dass die Kirche Menschen in allen Lebenslagen, Lebensphasen und Lebensformen mit Achtung begegnet und sich deutlich gegen Homophobie wendet. Der KDFB ruft die Verantwortlichen auf, die Segnung homosexueller Paare zuzulassen sowie das kirchliche Arbeitsrecht so zu ändern, dass Diskriminierungen aufgrund der geschlechtlichen Identität beendet werden. Nur eine andere, angstfreie und liebende Kirche ermöglicht Entwicklung und eine positive Zukunft.

Theologie als Machtpolitik – Diskriminierungsstrategien in der katholischen Kirche

Maria Mesrian, engagiert bei Maria 2.0

Scheinheilig und menschenverachtend – das ist die katholische Kirche gegenüber LGBTIQ+-Menschen. Ihre Lehre, wonach sowohl die homosexuelle Anlage als auch die homosexuellen Handlungen nicht zu billigen seien, schlimmer noch, beides die Ausrichtung auf ein »intrinsisches Übel« darstellt, grenzt Menschen aus und möchte sie dazu zwingen, der binären Logik der römisch-katholischen Kirche zu folgen. Man ist sich nicht zu schade, den biblischen Befund und die Tradition als Begründung für diese Diskriminierung anzuführen. Das Diskriminierungsmuster ist immer das gleiche, egal ob Frauen oder LGBTIQ+: Schrift und Tradition sind zuverlässig auf der Seite der klerikalen Machthaber. Machtpolitik getarnt als Theologie. Ist der Ausschluss von Frauen offensichtlich ein Mittel, um die Macht in der katholischen Kirche in den Händen geweihter Männer zu belassen, wird bei der nach außen zur Schau gestellten LGBTIQ+-Feindlichkeit ein Machtmissbrauch sichtbar, der auf vielfältige Weise Menschen beschädigt – auch diejenigen, die die Lehre der Kirche am lautesten propagieren. Sind sie doch in vielen Fällen selbst vom Zwiespalt zwischen gefühlter Neigung und dem Gehorsam gegenüber der katholischen Lehre betroffen. Hier offenbart sich die psychopathogene Grundstruktur, die der katholischen Sexualmoral zugrunde liegt. Dabei kommt eine scheinheilige Doppelmoral zum Vorschein, an der aktuell die Glaubwürdigkeit und damit die Autorität der Kirche zerbricht. Und das ist gut so.

Es stellen sich grundsätzliche Fragen: Mit welchem Recht mischt sich die katholische Kirche in die Lebensführung von Menschen ein? Welches Menschenbild kommt dabei zum Vorschein? Welches Selbstbild hat eine hierarchisch verfasste Kirche, dass sie sich die Autorität in Fragen der Sexualität anmaßt, die in den intimen Bereich eines Individuums gehören? Hat ihre Moral für aufgeklärte Katholik*innen in der Praxis keine Relevanz mehr, entfaltet sie ihre schädliche Macht noch immer auf zweierlei Weise: Sie stützt Gesellschaften, in denen LGBTIQ+-Menschen immer noch um ihr Leben fürchten müssen. Nicht nur in Polen sehen wir, dass die katholische Saat der Homofeindlichkeit gesellschaftliche Früchte zeitigt. Anstatt menschenverachtenden Strukturen etwas entgegenzuhalten, befördert sie Ressentiments und Hass. Ein anderer Auswuchs ihrer Macht sind die psychischen Folgen, die ihre schamlos zur Schau getragene Homofeindlichkeit über Generationen bis heute anrichtet. Wie viele Menschen – auch in meinem Umfeld – leiden unbewusst oder bewusst an dieser Diskriminierung und können nur schwer ein positives Selbstbild entwickeln? Wie viele fürchten um ihren Arbeitsplatz bei einem kirchlichen Arbeitgeber und würden niemals ihre Lebensumstände öffentlich machen, aus Angst, entlassen zu werden?

Es ist befreiend, wenn Menschen, die queer sind und sich immer noch als katholisch bezeichnen, ihr Gesicht zeigen. Sie durchbrechen die Mauer aus Scham und Angst und schwingen sich zu den Meister*innen ihrer Lebens- und Liebensgeschichte auf. Sie entlarven damit ein menschenverachtendes System, das scheinheilig und machtgierig den Kern der christlichen Botschaft verrät: die Verschränkung der Gottes- und Nächstenliebe. Sie machen sich zu Hüter*innen der 2000 Jahre alten Botschaft der Menschlichkeit. Sie machen das Göttliche greifbar, das in der Liebe zwischen Menschen, verletzlich und zart, sichtbar wird.

Ich verneige mich vor diesem Mut.

Theologisch entschieden für eine Kirche ohne Angst – Statement AGENDA, Forum katholischer Theologinnen

Diana S. Freyer, Gunda Werner

Als im Frühjahr 2021 das Responsum ad dubium der Glaubenskongregation veröffentlicht wurde, hat AGENDA, das Forum katholischer Theologinnen,[1] wie andere Verbände auch ein klares
Votum abgegeben: Die Haltung der vatikanischen Glaubenskongregation, homosexuellen Paaren den Segen zu verweigern, lehnen
wir als Theologinnen ab. Gottes Segen darf vor der Lebenswirklichkeit der Menschen nicht haltmachen. Menschen aufgrund ihres Geschlechts, ihrer sexuellen Orientierung oder Lebensformen
zu diskriminieren entspricht nicht der jesuanischen Botschaft. Wir
setzen uns solidarisch für die Anerkennung gleichgeschlechtlicher
Paare ein und unterstützen den Diskurs über gelingende Beziehungen im Synodalen Weg. Als Netzwerk katholischer Theologinnen forschen wir seit Jahrzehnten zu Theologien des gelingenden
Lebens, indem wir die aktuellen Forschungen zu Gendertheorien
und Sexualitätsforschungen, zur Geschichte der Geschlechter und
ihrer Beziehungen sowie exegetischen Erkenntnissen zu Homosexualität in der Bibel integrieren. Wir teilen die Überzeugung, die in
den Testimonials in diesem Buch ausgedrückt wird: dass Gott jedes
einzelne Menschenleben in der Vielfalt und Diversität will und begleitet. Wir unterstützen die Initiative von *#OutInChurch* und treten theologisch entschieden ein für eine Kirche ohne Angst.

---

1 https://www.agenda-theologinnen-forum.de/aktuelles/aktuelles-vollansicht/statement-von-agen-
da-forum-katholischer-theologinnen-zur-veroeffentlichung-der-glaubenskongregation-zur-seg-
nung-homosexueller-pa.html.

Für eine Kirche, die die Vielfalt lebbar und erfahrbar macht – Statement des SKM Bundesverbandes

Stephan Buttgereit, Generalsekretär des SKM Bundesverband

Warum hat eine Kirche, die eine freimachende Botschaft verkündet, so viel Angst vor den Realitäten dieser Welt? Warum müssen sich Menschen (Christen) durch die Abwertung und Ausgrenzung anderer Menschen (Christen) aufwerten, abgrenzen und definieren, anstatt in jedem und jeder ein Spiegelbild von Gottes Liebe, Schöpfung und Vielfalt zu sehen? Warum ist das Anderssein für so viele Menschen so anstrengend und beängstigend?

Wir beim SKM erleben tagtäglich Menschen in den verschiedensten Lebenssituationen. Sie unterscheiden sich oft voneinander und auch die Ausgangslagen sind sehr divers. Aber allen gleich ist, dass ein Anderssein auf eine Mehrheitsmeinung trifft und die Frage im Raum steht, was eigentlich das Problem ist, wer das Symptom spiegelt und wer der eigentliche Verursacher des Problems ist?

In Bezug auf den Umgang mit LGBTIQ+-Personen in der katholischen Kirche und in unseren Verbänden wird dies ebenfalls deutlich. LGBTIQ+-Personen werden als Problem definiert oder als defizitär bzw. abweichend von der »Normalität« (ab-)gewertet. Aber sind nicht genau die LGBTIQ+-Menschen die Symptomträger für eine verunsicherte und ängstliche Mehrheitsgesellschaft in unserer Kirche und in unseren Verbänden? Lösen sie deshalb Abwertung, Ausgrenzung und Ängste aus, weil ihre schiere Existenz einfache Weltbilder aufbricht, alle anderen ins Nachdenken bringt und dazu zwingt, sich mit der eigenen sexuellen Identität und Orientierung auseinanderzusetzen? Schlummert dort die Angst, dass etwas zutage kommen könnte, auf dem schon so lange mit aller Macht der Deckel gehalten wird? Warum haben so viele Christen Angst vor der Weite und Vielfalt, die Gott uns geschenkt hat und immer wieder aufzeigt, gerade im Anderssein der Menschen? Welche Selbstoffenbarung steckt in der Haltung und dem Verhalten der scheinbaren Mehrheitsgesellschaft?

Danke, ihr lieben LGBTIQ+-Menschen! Danke, dass ihr uns zumutet, unsere Sichtweisen und Haltungen zu hinterfragen. Danke, dass ihr den Mut und die Kraft habt, uns mit eurem Dasein herauszufordern, unsere engen Horizonte zu weiten, Vielfalt zu sehen und zu erleben und festzustellen, dass ihr ein Gewinn für uns alle seid.

Sorry, dass ihr schon immer an unseren engen Grenzen und Sichtweisen leiden musstet. Sorry, dass ihr bis heute in unserer Kirche und in unseren Verbänden ausgegrenzt und defizitär betrachtet werdet und dass sich Laien und Kleriker über euch erheben, um Maßstäbe zu definieren, die euch verletzen. Und sorry, dass es erst den Mut und die Kraft für dieses Buch braucht, um alle anderen aufzurütteln und wachzumachen, damit wir euch mit den Augen Gottes ansehen und sagen: »Ihr seid seine geliebten Kinder und gut so, wie ihr seid. Ihr gehört ohne Wenn und Aber zu uns. Schön, dass ihr Teil unserer gemeinsamen Kirche seid!«

Lasst uns voneinander lernen, damit der Geist der Freiheit und Einheit unter uns wehen kann. Jesus ist auf alle Menschen zugegangen und hat ihnen zugehört. Eine hörende Kirche, die wahrnimmt und annimmt, die Vielfalt lebbar und erfahrbar macht, die Vielfalt als Chance und Geschenk ansieht und die ohne Angst Licht und Kraft in der Welt sein kann, die wünsche ich mir. Der SKM möchte Teil dieser menschenfreundlichen Vorwärtsbewegung sein, mit allen, die sich und uns als Bereicherung auf dem Weg ansehen.

Jugendverbände als Unterstützende und Lernende

Gregor Podschun, BDKJ-Vorsitzender

Ich hatte nie Angst in der Kirche. Im Gegenteil: Ich fühlte mich stets willkommen, habe mich mit ihr identifiziert. Meine Familie war engagiert in der Kirche. Ich wuchs als Jugendverbandler, Pfadfinder, Ministrant und Sternsinger auf und leitete das katholische Jugendzentrum in der Stadt. Das alles war möglich aufgrund meiner Herkunft und Identität: Ich bin weiß, ein cis Mann, heterosexuell, habe eine gute Ausbildung genossen und kann aufgrund meiner Privilegien (angst-)frei agieren.

Unsere Kirche diskriminiert Menschen, schließt sie aus, fügt ihnen schweres Leid bis hin zu Gewalt zu. Vielen Menschen ist dies bewusster geworden. Die oben genannten Privilegien gibt es nach wie vor, aber insbesondere junge Katholik*innen sind mit den Systemen und Wirkmechanismen der Kirche nicht mehr einverstanden. Sie sind nicht mit ihren Werten und ihrem christlichen Glauben vereinbar – die Kirche hat sich von ihrer Lebenswirklichkeit entfernt.

Die katholischen Jugendverbände möchten ein Ort sein, an dem alle Menschen willkommen sind. Sie engagieren sich für LGBTIQ+-Personen und fordern die gleichen Rechte für alle. Das Engagement gegen Menschenfeindlichkeit und für eine diskriminierungsfreie Gesellschaft und Kirche gehört zu ihrem Wesen. In zahlreichen Beschlüssen fordert der BDKJ die Überarbeitung der kirchlichen Lehre zum Umgang mit Sexualität, Geschlecht und Partner*innenschaft. Die Jugendverbände wenden sich aus ihrem Selbstverständnis heraus gegen Traditionen der Homophobie und Transfeindlichkeit, der Abwertung und Diskriminierung. Katholisch bedeutet für sie die Öffnung der Kirche zum Menschen hin.

Es geht um eine Kirche, die Menschen Verantwortung zutraut und einräumt, die ihnen Selbstbestimmung, Selbstverantwortung und Selbstorganisation zuschreibt. Die Jugendverbände sind überzeugt, dass katholische Kirche nicht auf Kosten der menschlichen Freiheit handeln darf. Kirche konstituiert sich gerade in der Anerkennung der Selbstbestimmung des Menschen. Kurz: Katholisch zu sein bedeutet für sie, Kirche so zu gestalten, dass Würde, Selbstbestimmung und Menschenrechte gewahrt sind. Das Recht auf sexuelle Selbstbestimmung, gleiche Rechte für alle und Anerkennung aller geschlechtlicher Identitäten ist nicht nur theologisch geboten, sondern schon allein ethisch notwendig. Kein Mensch darf diskriminiert werden! Keinem Menschen darf Leid zugefügt werden!

Die Umsetzung bedeutet einen Lernprozess. Sexuelle Selbstbestimmung und Selbstdefinition von Identität wird zur Normalität. Die katholischen Jugendverbände haben das Ideal, sich mit der Gesellschaft weiterzuentwickeln – sie erwarten sogar von sich selbst, Vorbild in dieser Welt zu sein. Dies schaffen sie als Teil der katholischen Kirche nicht immer, sie sind eben auch Teil der systemischen Problematik. Zugleich streben die Jugendverbände aber danach, besser katholisch zu werden, indem sie sich deutlich positionieren.

Das bedeutet jedoch ebenso, Beziehung zur katholischen Amtskirche zu hinterfragen, zu verstehen, dass ihr heutiges Handeln verletzend ist, sich von gewachsenen Strukturen und Inhalten zu lösen und eine Beschädigung des eigenen Ansehens sowie eine Trennung von kirchlichen Strukturen zu riskieren. Das ist aber eine Notwendigkeit. Wir müssen das Bestmögliche tun, damit alle Menschen gleichberechtigt in dieser Gesellschaft und Kirche leben können!

Für einen angstfreien, liebevollen und menschenfreundlichen Blick auf Sexualität

Magnus Lux und Sigrid Grabmeier,
KirchenVolksBewegung Wir sind Kirche

Die Spaltung der Kirche in zwei Stände, die Kleriker und die Laien, hat dazu geführt, dass die eine Gruppe sich über die andere erhoben hat und die »Hierarchie« als geistliche Obergewalt beansprucht, Gottes Geist in dem Maß zu besitzen, dass sie über die andere zu herrschen befähigt sei. Danach ist das ganze Kirchenrecht ausgerichtet. Aber Kirche sind wir alle, niemand darf sich über andere erheben; denn wir sind eine Gemeinschaft von Gleichgestellten: Einer ist euer Meister, ihr alle seid Brüder und Schwestern.

Wer legt die Lehre der Kirche fest?

Erst in den letzten 150 Jahren hat sich eingebürgert, dass das »ordentliche Lehramt«, also der Papst, allein zuständig ist (»Jurisdiktionsprimat«). So sind wir mitten im Thema: Was die Segnung von homosexuellen Paaren betrifft, fordert Rom Glaubensgehorsam ein. Segnungen menschlicher Beziehungen seien nur möglich, wenn damit den Plänen Gottes gedient sei. Das Kirchenvolk denkt – und handelt – aber in vielem anders, als sich die Kirchenleitung vorzuschreiben für berechtigt hält. Denn wir alle sind getauft und gefirmt, uns allen ist Gottes Geistkraft geschenkt, wir alle sind Kirche.

Was ist der Maßstab kirchlichen Handelns?

Wir werden schnell die Antwort bekommen: der göttliche Wille, die Pläne Gottes, eben das objektiv Richtige, wie es Rom jetzt wieder genannt hat. Wenn wir mit Karl Rahner vom »absoluten Geheimnis, Gott genannt«, sprechen, wer will sich dann anmaßen, allein den göttlichen Willen, allein die Pläne Gottes zu kennen? Wir alle sind Gott-Suchende, nicht Gott-Besitzende. Wer will festlegen, was »objektiv« richtig ist? Wir stehen unserem Leben nicht gegenüber, sondern wir stehen mitten in unserer Lebenswirklichkeit. »Die Wirklichkeit ist wichtiger als die Idee«, sagt Papst Franziskus in »*Evangelii Gaudium*«[1]. Er mahnt an, vom konkreten Menschen, seinen Nöten und seiner Hoffnung her zu denken.

Welche Handlungsweisen sieht *Wir sind Kirche* als christlich an?

Das KirchenVolksBegehren *Wir sind Kirche*, das 1995 allein im deutschsprachigen Raum fast 2,5 Millionen Unterschriften erhielt, fordert in einem seiner fünf Punkte eine positive Bewertung der Sexualität als wichtigem Aspekt des von Gott geschaffenen und bejahten Menschen. Das beinhaltet: Mehr Menschlichkeit statt pauschaler Verurteilungen (z. B. in Bezug auf voreheliche Beziehungen oder in der Frage der Homosexualität); mehr helfende und ermutigende Begleitung und Solidarität anstelle von Angst machenden und einengenden Normen; mehr Verständnis und Versöhnungsbereitschaft im Umgang mit Menschen anstelle von unbarmherziger Härte und Strenge.

2008 verabschiedete *Wir sind Kirche* das Positionspapier »Sexualität als Leben spendende Kraft«. Dies fordert von der römisch-katholischen Kirche einen angstfreien, liebevollen und menschenfreundlichen Blick auf Sexualität als Leben spendende Kraft des von Gott geschaffenen und bejahten Menschen. Vorurteile und Diskriminierungen gegenüber Schwulen, Lesben,

---

1 *Papst Franziskus*, Evangelii Gaudium. Apostolisches Schreiben über die Verkündigung in der Welt von heute, Rom 2013, Nr. 231 f.

Bisexuellen und Transgendern – kurz: LGBTIQ+-Personen und -Paaren – sowohl in den lehramtlichen Aussagen wie auch im Leben der Kirche entsprechen nicht dem Gebot der christlichen Nächstenliebe. Menschen, die ihr Anderssein offen leben, dürfen von und in der römisch-katholischen Kirche weder ausgegrenzt noch verurteilt werden.

In der Stellungnahme zur Diskussion um Ehe und eingetragene Lebenspartnerschaft 2015 hat *Wir sind Kirche* Äußerungen des Kardinalstaatssekretärs Pietro Parolin scharf zurückgewiesen. Angesichts der Volksabstimmung für die Homo-Ehe in Irland hatte er kritisiert: »Ich glaube, man kann nicht nur von einer Niederlage der christlichen Prinzipien, sondern von einer Niederlage für die Menschheit sprechen.« Doch das oberste christliche Prinzip, wenn man schon von Prinzipien sprechen will, heißt: »Liebe Gott und deinen Nächsten wie dich selbst.« Für die Liebe auch zu LGBTIQ+-Personen einzutreten und sie nicht auszuschließen, muss christliches Prinzip sein, ist keine »Niederlage für die Menschheit«, sondern die Anerkennung, dass die Menschenwürde und die Menschenrechte für alle Menschen gelten, unabhängig von ihrer geschlechtlichen Ausrichtung und Identität.

Der Begriff »Ehe« wird innerhalb unserer Kirche zu eng definiert. Nimmt man die tatsächliche Möglichkeit, Kinder zu bekommen, als alleinigen Maßstab, eine Ehe eingehen zu können, dann dürfte keine Frau nach der Menopause heiraten. Wenn Ehe zumindest bei uns in Europa nicht nur als Rechtsgemeinschaft, sondern vor allem als Liebes-, Treue- und Verantwortungsgemeinschaft auch über die Zeit der sexuellen Aktivität hinaus gesehen wird, dann müssen wir erkennen, dass dieses Verhältnis bei LGBTIQ+-Personen und -Paaren genauso da ist wie bei Heterosexuellen. Das Argument, Verschiedenes (heterosexuelle Ehe und homosexuelle Lebenspartnerschaft) könne man nicht gleichstellen, ist dann nicht mehr stichhaltig.

Der Begriff »Familie« lässt sich ausweiten über »Mann-Frau-Kind« hinaus. Familie ist dort, wo Kinder sind; Familie verwirklicht sich im verantwortlichen Zusammenleben mehrerer Generationen. Im Bewusstsein der Menschen gehören die Großeltern dazu, auch die Onkel und Tanten mit deren Kindern. Erst als sich im 19. Jahrhundert aufgrund der gesellschaftlichen Veränderungen die Kleinfamilie entwickelte, begann man umgekehrt von Großfamilie zu sprechen. Auch die Fürsorge der Kinder für ihre Eltern und andere Angehörige ist ein wesentlicher Ausdruck familiärer Bindung. Alleinerziehende mit Kind(ern) sind ebenso Familie. Es kommt nicht darauf an, ob beide Elternteile dabei sind. Die Aussage, zum »gesunden« Heranwachsen eines Kindes gehöre das Umsorgtwerden durch Vater und Mutter, also durch einen Mann und eine Frau, ist kurzsichtig, denn in der Mitwelt eines Kindes kommen immer beide Geschlechter als die »heimlichen Erzieher« vor. Insofern muss der Begriff »Familie« auch auf eine Lebenspartnerschaft von Homosexuellen ausgedehnt werden, wenn ein Kind da ist.

Was tun, wenn die Kirchenleitung versagt?

Das Wort des Herrn der Kirche: »Ich bin bei euch bis ans Ende der Welt« gilt denen, die ihr Leben nach seiner Botschaft ausrichten. Es ist keine Bestandsgarantie für die gegenwärtige römisch-katholische Kirchenstruktur. Ermächtigen wir uns selbst und suchen wir nach Wegen, unser Christsein heute zu leben und dem Glauben Zukunft zu eröffnen! Es ist richtig und wichtig, dass sich LGBTIQ+-Personen und -Paare jetzt ohne Angst vernetzen. Die kirchliche Gemeinschaft darf ihnen den Segen Gottes sowie den Zugang zu den Sakramenten nicht vorenthalten.

Autor*innenverzeichnis

James Alison (*1959), Dr. theol., kath. Theologe, Priester und Autor, stammt aus Großbritannien und lebt nach vielen Jahren in Lateinamerika in Madrid

Bernhard Sven Anuth (*1973), Dr. theol. habil., Lic. iur. can., Universitätsprofessor für Kirchenrecht an der Katholisch-Theologischen Fakultät der Universität Tübingen, Lehrbeauftragter am Institut für Kanonisches Recht der Universität Münster

Barbara Hannah Audebert (*1971), Dipl.-Theol., Oberstudienrätin, Schulpsychologin, Seelsorgerin

Chiara Battaglia (*1993), Theologin, Germanistin, Journalistin, Podcasterin und Diversity Trainerin

Peter Beer (*1966), Theologe und Pädagoge, ehemaliger Generalvikar des Erzbischofs von München und Freising, jetzt Professor am »Institute of Anthropology. Interdisciplinary Studies on Human Dignity and Care« der Päpstlichen Universität Gregoriana in Rom

Georg Bier (*1959), Dr. theol., Lic. iur. can., Professor für Kirchenrecht und Kirchliche Rechtsgeschichte an der Theologischen Fakultät der Albert-Ludwigs-Universität Freiburg i. Br.

Michael Brinkschröder (*1967), Dr. phil., kath. Theologe und Soziologe, Religionslehrer an einer Berufsschule in München, Co-Sprecher des Katholischen LSBT+ Komitees, Leiter der kath. Arbeitsgruppe des European Forum of LGBT Christian Groups

Stephan Buttgereit (*1962), Generalsekretär des SKM Bundesverbands

Jens Ehebrecht-Zumsande (*1971), Religionspädagoge, Autor und Supervisor DGSv, Leiter des Grundlagenreferates »Kirche in Beziehung« im Erzbistum Hamburg, Mitinitiator von *#Liebegewinnt* und *#OutInChurch*

Maria Flachsbarth (*1963), Dr., Präsidentin des Katholischen Deutschen Frauenbundes e. V. (KDFB)

Diana S. Freyer (*1977), Theologin aus Hamburg, Mitglied der Steuerungsgruppe von *#OutInChurch*

Sigrid Grabmeier (*1962), Volkskundlerin, seit 2001 im Bundesteam der KirchenVolksBewegung *Wir sind Kirche*

Veronika Gräwe (*1990), Religionswissenschaftlerin und Doktorandin Pastoralpsychologie, Co-Sprecherin Katholisches LSBT+ Komitee

Ursula Hahmann (*1970), Dipl.-Kauffrau, geschäftsführende Gesellschafterin der XIQIT GmbH, Partnerin bei Hahmann & Dessoy, Mitinitiatorin von *#Liebegewinnt*

Hille Haker (*1962), Theologin und Ethikerin, seit dem Wintersemester 2012/2013 Professorin für theologische Ethik an der Loyola University Chicago

Andreas Heek (*1967), Dr. theol., Leiter der Arbeitsstelle Männerseelsorge der Bischofskonferenz, koordiniert gemeinsam mit Dr. Aurica Jax die Arbeitsgemeinschaft der LSBTI*-Seelsorger*innen in den deutschen Diözesen

Mechthild Heil (*1961), Bundesvorsitzende der Katholischen Frauengemeinschaft Deutschlands (kfd) – Bundesverband e. V.

Burkhard Hose (*1967), Hochschulseelsorger in Würzburg und Autor, Mitinitiator von *#mehrSegen* und *#Liebegewinnt*

Aurica Jax (*1972), Dr. theol., leitet seit 2019 die Arbeitsstelle für Frauenseelsorge der Deutschen Bischofskonferenz in Düsseldorf, koordiniert gemeinsam mit Dr. Andreas Heek die Arbeitsgemeinschaft der LSBTI*-Seelsorger*innen in den deutschen Diözesen

Judith Könemann (*1962), Prof. Dr. theol., Professorin für Religionspädagogik, Bildungs- und Genderforschung und Leiterin der Arbeitsstelle Genderforschung der Kath.-Theol. Fakultät der WWU Münster

Simon Konermann (*1990), Promotionsstudent der Theologischen Ethik an der Kath.-Theol. Fakultät der Universität Bonn und Referent im Sekretariat der Deutschen Bischofskonferenz

Ramona Krämer (*1992), Religionspädagogin, Bildungsreferentin bei der Katholischen jungen Gemeinde im Erzbistum Köln, Mitglied der Steuerungsgruppe von #OutInChurch

Ute Leimgruber (*1974), Professorin für Pastoraltheologie und Homiletik an der Universität Regensburg, Mitherausgeberin von »Erzählen als Widerstand«

Magnus Lux (*1943), Dipl.-Theol., OStR a. D., 2009 bis 2021 Mitglied im Bundesteam der KirchenVolksBewegung Wir sind Kirche

Laura Meemann (*1994), Theologin, Pastoralassistentin im Bistum Essen

Maria Mesrian (*1974), Theologin und Aktivistin Maria 2.0

Birgit Mock (*1970), Vorsitzende des Synodalforums »Leben in gelingenden Beziehungen – Liebe leben in Sexualität und Partnerschaft« und Vizepräsidentin des Zentralkomitees der deutschen Katholiken (ZdK)

Bernd Mönkebüscher (*1966), seit 2007 Pfarrer in Hamm, outete sich Anfang 2019, Mitinitiator von #mehrSegen, #Liebegewinnt und #OutInChurch, www.wegwort.de

Klaus Nelißen (*1979), Pastoralreferent des Bistums Münster und ausgebildeter Journalist, stellvertretender Rundfunkbeauftragter der NRW-Diözesen beim WDR, Mitinitiator von #Liebegewinnt

Rut Neuschäfer (*1988), Lehrerin für Englisch, Spanisch und katholische Religionslehre an einer Gesamtschule, engagiert beim Netzwerk katholischer Lesben (NkaL) sowie bei FrauenLiebe im Pott (FLiP)

Klaus Pfeffer (*1963), ausgebildeter Journalist, seit 1992 Priester, langjährige Tätigkeit in der Jugendpastoral und kirchlichen Medienarbeit, seit 2012 Generalvikar im Bistum Essen

Gregor Podschun (*1990), Bundesvorsitzender des Bundes der Deutschen Katholischen Jugend (BDKJ)

Udo Rauchfleisch (*1942), Prof. Dr., em. Prof. Klinische Psychologie an der Universität Basel, Psychotherapeut in privater Praxis

Lisa Reckling (*1991), Sonderpädagogin mit dem Fach kath. Religion aus Goch am Niederrhein, Mitglied der Steuerungsgruppe von *#OutInChurch*

Mary Janet Rozzano (*1937), seit über 60 Jahren Ordensschwester der Sisters of Mercy, arbeitete im Sekundarschulunterricht, in Ordensleitung und Verwaltung, in der geistlichen Begleitung für ältere Erwachsene, lebt im Ruhestand in Burlingame, Kalifornien

Alison Schumacher (*1997), Schauspieler*in und Mitglied von *#ActOut*

Michael Schüßler (*1972), kath. Theologe und Pädagoge, Prof. für Praktische Theologie an der Universität Tübingen, Redakteur bei www.feinschwarz.net

Monika Schmelter (*1956), Dipl.-Theol., Erwachsenenbildung; aktiv in den Netzwerken Maria 2.0, *#OutInChurch* und Kriegsenkel; Protagonistin im Film: »Wie Gott uns schuf – Coming out in der katholischen Kirche«

Ruben Maximilian Schneider (*1978), Habilitand in Philosophie an der phil.-soz. Fakultät der Universität Augsburg

Cris Serra (*1974), klinische Psycholog*in, engagiert sich seit 2008 in der brasilianischen katholischen LGBTI+-Bewegung, 2018 bis 2021 nationale*r Koordinator*in des Netzwerks katholischer LGBT-Gruppen, arbeitet weiterhin mit dem Beraterteam des Netzwerks zusammen; seit 2020 im Vorstand des Global Network of Rainbow Catholics als Diversitätsbeauftragte*r tätig; als Doktorand*in erforscht sie feministische und LGBTI+ christliche Bewegungen in Brasilien

Raphaela Soden (*1984), bacc. phil., Dipl.-Theol., Dipl.-Sozialpäd. (FH), Trainer*in für Diversity und Social Justice, Bildungsreferent*in im Erzbischöflichen Seelsorgeamt Freiburg

Kerstin Söderblom (*1963), Hochschulpfarrerin an der Evangelischen Studierendengemeinde (ESG) in Mainz, Autorin des Buches »Queer theologische Notizen«

Pierre Stutz (*1953), Theologe und spiritueller Autor, Herbert-Haag-Preisträger 2021, lebt in Osnabrück

Rainer Teuber (*1968), Sparkassenfachwirt und Museumspädagoge; Leiter Museumspädagogik und Besucherservice, Dom und Domschatz Essen; Mitwirkender bei #Liebegewinnt und Mitorganisator von #OutInChurch; Protagonist in der ARD-Dokumentation »Wie Gott uns schuf – Coming-out in der katholischen Kirche«

Josselin Tricou (*1980), promovierte in Politikwissenschaft und Gender Studies an der Universität 8 in Paris, beteiligt an den Recherchen von INSERM im Auftrag der unabhängigen Kommission zum sexuellen Missbrauch in der französischen Kirche; arbeitet als Assistent am Lehrstuhl für Religionssoziologie der Universität Lausanne

Gunda Werner (*1971), Professorin für Dogmatik und Dogmengeschichte an der Katholisch-Theologischen Fakultät der Ruhr-Universität Bochum und Vorsitzende von AGENDA – Forum katholischer Theologinnen

Anonymisierte Beiträge

G*tt liebt trans*-Menschen! Aber wie ist das mit der Kirche?: Verfasser*in anonym, Theolog*in in einem deutschen Bistum

Von Gott gerufen – so, wie ich bin: Verfasserin anonym, Gemeindereferentin in einem bayrischen Bistum

Die Angst vor der Enttarnung – Leben und arbeiten unter dem Radar: Verfasser anonym, Religionslehrer in Bayern

»Man muss ja nicht alles sagen«: Verfasserin anonym, Theologin